Değişimi Başlat:
Bulunduğunuz Noktadan Olmak İstediğiniz Yere Ulaşmanın Bilimi

How to Change:
The Science of Getting from Where You Are to Where You Want to Be

Yayıncı ve Genel Yayın Yönetmeni: M. Faruk Bayrak
Genel Müdür: Vedat Bayrak
Yayın Yönetmeni: Yusuf Tan
Editör: Yeliz Üslü
İngilizceden Çeviren: Barış Sever
Kapak Tasarımı: Tekin Parmaksız
Sayfa Tasarımı: Nadiye Sarıbıyık

ISBN 978-625-6370-84-5
1. Baskı: Nisan 2025

Mona Kitap, Alfa Yayın Grubu'nun tescilli markasıdır.

Baskı ve Cilt
Melisa Matbaacılık
Çiftehavuzlar Yolu, Acar Sanayi Sitesi, No. 8, Bayrampaşa-İstanbul
Tel.: (0) 212 674 9723 Faks: (0) 212 674 9729
Sertifika No. 45099

Genel Dağıtım
Alfa Basım Yayım Dağıtım San. ve Tic. Ltd. Şti.
Alemdar Mahallesi, Ticarethane Sokak No. 15 34110 Cağaloğlu-İstanbul
Tel.: (0) 212 511 5303 Faks: (0) 212 519 3300
www.alfakitap.com - info@alfakitap.com
Sertifika No. 43949

değişimi başlat

Bulunduğunuz Noktadan Olmak İstediğiniz Yere
Ulaşmanın Bilimi

KATY MILKMAN

İngilizceden Çeviren: Barış Sever

mona
KİŞİSEL GELİŞİM

Bu kitap, bilimsel kariyerimi mümkün kılan iki aileye ithaf edilmiştir:
Öncelikle kocam Cullen, oğlum Cormac ve annemle babam Bev ve Ray'e.

Sonra akademik aileme: Akıl hocam Max, danışmanlarım
ve iş ortaklarım John, Todd ve Modupe,
akademik ortağım Angela, öğrencilerim Hengchen,
Edward, Erika ve Aneesh'e...

İçindekiler

ÖNSÖZ

Katy ile bizzat tanışmadan önce meslektaşlarımdan onunla ilgili şöyle şeyler duymuştum:

"Tanışıp tanışabileceğin en akıllı kişidir."

"İnanılmaz üretkendir. Seni tembel hissettirir."

"Tam bir makinedir. Bir haftada yapacağın işi o, bir günde yapar."

Katy Milkman nasıl bir süper kahramandı böyle?

Artık kendimi onun şaşkın meslektaşları arasında saydığım için size Katy'nin *gerçekten* de pek çok açıdan tanıdığım en zeki, açık ara en üretken kişi olduğunu söyleyebilirim ve evet, kıyas yapmam gerekirse onun başarabildikleri, ben sanki ağır çekimde hareket ediyormuşum gibi hissettiriyor bana.

Fakat Katy tabii ki bir süper kahraman değil. O, sizin ve benim olmak istediğimiz ve bu kitapta bize hepimizin olabileceğini işaret ettiği bir şey: Katy aslında *süper* insan.

Bununla kastettiğim şey Katy Milkman'ın insan doğası konusunda usta olduğu gerçeğidir. Eylemlerini hedefleri ve hayalleriyle nasıl uyumlu hâle getireceğini keşfetmiştir. İlk denemeleri -herhangi bir konuda- mükemmel olmayabilir ancak Katy önemsediği mesele her ne olursa olsun, onun nasıl daha iyi, daha hızlı ve daha verimli yapılacağını çabucak öğrenir. Tüm kariyerini bu sorulara adamış dünyaca ünlü bir davranış bilimci olarak, insan olmanın ne kadar zor olabileceğini ve hepimizin bunu nasıl daha iyi yapabileceğimizi en derin düzeyde anlayan biridir.

Arkadaşlığımızın başında pek anlaşılır olmasa da Katy'nin hepimizin paylaştığı aynı yanılgılarla başa çıktığını artık görüyorum. Elma ve ıspanak yerine kurabiye ve patates cipsi yemek istiyor. İşe dönmektense ertelemeyi tercih ediyor. Öfke ve sabırsızlık gösterebiliyor.

Eğitim ve mizaç olarak aslında bir mühendis olan Katy, bu zorlukların her birine çözülmesi gereken sorunlar olarak yaklaşıyor. Ve bence Katy'yi bu kadar *süper* insan yapan da bu düşünce yapısının ta kendisi.

Başka bir ifadeyle, Katy'nin öğrendiği şey, daha iyi bir yaşamın sırrının bizi insan yapan dürtüleri ortadan kaldırmak değil, onları anlamak, onları alt etmek ve mümkün olduğunca bize karşı değil, bizim lehimizde çalışmalarını sağlamak olduğu gerçeğidir.

Benim açımdan Katy'nin paylaştığı dersler hayatımı muazzam bir şekilde iyileştirdi diyebilirim. On bin adımımı artık daha sık atıyorum. E-postalarımı daha hızlı yazıyorum. Yaşamımı daha kolay ve daha iyi hâle getirecek binlerce hile bulmama yardım etmiştir.

Katy'nin bu kitapta paylaştığı derslerin çoğu, son beş yıldır yürüttüğümüz ve alışkanlıkları değiştirmek için nelerin gerekli olduğunu araştırdığımız iddialı projemiz Behavior Change for Good Initiative'de (İyiliğe Yönelik Davranış Değişikliği Girişimi) beraber yaptığımız çalışmalardan doğmuştur. Spor salonuna günlük olarak gitme devamlılığını, hayırseverliği, aşılama oranlarını ve öğrenci başarısını artırmanın yeni yollarını araştırdık ve davranış değişikliği bilimini ilerletmek için yeni yöntemler geliştirdik. Ancak böylesine zorlu bir sorunun üstesinden iki kişi gelemezdik. Bu nedenle Katy ve ben ekonomi, tıp, hukuk, psikoloji, sosyoloji, nörobilim ve bilgisayar bilimi gibi farklı geleneklerde eğitim almış, dünyanın dört bir yanından yüzden fazla önde gelen entelektüelden oluşan bir ekibi bir araya getirdik. Bu kitapta sadece Katy'nin ve bizim çalışmalarımız hakkında değil, aynı zamanda birçok olağanüstü iş ortağımızın çalışmaları hakkında da bilgi edinmiş olacaksınız.

Her kitap, yazarıyla sohbet etmeye benzer. Bu yüzden okuduğunuz kitaplar konusunda seçici olmalısınız. Sınırlı zamanınızda, size bilmediğiniz bir şey öğretebilecek bir sohbet partneri istersiniz. Ve diyalog içinde olduğunuz kişiyi *sevmek* de istersiniz. Birlikte geçirdiğiniz zamandan keyif almak ister, gerçekten sizin iyiliğinizi düşündüklerini bilme arzusuyla dolarsınız.

İşte bu yüzden bu kitabı sonuna kadar okumalısınız. Eminim siz de tanıdığım pek çok insan gibi şu ya da bu alışkanlığınızı daha iyi hâle getirmeye çalışıyorsunuzdur. Geçmişte muhtemelen defalarca değişmeye çalıştınız. "Bulunduğum noktadan olmak istediğim yere ulaşmak neden bu kadar zor?" diye merak ettiniz.

Katy bu kitabın sayfalarında size bilmediğiniz şeyleri öğretecek. Yeni bir alışkanlığa başlamak için zamanlamayı doğru seçmenin önemini öğreneceksiniz. Unutmanın en istekli kararlarımızın bile sessiz katili olduğunu göreceksiniz. Zor şeyleri eğlenceli göstermenin, onları önemli göstermekten çok daha iyi bir strateji olduğunu bileceksiniz.

Ve en önemlisi, tüm konuşma boyunca Katy'nin size -tüm sıcaklığı, komikliği ve kendi sınırlarının sağlıklı bir yansımasının yanı sıra insan motivasyonu ve davranışına dair ustaca bir anlayışla- şu soruyu sorduğunu duyacaksınız: "Sizin sorununuz nedir?"

Değişmenize yardımcı olmayı gerçekten önemsediğini hissedeceksiniz. Yanınızda yürüyen, kendinizi daha iyi anlamanıza yardımcı olan ve sizin de *süper* insan olmanıza yardımcı olmayı isteyen dünya çapında bir davranış bilimciyle dostmuşsunuz gibi hissedeceksiniz.

Önerdiği fikirlerden bazılarını deneyeceksiniz. Bunları Katy önermeden evvel neden daha önce kendinizin düşünmediğinizi merak edeceksiniz. Ve Katy'nin bile henüz düşünmediği stratejiler üretecek, yaşama dair bir bakış açısı edineceksiniz.

Bir gün sizi yeni tanımaya başlayan insanlar, normal insanların başına gelen dürtülere ve çatışmalara karşı bir şekilde bağışıklığınızın olup olmadığını merak edebilirler. Çılgın üretkenliğiniz için size iltifat edebilirler. Bir günde nasıl daha fazla iş yapabilecekleriyle ilgili tavsiyelerinizi isteyebilirler.

Ve onları arkadaşınız Katy ile tanıştırmayı seçebilirsiniz. "Şunu oku," diyerek gülümseyebilirsiniz. "Hepimiz yaptıklarımızla istediklerimizi aynı seviyeye çekmek için mücadele ederiz. Ben de öyle yaptım. Sonra hayatımdaki her meseleyi çözülmesi gereken özel bir sorun olarak görmeyi öğrendim," dersiniz belki.

Onlara daha iyi bir yaşamın sırrının arzuları, tuhaflıkları ve zayıflıkları olmayan bir süper kahraman olmaktan değil, güncel ve bilimsel bilgilerle donanmış, sorun çözücü bir karakter olmaktan geçtiğini söyleyeceksiniz.

Bu kitabın size yeni bir başlangıç hissi vereceğine sahiden de inanıyorum. Okumaya hazır olduğunuz için çok mutluyum.

Angela Duckworth

GİRİŞ

1994 yılının erken zamanlarıydı ve Andre Agassi'nin tenis kariyeri tehlikeli bir biçimde yoldan çıkıyordu. Bütün hayatı boyunca Agassi'ye branşının en büyüklerinden birisi olarak tarihe geçeceği garanti edilmişti. 1986 yılında profesyonel olduğunda uzmanlar onun doğal yeteneğini övmüş, sayıları olağanüstü bir şekilde kontrol edebilme yeteneğinden ve savunmadaki imkânsıza yakın gibi görünen vuruşlarındaki Tanrı vergisi kabiliyetinden etkilenmişlerdi. Fakat 1994 yılında ona asıl şöhret kazandıran şey yıldızlara özgü rekorları değil, tarzı olmuştu. Terbiye ve adabıyla bilinen bir sporda Agassi turnuvalara yırtık blucin ve rengârenk gömlekler giyerek geliyordu. Saçlarını uzatıp bir de küpe takmıştı. Kortta denizciler gibi küfrediyordu. Hatta Canon'un "İmaj her şeydir!" isimli kışkırtıcı kampanyasındaki sansasyonel bir reklamda rol almıştı.

Gerçi sıra tenise geldiğinde Agassi beklentileri gerçekleştirmede gülünç bir şekilde yetersiz kalıyordu. Kendinden çok daha az yetenekli oyunculara sık sık yenilip turnuvalara erkenden veda ediyordu. Almanya'da küçük bir ısınma turnuvasında ilk turda duman atmış, Grand Slam'de üçüncü turda hezimete uğramıştı. Sıralaması dünya yedinciliğinden yirmi ikinciliğe, oradan otuz birinciliğe kadar inmeye devam etmişti. Agassi'nin on yıllık antrenörü yakın zamanda resmi olmayan bir şekilde onu bırakmış,

Agassi haberi *USA Today* gazetesini okurken almıştı. İnsanlara tenisten nefret ettiğini söyleyip duruyordu.

Agassi'nin bir değişime ihtiyacı vardı.

İşte bu sebepten kendini Miami yakınlarındaki en sevdiği restoran olan Porto Cervo'da profesyonel tenisçi arkadaşı Brad Gilbert'ın karşısında bir akşam yemeği yerken buldu. Gilbert'ın tenise yaklaşımı Agassi'nin tam tersiydi; titiz, metodik ve incelikten uzaktı. Onda Agassi'nin doğuştan gelen yeteneği yoktu. Yine de o zamanlar artık otuz iki yaşında olan Gilbert, yıllardır en iyi ilk yirmi tenisçi arasında gösterilirdi ve 1990 yılında birçok tenis meraklısını şaşırtarak dördüncü sıraya kadar yükselmişti. Agassi ile akşam yemeklerinden yalnızca birkaç ay önce, *Winning Ugly* (*Çirkin Şekilde Kazanmak*) isimli, çıkar çıkmaz çoksatanlar arasına giren kitabında tenise bu olağan dışı yaklaşımını detaylandırmıştı.

Akşam yemeklerine yol açan şey de zaten bu kitaptı. Agassi'nin menajeri kitabı okuduktan sonra sıkıntı yaşayan müşterisini Gilbert ile konuşması için cesaretlendirmişti. Agassi'nin yeni bir antrenöre ihtiyacı vardı ve menajeri belki de Agassi'nin kariyerinin gidişatını tersine döndürebilecek kişinin artık profesyonel turnuvalardan emekli olacak yaşa gelmiş olan Gilbert olacağını düşünüp onunla bir öğle yemeği yemişti. Agassi buluşmaya razı oldu fakat 2009 yılında yayınlanan müthiş otobiyografisi *Açık*'ta da belirttiği üzere birazcık şüpheciydi. Gilbert saha içi ve saha dışı tuhaflıklarıyla bilinirdi ve beraber yedikleri akşam yemeği Agassi'nin şüphelerini artırmaktan başka bir işe yaramamıştı. Her şeyden önce Gilbert (sivrisinek fobisi yüzünden) restoranın okyanus manzaralı dış kısmında oturmayı reddetmiş, ardından en sevdiği biranın menüde olmadığını görünce marketten bir koşu aldıktan sonra restoranın soğutucusunda buzluğa koymaları için ısrar etmişti.

Grubun masalarına yerleşmeleri biraz zaman almıştı fakat sonunda başardıklarında Agassi'nin menajerinin Gilbert'a sorduğu bir soruyla konuşmaları başlamıştı. Gilbert'a Agassi'nin oyun tarzı hakkında ne düşündüğünü sordu. İçkisinden büyük bir yudum alan Gilbert acele etmeden yuttu. Agassi'nin yeteneği kendisinde olsaydı profesyonel turnuvayı domine edeceğini söyledi. Onun da gördüğü üzere Agassi yeteneklerini yanlış kullanıyordu: "Her topa zafer vuruşu yapar gibi vuruyorsun," dedi. Bu ciddi bir eksiklikti. Kimse her vuruşunda peşinen zafer kazanamazdı ve bu şekilde davranmak, kazanamadığı her bir vuruşunda Agassi'nin öz güvenini parça parça aşındırıyordu. Agassi ile defalarca karşılıklı oynayıp onu yenen birisi olarak bu döngüye birinci elden şahitlik etmişti.

Agassi bu değerlendirmedeki bilgeliği görebiliyordu. Her zaman mükemmeliyetçi olmuştu fakat Gilbert'ın yorumuna kadar bu özelliğini bir zayıflıktan ziyade güçlü yanı olarak değerlendirmişti. Büyürken bunu eski bir olimpik boksör olan ve daima rakibini yere serecek o yıkıcı tek vuruşun peşinde koşan babasından öğrenmişti. Arka bahçelerindeki antrenmanlarda, babasının kendi boks antrenöründen aldığı o tavsiye defalarca yankılanmıştı. "*Daha sert* vur!" diye bağırmıştı beş yaşındaki oğluna. "Daha erken vur!" Agassi yıkıcı vuruşlarındaki becerisinin uzunca bir süre avantajına olduğunu düşünmüştü. Fakat Gilbert bunun, onun Aşil tendonu olduğunu söylüyordu.

Kazanmak için Agassi'nin odak noktasını değiştirmesi gerektiğini söyleyerek devam etti Gilbert. "Kendini düşünmeyi bırak," diye azarlamıştı onu. "Ve filenin diğer tarafındaki adamın zayıflıkları olduğunu unutma." Gilbert'ın, rakibini ölçmedeki müthiş yeteneği, ondan daha iyi oyuncuları yenebilmesini sağlamıştı. Her bir vuruşta yıkıcı sayıyı denememiş, yükünü azaltacak stratejiyi bulmuştu. "Başarılı olmaya çalışmak yerine," dedi Gilbert, "rakibin hata yapmasını sağla. *Onun başarısızlığına* neden olmak daha iyidir."

Agassi'nin her seferinde mükemmel vuruşu arayışının onun aleyhine olduğunu ve çok fazla risk aldığını sebepleriyle açıkladı.

Gilbert'ın mesajı basitti: Agassi'nin, kariyerini üzerine kurduğu kendine odaklı yaklaşımı en iyi yaklaşım değildi; tabii kazanmak istiyorsa. Daha iyi bir yol vardı; rakibini ölçmeyi ve rakibinin zayıflıklarını ön plana çıkararak oyununu şekillendirmeyi gerektiren bir yol. Agassi'nin alışık olduğu göz kamaştırıcı oyun tarzı kadar havalı olmayabilirdi belki ama genelde daha etkili olurdu.

Sohbetlerinden on beş dakika sonra Gilbert tuvalete gitmek için kalktı. Agassi derhâl menajerine döndü: "İşte adamımız," dedi.

Agassi birkaç ay sonra Amerika Açık Turnuvası'na derecesiz olarak girdi; ilk on altıya girmesi bile beklenmiyordu. Fakat Gilbert'ın antrenörlüğüyle tarzını değiştirmişti. Turnuvanın altıncısı, eski rakibi Michael Chang ile karşı karşıya gelmiş ve çok az bir farkla kazanarak sarsılmadan ayakta kalmıştı. Dokuzuncu sıradaki diğer rakibini ise sürekli servis kullanacağı noktaya bakma zayıflığını keşfedip bundan faydalanarak kolayca saf dışı bıraktı.

Derken Agassi kendini birdenbire finallere ulaşmış hâlde buldu. 550.000 dolarlık büyük bir ödül vardı fakat gururu adına yapacakları onun için daha fazla anlam ifade ediyordu. Kendisiyle ilgili beklentileri gerçeğe dönüştürebileceği ve kendini kanıtlayabileceği bir şans vardı önünde.

Rakibi Alman şampiyon ve dünya dördüncüsü Michael Stich'ti. Agassi ardı ardına canlı vuruşlar ve temiz sayılar bularak güçlü çıktı. İlk seti kolayca kazandı, ikinci setten eşitliği bozma sayısıyla sıyrıldı. Fakat Stich teslim olmaya hazır değildi. Üçüncü sette karşılıklı uzun vuruşlarla Agassi'ye yetişti ve aldığı her bir sayı için onun çabalamasını sağladı. Nihayetinde beraberlik oldu. Agassi'yi doğrudan zafere götürecek şey servis kırmasıydı ve her bir sayının başında servise başlayacak olan Stich için bu büyük bir avantaj olacaktı.

Agassi'nin öz güveni bocalamaya başlamıştı. Stich vazgeçmiyor, ardı ardına güçlü servisler patlatıyordu. Agassi o anda Stich'in yanını tuttuğunu gördü, bu bir kramp işaretiydi. Stich'in servisini kırdı. İlk Amerika Açık şampiyonluğunu kazanmaktan yalnızca dört sayı uzaktaydı. Bahisçilerin hesaba bile katmadıkları, şimdilerde zor zamanlar geçiren bir zamanların fenomeninin en tatlı zaferi olacaktı bu.

Gilbert'la çalışmaya başlamadan önce Agassi, baskının yüksek olduğu maçlarda dağılması ile ünlüydü. Çok fazla nakavt peşine koşup çok fazla risk alıyor ve sıkı durması gereken anlarda patlıyordu. Fakat Agassi artık odaklanmış gibiydi. Zafer vuruşları yerine topu oyunda tutmaya konsantre oluyordu. Gilbert'ın sesi kulaklarındaydı: "Onun sağ eline doğru yüklen. Şüpheye düştüğünde sağına yüklen. Sağına, sağına, sağına!" Agassi görevine sadık kaldı. Topu durmadan Stich'in en zayıf vuruş yaptığı sağına yolladı. Ve maç sayısında Stich yenildi.

Turnuva bitmişti. Agassi gözyaşları içinde dizlerinin üstüne çöktü. Yirmi sekiz yıllık tarihinde turnuvayı derecesiz olarak kazanan ilk kişiydi. Tarih yazmıştı.

* * *

Eğer bugüne kadar hayatınızda -okulda ya da işte daha başarılı olmak, bir maraton koşusu için forma girmek, emeklilik için birikim yapmak gibi- büyük bir değişiklik yapmayı denediyseniz o hâlde bunlar için bir sürü tavsiye olduğunu da bilirsiniz. Hatta büyük ihtimalle bu tavsiyelerden bazılarını uygulamayı bile denemişsinizdir. Akıllı saatlerle adımlarınızı saymış ya da öğle arasında nefes egzersizi yapmak için telefon takviminize not düşmüş olabilirsiniz. Belki de kahveye vereceğiniz parayı birikim hesabınıza yatırmak için öğleden sonra kahve içme alışkanlığınızdan vazgeçmiş bile olabilirsiniz. Hedeflerinizin belirli ve ölçülebilir olması gerektiğini, olumlu düşünme ve çoğalan gelişimin gücünü, bir destek grubuna sahip olmanın faydasını bilirsiniz.

Davranış bilimine karşı büyüyen ilgi sayesinde son yirmi yıllık süreç, davranışlarınızı değiştirecek ve başkalarını da aynı şeyi yapması için cesaretlendirecek pratik araçlarla ilgili yeni araştırmalar ve bilgiler -TED Talks, kitaplar, atölyeler, uygulamalar- konusunda bir patlamaya şahitlik etti.

Fakat sizin de fark edebileceğiniz üzere, yaygın bir şekilde çığırtkanlığı yapılan teknikler size ya da başkalarına her zaman yardımcı olmazlar. Hedef belirleyici uygulamalar yüklemenize rağmen ilacınızı almayı *yine de* unutursunuz. Üzerine çalışmak için günlük hatırlatıcı kurduğunuz, patronunuz için hazırlayacağınız büyük çeyrek dönem raporunu ertelersiniz. Çalışanlarınız şirketin karşıladığı eğitim programlarından ya da yalnızca kaydolduğunuz için bile ödüller sunan emeklilik olanaklarından faydalanmazlar.

Değişiklik teşvik etmek için tasarlanan bu araç ve teknikler neden her zaman başarısız olurlar? Bunun tek cevabı, değişimin zor bir şey oluşudur. Fakat daha faydalı bir cevap vermek gerekirse, henüz doğru stratejiyi bulamamışsınızdır. Tıpkı Andre Agassi'nin yanlış bir yaklaşımla tenis oynayarak yıllarını harcaması gibi biz de sıklıkla değişim için yanlış taktikler uygulayarak girişimlerimizde başarısız oluruz. Yine Agassi gibi hızlı bir zafer sunacak çözümler ararız ve rakibimizin ona özgü doğasını görmezden gelme eğiliminde oluruz.

Fakat başarı adına kendinize en iyi şansı vermek ve rakibi ölçerek yüzleşilecek zorluklarla başa çıkmak için terziden çıkmışçasına uygun bir strateji geliştirmek oldukça hassas bir meseledir. Başarıya giden en emin yol, her şey için aynı ölçüde olmaz. Bunun yerine yaklaşımınızı rakibinizle eşleştirmeniz gerekir.

Teniste mantıksal açıdan oldukça işe yarayan bir oyun vardır; sert servisler atılır, rakip bir köşeden diğerine koşturulur ve her fırsatta fileye yaklaşılır. Bu, kötü bir strateji değildir. Fakat Gilbert gibi iyi bir taktik uzmanıysanız rakibinizin kendisine özgü zayıflıklarından faydalanırsınız. Karşılaştığınız rakibiniz ters elle alçak topları kesmekte zorlanıyor olabilir. Bu vuruşu tekrar tekrar yaparak ona işkence edebilir ve galibiyetinizi çok daha kolay hâle getirirsiniz.

Davranış değişiklikleri de buna benzer. Ortalamada işe yarayan çok amaçlı stratejileri kullanabilirsiniz. Zor hedefler koyup tamamlayıcı adımlara bölersiniz. Başarıyı gözünüzde canlandırırsınız. Alışkanlıklar edinmek için -minik, atomik, temel- kendi kendine yardım etme üzerine yazılmış çoksatan kitaplardaki tavsiyeleri izlersiniz. Fakat eğer stratejinizi ilerlemeye engel olan zayıflığı izole etme ve ardından üzerine atılma şeklinde uyarlarsanız çok daha hızlı ilerleme kaydedersiniz.

Önce lisans, sonra yüksek lisans mühendislik öğrencisi olarak arkadaşlarımla kaçınamadığımız sinir bozucu insancıl problemlerimizden feci hâlde sıkılmıştım. Neden *Lost* dizisini izlemeyi bırakıp sınavlarıma çalışmakta bu kadar zorlanıyordum? Neden kendimi daha düzenli bir şekilde spor salonuna sürükleyemiyordum? Neden oda arkadaşlarım ödevlerini hep son dakikaya kadar yapmıyor ve her öğünde mısır gevreği yiyorlardı? Zamanının çoğunu daha teknik problemleri çözerek geçiren bir mühendis olarak bu insan uğraşlarıyla baş edebilmenin bir yolu olması gerektiğinden emindim.

Derken bir gün mikro-ekonomi üzerine aldığım bir ders sırasında, davranış ekonomisi ile tanıştım. İnsanların ne zaman ve neden kusurlu kararlar verdiklerini derin bir analitik özen ve deneysel yöntemlerle çözmeye adanmış bir alandı. Yüksek lisansa başladığımda popülerlik kazanan, insanları daha iyi kararlar almaları için dürtme fikri beni özellikle ele geçirmişti. Dürtme hareketinin kurucuları olan bilim insanları Cass Sunstein ve Richard Thaler, insanların tahmin edilebilir derecede kusurlu hatalar yaptıklarını ve yöneticilerle karar vericilerin bu ortak hatalardan kaçınmaları için onlara yardım edebilecekleri ve etmeleri gerektiği üzerine tartışmışlardır. Fikir şöyleydi; insanları daha iyi kararlar için dürterek (mesela kafeteryada sağlıklı yiyecekleri göz seviyesine koyarak ya da hükümet yardımı için gerekli evrak işlerini basitleştirerek) özgürlüklerini azıcık bile kısıtlamadan yaşamlarını geliştirebilirsiniz.

Birdenbire *Lost* âlemi yapma ya da egzersiz yapamama gibi benzer problemlere karşı benzer dürtüler geliştirebilmenin mümkün olabileceğini fark etmiştim. Böylece daha sağlıklı seçimler yapmak ve daha iyi finansal kararlar almak için kendimi ve başkalarını nasıl dürteceğimi keşfederek ben de dürtme trenine atladım. Çok geçmeden artık düzenli olarak spor salonuna gidiyordum ve bitmeyen *Lost* maratonları ardımda kalmıştı.

Fakat birkaç yıl geçtikten sonra Wharton Üniversitesinde yardımcı profesör olduğum dönemde, dürtmenin gücüne karşı olan ilgim yeni bir aciliyet kazanmıştı. Egzersiz yapmamak ya da sağlıklı şeyler yememek gibi hayatımızdaki küçük başarısızlıklarımızın sıradan insan acizliklerinden ziyade, aslında ölüm kalım meselesi kadar ciddi oldukları gerçeğiyle yüzleştim. Sıradan akademik sunumlardan birinde karşılaştığım yuvarlak diyagram grafik, zihin gözümü gördüğüm o andan itibaren âdeta yakmıştı. Grafik birçok Amerikalının neden olması gerekenden daha erken öldüklerini ele alıyordu. Erken ölümlerin öne çıkan sebepleri kötü sağlık bakımı, zorlu sosyal çevreler, kötü genetik ya da çevresel toksinler değildi. Erken ölümlerin yaklaşık yüzde kırkı aslında değiştirebileceğimiz kişisel davranışlarımızdan kaynaklanıyordu. Görünüşte küçük gibi duran yeme, içme, egzersiz, sigara, seks ve sürüş güvenliği gibi günlük kararlardan bahsediyorum. Bu kararlar bir araya gelip her yıl binlerce ölümcül kanser, kalp krizleri ve kazalara sebep oluyordu.

Ağzım açık kalmıştı. Oturduğum yerde biraz daha doğrulup düşündüm: "Belki de şu yüzde kırkla ilgili bir şeyler yapabilirim."

Bu, ölüm kalım meselesinden de fazla dikkatimi çekmişti. Daha önce günlük hayatımızdaki kararlarımızın refah ve mutluluğumuzu nasıl etkilediğini ölçen bir grafik görmemiş olsam da o grafik hayatımızın bu alanlarındaki yanlış adımlarımızın birikimine de dayanmaktaydı.

Bir fark yaratma hevesiyle odağımı değiştirdim ve uyanık olduğum saatlerimin neredeyse tamamını davranış değiştirme bilimi üzerine eski ve yeni araştırmaları keşfetmeye adadım. Onlarca akademisyenle farklı disiplinlerdeki en iyi fikirlerini olduğu kadar başarısız çalışmalarını da konuştum. Daha iyi kararlar için dürtme araçları geliştirmek için ufak *start-up* firmaların yanı sıra Walmart ve Google gibi endüstri devleriyle de çalıştım. Neyin işe yarayıp neyin yaramadığına anlam vermeye çalışırken tutarlı bir örüntü keşfettim. Karar vericiler, organizasyonlar ya da bilim insanları davranışları değiştirmek için herkese aynı stratejiyi uyguladıklarında sonuçlar karışık oluyordu. Fakat ilerleme yolunda neyin engel olduğunu sorduklarında -mesela çalışanların yeterince birikim yapamaması ya da grip aşısı olmamaları gibi- ve *sonrasında* davranış değişimi için özel hedefli stratejiler geliştirdiklerinde ise sonuçlar çok daha iyi oluyordu.

Mühendislik okulunda bana öğretilen düşünce biçimleriyle paralelliklerini görmekten kendimi alamamıştım. Bir mühendis ilk önce karşısındaki (rüzgâr direnci ya da yer çekimi gibi) güçlükleri dikkatli bir şekilde hesaba katmadan başarılı bir yapı meydana getiremezdi. Yani mühendisler problemi çözmeye öncelikle başarılı olmanın önündeki engelleri tespit etme girişiminde bulunarak başlardı. Davranış değiştirme bilimi üzerine çalışırken aynı stratejiyi uygulamanın gücünü ve potansiyelini anlamaya başlamıştım artık. Andre Agassi'nin tenis kariyerini rakibinin zayıflıklarına konsantre olmasını sağlayarak tersine döndüren şey de bu stratejinin ta kendisiydi.

Elbette ki davranış değişiminde rakibiniz teniste olduğu gibi filenin diğer tarafından sizinle yüzleşmez. O, kafanızın içindedir. Bazen unutkanlıktır ya da öz güven düşüklüğüdür. Tembellik veya baştan çıkarılmaya yenik düşme de olabilir. Fakat önlerindeki zorluk ne olursa olsun, en iyi taktik uzmanları, rakibini ölçüp ona göre oynarlar.

Bu kitap tam da bunun için size yardımcı olmayı amaçlamaktadır. Gilbert'ın kazanma stratejisini alıp davranışsal değişime uygular. Önümüzdeki bölümler size hasımlarınızı tanımlamayı, bu hasmın ilerlemenize nasıl köstek olmaya çalıştığını anlamayı ve onu mağlup etmek için bilimsel olarak kanıtlanmış bire bir uygun teknikleri uygulamayı gösterecektir. Her bir bölüm başarı ile aranızdaki içsel engele odaklanmaktadır. Okumayı bitirdiğinizde bu engellerin neler olduklarını nasıl anlayacağınızı ve onlarla başa çıkmak için size neyin yardımcı olabileceğini bileceksiniz.

Yaşamlarımızı geliştirmek için davranışlarımızı nasıl değiştirebileceğimizi anlama hedefimi paylaşan dünyanın en iyi ekonomistleri, psikologları, bilgisayar bilimcileri ve doktorları gibi onlarca kişiyle iş birliği yapma şansına sahip oldum. Ortak çalışmalarımız öğrenci başarısı, gereksiz antibiyotik kullanımını kesme üzerine medikal pratikler, gönüllü çalışma ve çalışanların faydalı programlara kaydını artırma gibi önemli öngörüler üretti. Ayrıca insanların egzersiz yapmaya başlamalarına, beslenme düzenlerini geliştirmelerine, birikim hesaplarında denge sağlamalarına ya da seçim günü oy kullanmaya gitmelerine yardımcı olma gibi alışkanlıklar başlatacak çeşitli teknikler bulduk.

Bu araçları sürekli bir şekilde kullanarak, küçük değişimlerin birikerek büyük sonuçlar doğurduklarını görmenizi ümit ediyorum. Andre Agassi'nin kariyerini tersine çevirmesine yardım eden de bu yaklaşımdı. Brad Gilbert'ın her maçta, o maça özel tek strateji felsefesini uygulayarak, yoluna çıkan bütün rakiplerini mağlup etti. Ve galibiyetler üst üste geldi. Agassi 1994 Amerikan Açık Turnuvasındaki sürpriz zaferinden kısa bir süre sonra efsanevi kariyerinde 101 hafta boyunca elinde tutacağı Dünyanın Bir Numarası unvanını ele geçirdi.

Bill Gilbert'ın önerisi Agassi'nin dönüşümünü mümkün kılmıştı. Ve ümit ediyorum ki bu kitabın yardımıyla siz de başarılı olacaksınız.

BÖLÜM 1

BAŞLANGIÇ

2012 yılında Google'ın büyüyen şirket merkezini ilk kez ziyaret ettiğimde, Willy Wonka'nın çikolata fabrikasına girmiş bir çocuk gibi hissetmiştim. Şirketin Mountain View, Kaliforniya'daki kampüsü, sahip olduğu son teknoloji her şeyi ve üstüne de bir tutam acayiplikleriyle övünür gibiydi. Ofis binaları arasında yolumu bulurken plaj voleybolu sahaları, gerçek dışı heykeller, markalı ıvır zıvırlarla dolu bir hediye dükkânı ve dünya çapında restoranlarla karşılaştım. Fevkaladeydi.

Google beni ve bir grup akademisyeni kıdemli insan kaynakları yöneticileri için davet etmişti fakat bu dünyanın en yenilikçi ve başarılı şirketlerinden birinin bizden ne istediğini merak etmekten kendimi alamıyordum. Şirket logosu renklerindeki bisikletlerle dolanan güler yüzlü çalışanlar hiçbir sorunları yokmuş gibi gözüküyordu. Google benim ziyaretimden önceki yıl 38 milyar dolar ciro elde etmişti.

Fakat herkesin problemleri vardır; Google'ın bile.

Şirket, çalışanlarının sağlık ve finansal güvenliklerini (her ikisi de gelişmiş çalışma performansıyla ilişkilendirilmişti) geliştirmenin yanı sıra üretimlerini geliştirmeye özel bir vurgu yaparak, evde ve işte daha iyi karar vermeleri için çalışanlarına yardımcı olacak yeni yollar bulma amacıyla bu etkinliğini organize etmişti. Etkinliğin ortalarına doğru Wharton mezunu, yıllardır insan kaynaklarında Google başkan yardımcılığı yapan Prasad Seety bana en önemli keşiflerimi yapacağım yolumu açacak olan, görünüşte zararsız bir soru sordu.

Google'ın, çalışanlarına emeklilik için yetersiz birikim, aşırı sosyal medya kullanımı, fiziksel hareketsizlik, sağlıksız beslenme ve sigara içme gibi sorunları çözmek için yaşamlarını ve iş hayatlarını daha iyi hâle getirecek şekilde tasarlanmış, geniş çapta imkânlar ve programlar sunduğunu açıkladı. Fakat tuhaf bir biçimde bu programlar pek de kullanılmıyordu. Prasad, ekibinin ürettiği (ve Google'ın cömertçe ödeme yaptığı) bu kadar programın geniş çapta görmezden gelinmesi konusunda hem şaşkın hem de kızgındı. Çalışanlar neden ücretsiz yetenek geliştirme derslerinden faydalanmak için feryat etmiyordu? Neden şirketin 401 bin eşleştirmesine rağmen potansiyel kişisel antrenörlerine kayıt yaptırmıyorlardı?

Prasad birkaç olası değerlendirmede bulunmuştu ve hepsi de akla yatkın şeylerdi. Belki de programlar kötü bir şekilde duyuruluyordu. Ya da çalışanlar bunlardan faydalanamayacak kadar yoğunlardı. Fakat aynı şekilde zamanlama meselesini de merak ediyordu. Bana Google'ın, bu kaynaklardan faydalanmaları için çalışanları *hangi zamanda* cesaretlendirmesi gerektiğini sordu. Davranış değişikliğini cesaretlendirmek için kişilerin kariyer ya da takvimlerinde doğru bir zaman var mıydı?

Duraksamıştım. Prasad'ın sorusunun önemi açıkça ortadaydı ve anladığım kadarıyla akademisyenler bu meseleyi geniş çapta gözden kaçırmıştı. Eğer davranış değişimini etkili bir şekilde desteklemek istiyorsak elbette ki buna *ne zaman* başlayacağımızı da anlamamız gerekir.

Prasad'ın sorusuna verecek kolay bir yanıtım olmamasına rağmen bir şeyler sezmiştim. Ona ayakları yere basan, somut kanıtlara dayalı bir yanıt vermeden önce akademik çalışmaları incelemeye ve kendi verilerimi toplamaya ihtiyacım olduğunu söyledim. Philadelphia'daki araştırma ekibimin yanına dönmek için aşırı derecede heveslenmeye başlamıştım.

TEMİZ BİR SAYFANIN GÜCÜ

Prasad'ın o güne dek karşılaştığım sağlıksız ya da verimsiz davranış biçimlerinin inatçı varlığı karşısında allak bullak olmuş ilk lider olduğunu söylemem imkânsız. Sigarayı nasıl azaltacakları, fiziksel aktiviteleri nasıl artıracakları, beslenme düzenlerini iyileştirip aşı sayısını nasıl artıracakları üzerine kızgın halk sağlığı memurları ile saatlerce konuşmuştum ve üstelik bu yalnızca bir başlangıçtı. Hep aynı insanı çileden çıkaran şeyi duyuyordum: Değişimin ucuz, basit ve iyiliklerine olduğunu söyleyerek insanları davranışlarını değiştirmeye ikna edemiyorsak hangi sihirli dokunuş işe yarayacaktı?

Bu kitap bu soruya birçok yanıt sunacaktır (en önemlisi de "duruma bağlı") fakat bunlardan biri, Prasad'ın problemiyle özellikle ilgiliydi.Yanıtımız dikkat çekici bir medikal başarı öyküsüyle başlıyor.

Ani bebek ölümü sendromu (ABÖS) her yönüyle, kulağa geldiği kadar korkunç bir şeydir. Her yıl on binlerce bebek uykularında bir anda ve açıklanamayan bir şekilde hayatlarını kaybediyor. ABÖS, ABD'de yıllardır bir aylık ile bir yaşındaki bebekler arasında en önde gelen bebek ölüm sebepleri arasında yer alıyor. Doktorumun yeni doğan bebeğimin sağlık kontrolü sırasında bu risk faktöründen bahsettiğinde nasıl kanımın donduğunu hatırlıyorum.

Sağlık kurumları on yıllarca ABÖS karşısında ne yapacaklarını bilemediler. Fakat 1990'ların başında araştırmacılar büyük bir atılım gerçekleştirdiler. Sırtüstü uyuyan bebeklerin ani bebek ölümü oranlarının, yüzükoyun uyuyanların yarısı oranında olduğunu keşfettiler. Yarı yarıya!

Bu, kutlamaya değer ve hızlı bir eylemdi. Yüz binlerce hayatın kurtulmasına olanak sağladı ve doğal olarak halk sağlığı toplulukları bu yeni bilgiyi yaymakta zaman kaybetmediler. Amerika Birleşik Devletleri hükümeti bebekleri sırtüstü uyutmanın önemi üzerine yeni ebeveynleri eğitmek için yoğun bir kampanya başlattı. Ulusal Sağlık Enstitüsü reklamlar yayınladı ve hastanelerle doktor muayenehaneleri broşürlerle doldu.

Elbette bir başarı garantisi yoktu. Bu tarz pek çok kampanyanın başarısız oluşu telefonumun öfkeli sağlık memurları tarafından sıklıkla aranma nedenini açıklıyor. Obeziteyi azaltmak için son dönemde zincir restoranlarda yiyeceklerin kalori değerinin belirtilmesi üzerine yapılan gayretli kampanyayı düşünün. Big Mac'te ya da *frappuccino*da kaç kalori olduğunu söylemenin insanların kalori tüketimini hiç de azaltmadığı ortaya çıkmıştı. Veya 2010 yılında ulusal halk sağlığı otoritelerinin Amerikalıları yıllık grip aşısına ikna etmek için gösterdikleri çabayı hatırlayın. Etkileri, önceki yıl %39 olan oranı %43'e çıkaracak, en iyi değerlendirmeyle minimal denilecek bir seviyede kalmıştı. Yani bebekleri sırtüstü yatırma kampanyasının da devasa bir probleme yalnızca yara bandı yapıştırma etkisi gösteren aynı eski öyküyü tekrar etmesini beklemek için her türlü sebebimiz vardı.

Çok şükür ki bu kampanya harikalar yarattı. 1993 ve 2010 yılları arasında bebeklerini sırtüstü yatıranların oranı %17'den yaklaşık dört katına, 73'e çıktı ve ABÖS vakaları hızla düştü. Üstelik verilen mesajın modası da geçmemişti. Kampanyanın başlamasının üzerinden on yıllar geçmesine rağmen 2016 yılında Philadelphia'da doğum yaptığımda doktorum bana aynı kampanyanın kitapçığından vermişti.

Fakat ani bebek ölümlerini önleme kampanyası sorgulanamaz derecede büyük bir başarı yarattıysa benzer başka kampanyalar neden yere çakılmıştı? Prasad'ın zamanlama üzerine sorusu bana bir hipotez formüle etmem için ilham vermişti.

Ebeveyn olmak şüphesiz insan hayatının en şiddetli dönüm noktalarından biridir. Bebeğin dünyaya gelişinden daha bir gün önce bile beslenecek, giydirilecek, korunacak ve avutulacak bir bebek yoktur ortada. Derken... Güm diye her şey değişir. Ebeveynlikle ilgili her şey yeni ve farklıdır ve sonuç olarak aşılacak eski alışkanlıklar ya da araya girecek bitmez tükenmez rutinler olmaz. Daha iyisi ya da kötüsü için gerçek bir sıfırdan başlangıç yaparsın. Henüz yolunu bulamamış ve doğru olan her şeyi yapmak için motive olmuşken aynı kampanyanın mesajı yardımınıza yetişir. İnsanların davranış örüntülerini değiştirmek için daha iyi bir zamanlamanın olmadığını seziyordum. Ebeveynleriniz ya da onların ebeveynleri eskiden ne yapmış olurlarsa olsunlar, bir doktor size bebeğinizi sırtüstü uyutmanın hayati önemini anlattığında uyarsınız ve kötü alışkanlıklarla savaşmak zorunda kalmazsınız.

Şimdi aynı durumu yetişkinlerin yeme, içme ve aşı alışkanlıklarını etkileme girişiminde bulunan bir halk sağlığı kampanyasıyla kıyaslayalım. Bu tür girişimler bizi, değişime açık oluşumuzu sınırlayan rutinlerimizle dolu yoğun hayatlarımızın tam ortasında yakalarlar. Verilen bilgi her ne kadar ölüm ve yaşam arasında fark yaratacak önemde olsa da onu sıklıkla görmezden gelmemize şaşmamalı.

Google ziyaretimden sonra bunun aşırı derecede önemli fakat küçük görülen bir öngörüden kaynaklı olduğundan şüphelenmeye başladım: Kendinin ya da bir başkasının davranış biçimini değiştirmek istiyorsan boş bir sayfayla yeni bir başlangıcın devasa bir avantajı vardır ve bu sayede eski alışkanlıklar aleyhinize çalışmaz hâle gelir.

Yalnızca bir sorun vardır: Gerçek başlangıçlar inanılmaz derecede nadir olur. Değiştirmek istediğimiz davranışlarımızın büyük çoğunluğu günlük, gelenekleşmiş şeylerdir ve yoğun, sağlam temellere dayalı rutinlerimizle pişmişlerdir.

Fakat neyse ki taze başlangıç yaparak değişmek ümitsiz bir durum değildir; yalnızca zordur. Google ziyaretimde gerçek boş sayfa anları yaşanmadığı zamanlarda bile taze başlangıç *hissini* kullanabileceğimize dair bir öngörü hissetmiştim.

TAZE BAŞLANGIÇ EFEKTİ

2012 yılındaki Google ziyaretimden eve döndüğümde (şu anda UCLA'de profesör olan) doktora öğrencim Hengchen Dai ve Harvard'dan konuk öğretim görevlisi Jason Riis ile bir toplantı organize ettim. Onlara Prasad'ın sorusundan ve taze bir başlangıç yaptıklarını düşündüklerinde insanların değişime daha açık olabilecekleri üzerine ilk sezgimden bahsetmek için oldukça hevesliydim.

Düşüncemi açıklarken Hengchen ve Jason'ın yüzü aydınlanmıştı. Aynı benim gibi onlar da zamanlamanın değişimde kritik bir öneme sahip olabileceğini hemen kavradılar. İnsanların değişiklik yapmak istediklerinde taze bir başlangıç benzeri şeyler hissettikleri anlara doğru içgüdüsel olarak yöneldiklerini biliyorduk. Yeni yıl hedeflerini düşünün. Hâlbuki ekonomi teorisi, yeni kısıtlamalar, yeni bilgiler ya da bütçe anlayışımızı sarsan fiyat şokları gibi değiştirici durumlarla yüzleşmeyene kadar tercihlerimizin zamanla stabil kalmaya başladıklarını varsaymıştır her zaman. Hengchen, Jason ve ben bu varsayımın doğruluğundan şüphe ediyorduk ve hatta durumumuzun değişmediği fakat yine de kendimizi değiştirmeye mecbur hissettiğimiz sistematik ve tahmin edilebilir zamanlar bile vardı hayatta. O heyecanla hangi örneklerde ortaklaştığımızı tartışıp motivasyonumuzun neden değiştiğine dair sezgileri araştırarak bizi farklı davranmamız için kışkırtan yeni başlangıç anlarımızla ilgili hikâyelerimizi paylaşmaya başladık.

Yeni başlangıçlar etrafında başlattığımız değişimlerin çoğu korkutucu bir tecrübeden sonra yeniden direksiyon başına geçmek ya da romantik bir durgunluk döneminden sonra yeni randevu stratejileri keşfetmek gibi küçük şeylerdi. Fakat çok daha önemli değişimlerle ilgili hikâyeler de duymuştum tabii. *Thirst* isimli çoksatan kitabın yazarı Scott Harrison'ı ele alalım. Scott gösterişsiz ve kâr amacı gütmeyen bir hayat için sıkı bir parti kulübü işletmeciliği işini terk ederken yeni yıldan ilham almıştı. Taze başlangıçlar anlaşılan o ki azımsanmayacak değişimleri başlatma kapasitesine sahip gibi görünüyordu.

Ekip toplantımızda Hengchen, Jason ve ben özellikle yeni yılın gücünü hızlıca anlamıştık fakat bunun -insanların taze bir başlangıç anı bahşedilmişçesine özellikle değişime hazır oldukları birçok an gibi- çok daha geniş bir meselenin yalnızca bir örneği olduğundan kuşkulanıyorduk. Asıl sorun bizi aynı tepkiyi vermek için kışkırtacak anları tanımlamak ve değişim için neden ve nasıl motive ettiklerini anlamaktı.

Başlangıç olarak Hengchen, insanların yılbaşı gibi özel günlerde nasıl düşündükleri üzerine yapılmış var olan araştırmalara daldı ve merak uyandırıcı bir keşifle geri döndü. Araştırmaları onu psikolojide insanların zamanın akışı hakkında ne düşündükleriyle alakalı bir kaynağa yöneltti. Zamanı bir devamlılık olarak görmek yerine hayatlarımızı fark edilir vakalar ya da kısımlarla ayrılmış bölümler olarak algılama eğiliminde olduğumuzu öğrenmişti. Bir bölüm, üniversite yurdunda kalmaya başladığınız günle başlayabilirken ("üniversite yılları") bir diğeri ilk iş gününüzle ("danışmanlık çağı"), bir başkası ellinci doğum gününüz, yine bir başkası yeni bir yıl ya da milenyum başlangıcınız ile başlayabilirdi.

Bu araştırma ne kadar küçük olursa olsun yeni bir yaşam bölümüne başlamanın insanlara boş bir sayfa izlenimi verebileceği fikrini geliştirmemize yardım etmişti. Bu yeni bölümler kim olduğumuzu, değişimle nelerden geçtiğimizi tanımlamak için etiketler kullandığımız, onlarla birlikte bizi değişmeye zorlayan anlardır. "Öğrenci"likten "profesyonel"liğe, "kiracı"lıktan "ev sahibi" olmaya, "bekâr"lıktan "evli"liğe, "yetişkin"likten "ebeveyn"lik statüsüne, "New Yorklu"luktan "Kaliforniyalı"lığa, "90'ların sakini" durumundan "21. yüzyıl Amerikalısı"na bir değişim darbesiyle bir anda geçeriz. Etiketler davranışlarımız için önemlidir. "Oy kullanabilen birey" yerine *seçmen,* "her fırsatta havuç yiyen bir kişi" yerine *havuççu,* "çok Shakespeare okuyan bir kişi" yerine *Shakespeare okuru* şeklinde etiketlendiğimizde bu, yalnızca kendimizi nasıl tanımladığımızı değil, nasıl davrandığımızı da etkiler.

Eğer bugüne kadar kendinize herhangi bir yeni yıl hedefi koyduysanız, "yeni siz" ve "yeni yılın" bir değişim yapabileceğini öz güvenli bir tavırla tahmin ettiyseniz etiketlerin gücünü anlayacaksınız. Yeni yılın gücüyle ilgili en sevdiğim hikâye sanırım karar vermeyle ilgili yaptığım podcast programına konuk olan Ray Zahab'dan gelmişti. Ray yaşamının 1990'lardaki kısmını bitiren yeni milenyumun gelişini ve yeni bir bölüme geçişini hayatını değiştirmek için kullanmıştı.

Hayatını değiştirmeyi başarmadan önce Ray bazen neredeyse her öğününü McDonald's'da yiyen büyük bir sigara ve içki bağımlısıydı. Fakat otuzlu yaşlarının başına geldiğinde bir değişiklik yapmak için yanıp tutuşuyordu. Sürekli parasız ve formsuz olmaktan yorulmuştu artık.

Başarılı bir uzun mesafe koşucusu olan erkek kardeşi gibi olup olamayacağını merak ediyordu fakat sigara içmesinin bunu seçenek dışı bıraktığının farkındaydı. Atması gereken ilk adımın sigarayı bırakmak olduğu ortadaydı. Fakat bunu yapamıyordu. Deneyip durdu ancak arzuları onu hep geri döndürdü. Üstün gelmesi için onu daha fazla itecek bir şeylere daha ihtiyacı vardı.

Derken Ray bir fikir buldu. Yüzyıl dönümünü -1999 yılının sonunu- iyi şeylere dönüş yapmak için kullanabilirdi. "O tarihi kullandım çünkü herkesin zihninde öyle bir sondu ki," diye açıklıyordu. "Sonuçta bir yüzyılın sonu, değil mi? Bu, insanlık için yeni bir başlangıçtı."

31 Aralık akşamı gece yarısından kısa bir süre önce Ray son sigarasını içti. "Şimdi yapamazsam bir daha asla yapamam," dedi kendi kendine.

Ray ertesi sabah sigara için büyük bir istek duyarak uyandı. "Ama artık 1 Ocak 2000," diye hatırlattı kendine ve yeni milenyumun gelişiyle önemli bir eşiği atlamıştı. O, artık nikotin bağımlılığı alışkanlığından kurtulamayan eski Ray değildi. "İçimde küçük bir kıvılcım vardı," dedi. "Bunu yapabilirdim."

Ve yaptı da, daha iyi bir şey için sigaradan vazgeçti.

2003 yılında dünyanın en zorlu dayanıklılık yarışlarından biri olan Yukon Arctic Ultra 100 Mil yarışını kazandı. Zaferinin 2000 yılının ilk gününde başladığının farkındaydı. O gün her şeyi mümkün kılmıştı.

Ray, hayatında değişiklik yapmak için yeni yılın başlangıcından ilham alan insanların çarpıcı bir örneğiydi. Fakat her yıl 1 Ocak'ta Amerikalıların yaklaşık yüzde kırkı forma girmek, emeklilik birikimi yapmak, içkiyi bırakmak ya da yeni bir dil öğrenmek gibi hayatlarını geliştirecek kararlar verirler.

Yeni yılın dönümüyle sosyal medyadan uzak durmak, okulda başarılar kazanmak, daha iyi bir meslek sahibi olmak ve daha sağlıklı yemekler yemek gibi geçmiş başarısız girişimler sanki bir başkasına aitmiş gibi görülür. Önceki yıl iş hayatında beklentiyi karşılayamamış ya da sigara içmeyi bırakamamış olabilirsiniz ama "O, eski bendi," diye düşünürsünüz. "Ve bu, yeni benim."

Hengchen, Jason ve ben, yeni ve gelişmiş hissetmenin bazı durumlarda değişim için anlamlı engelleri aşmaya yetip yetmeyeceğinden şüphe duyuyorduk. Fakat yine de bu fikri teste tabi tutmamız gerekliydi.

Başlangıç olarak insanların hangi zamanlarda doğalında bir değişimin peşine düştükleriyle ilgili bilgi topladık. Veri ardına veri inceledikten sonra aynı döngüyle karşılaştık. Kampüsteki öğrenciler yalnızca ocak ayında değil, haftanın ilk günlerinde, tatil dönüşlerinde, yeni dönem başlangıçlarında ve doğum günlerinden sonra da spor salonunu normalden daha fazla ziyaret ediyorlardı. (Eğer yirmi birinci yaş günleri değilse tabii. Sebebini tahmin ediyor musunuz?)* Benzer şekilde (stickK isimli popüler hedef koyma internet sitesi takip edilerek) online hedef koymalarda ya da Google'da "diyet" kelimesi aramalarında ocak ayında, pazartesi günlerinde ve tatil dönüşlerinde bir yükseliş olduğunu belgeledik. Ayrıca insanların doğum günlerinin stickK'te daha fazla hedef üretmeyle bağlantılı olduğunu bulduk.

Analizlerimiz Jason, Hengchen ve benim "taze başlangıç efekti" diye adlandırdığımız bir tabloyu son derece tutarlı bir şekilde ortaya koyuyordu.

Amerikalılardan oluşan bir tartışma grubuna yeni yıl başlangıcı ya da doğum günleri gibi taze başlangıç günlerinde nasıl hissettikleriyle ilgili anket yaptığımızda, yeni başlangıçların bir tür sıfırdan başlama psikolojisi yarattığını tekrar tekrar gördük. İnsanlar geçmiş hatalarından uzaklaşmış, gelecekle ilgili iyimser olmak için sebepleri olan kişiler gibi hissediyordu.

Bizler yeni başlangıçlar gibi hissettiren tarihlerin peşine düşeriz çünkü daha önce başarısız olduğumuz için yine olacağımızla ilgili o bildik hissi aşma konusunda böyle zamanlar bize yardımcı olur.

Bu, her pazartesi önümdeki haftanın öncekinden daha iyi geçeceğinden neden emin olduğumu ve neden birçok arkadaşımın

---

* ABD'de yasal içki kullanma yaş sınırı yirmi birdir –çn.

yalnızca yeni yılda değil, doğum günlerinde de yeni hedefler koyduklarını açıklıyor. Yeni başlangıçlar aynı zamanda durup değişiklikler yapmayı düşündürecek daha büyük resmi görmeye ve değerlendirmeye de neden olabilir.

Hengchen, Jason ve ben taze başlangıçların neden önemli olduğuna dair hazır bir kanıt ve anlayış sahibi olmuşken, başka anların da yaşam değiştirme potansiyeline sahip olup olmadığını merak etmekten kendimizi alamadık.

TAKVİMİN ÖTESİNDE

1970'lerin başında Bob Pass isimli Birleşik Devletler hükümeti Federal Güç Komisyonunda bir dava vekili, kız arkadaşı ile Ulusal Hayvanat Bahçesi'ni ziyaretlerinde büyükçe bir maymun kafesinin yanında durmuştu. Kafesteki gorillere bakıp kız arkadaşına dönmüş ve kederlenmişti. "Tam olarak nasıl hissettiklerini anlıyorum."

Kısa bir zaman sonra kafasını temizlemek, seyahat etmek ve yerel kulüpte tenis dersleri vermek için hukuk kariyerine ara verdi. Dava vekilliği işinden çok daha mutlu olduğunu biliyordu fakat bunu sonsuza dek yapamayacağının farkındaydı. Bir eşi ve çocukları olsun istiyordu ve bir aileyi geçindirmek için ardında bıraktığı gibi düzenli bir işe sahip olması gerektiğini düşünüyordu.

Çok geçmeden kendini siyah takım elbisesiyle yeni açılan bir hukuk firmasında iş görüşmesi yaparken buldu. Her şey yolunda giderken fenalaştı ve birilerinin onu eve arabayla bırakması gerekti. İki gün içinde kalp kapakçığında staph enfeksiyonuyla, bir daha iyileşip iyileşmeyeceğinden emin olamayarak hastanede buldu kendini.

Bu deneyimi sonunda oldukça önemli bir yere varacaktı. Yatağında yaşam ve ölüm için kaygılanırken geçmişini, yaşadığı zamanı ve yakın zamanda aldığı iş teklifini uzun uzun düşündü. Vardığı sonuç açıktı: Avukat olmaktan nefret ediyordu. Ölüme yakınlaşması yeni bir yol hayal etmesi için bir şans şeklinde ona hizmet etmişti. Kendi tabiriyle: "Beni hayatımla yüzleşmeye zorladı," diye düşünüyordu.

Bob tenis antrenörlüğünü çok sevdiğini fark etti. Avukatlığın getireceği stabil hayatı reddetti ve 1973 yılında bir avuç öğrencisiyle tenis akademisinde işe başladı. On yıllar sonra onun başarılı akademisinde öğrenci olduğumda benimle bu hikâyeyi paylaştı ve bunun, hayatında aldığı en iyi karar olduğunu söyledi.*

Taze başlangıçlarla ilgili gece gündüz düşünmeye başladıktan sonra Bob'un sağlığı için duyduğu endişenin hayatında yeni bir bölüme başlaması için ona cesaret verdiğini görebiliyordum. Fakat tarihlerin bununla hiç ilgisi yoktu; Bob kendi yeni başlangıcını anlamlı bir yaşamsal vakaya borçluydu.

Eski tenis antrenörüm için hastalık, baştan başlama güdüsünü sağlamıştı. Fakat araştırmalar ülkenin diğer ucuna taşınma, işte terfi alma ya da günlük yolculuğunda sıradan bir karışıklığın bile kolayca aynı şeye sebep olabileceğini göstermektedir.

1994'te yayınlanan iki makalede kariyer değişikliği, kişisel bir ilişkiyi sonlandırma ya da diyete başlama gibi anlamlı yaşamsal değişiklikler arayışındaki iki yüzden fazla kişiyle iki psikolog anket yapmıştı. Başarılı girişimlerin yüzde otuz altısının insanların taşındıklarında, başarısız girişimlerin işe yüzde on üçünün taşındıktan sonra olduğu sonucunu bulmuşlardı. Bu istatistikler, hayatlarımızda fiziksel müdahaleli geçişler sonucunda meydana gelen tetiklenmelerin de takvimimize yeni başlangıçlar dağıtan önemli tarihler kadar güçlü olabileceklerini önermektedir.

---

* Hikâyelerimde tenis temasını çok fazla görüyorsanız endişe etmeyin, sayfalar tenis ağırlıklı olmayacak. Fakat genç bir yetişkin olarak bu sporda ciddi bir şekilde mücadele etmenin davranış bilimiyle ilgili düşünce ve araştırmalarımda bana pek çok ders verdiğini söylemem gerekir.

Fakat takvimdeki tarihlerin aksine, bu tür yeni başlangıçlar ekonomi teorisinin tahminleriyle *çelişmezler* çünkü onlar gerçekten de hayatımızı *değiştiren* şeylerdir; yalnızca bakış açımızı değiştirmekle sınırlı değildirler. Bu şekilde hayatımızda daha önce keşfetmediğimiz yeni yollar keşfetmemize yardımcı olabilirler. Şubat 2024 tarihinde gerçekleşen ve bazı istasyonlar kapandığı için binlerce insanı yeni seyahat rotaları deneyimlemeye zorlayan büyük Londra metrosu grevini ele alalım. Bu durum metro yolcularının yaklaşık yüzde beşinin yolculuk alışkanlıklarında daha pozitif ve etkili, yeni yollar bulmasını sağladı. Taşınma ya da seyahat grevi gibi fiziksel müdahaleler eski davranışlarımızı bozup daha iyi bir yaklaşım elde etmemize yardımcı olabilir. Yine aynı durumlar, otobiyografik hatıralarımızda değişimi daha çekici ve yapılabilir sunacak yeni başlangıçlar açarak, saf *psikolojik* taze başlangıçlar gibi faydalarla da hayatımıza girerler.

Elbette ki bütün müdahaleler eşit yaratılmamıştır. Kimisi şehir dışından ve kimisi yerel kolejden transfer edilmiş Texas A&M transfer öğrencileri üzerine yapılan çalışmayı ele alalım. Bu çalışma çevresi değişen ve aynı kalan öğrencileri karşılaştırmıştır. Bazı transfer öğrencileri ufak çaplı değişiklikler yaşarken -rutinlerini koruyup aynı çevreden aynı insanlarla vakit geçirmiş- kimisi daha kalıcı bozulmalar deneyimlemiştir.

Aynı çalışma öğrencilerin yaşadığı bu tür değişimlerin televizyon izleme, gazete okuma ve egzersiz yapma gibi alışkanlıklarını değiştirebildiğini keşfetmiştir. Aslında değişimin şiddeti oldukça önemliydi. (Birçoğu yerel kolejden olan) ortamı pek fazla değişmeyen öğrenciler çoğunlukla eski rutinlerini korurken, ters konumdaki akranları davranış değişimi gibi çok daha büyük değişimler yapmışlardı. Yine araştırmamızda Hengchen, Jason ve ben bazı tarihlerin insanları diğerlerine göre daha fazla tetiklediğini görmüştük. Mesela yeni yılın, davranışlarımızdan tipik bir pazartesi gününden daha fazla etkisi vardır. Dönüm noktası büyüdükçe geri çekilip toparlanmamıza ve geçmişle aramıza temiz bir mesafe koymamıza daha fazla yardım etmektedir.

Bu araştırmaya kafa yordukça taze başlangıçların potansiyelinden çok az faydalanıldığını daha görülür bir şekilde anlamaya başladım. Değişim ümit ettiğimizde eski rutinler ve düşünce biçimlerimizi kırmamıza yardımcı olması için çevremizi yeniden şekillendirmeyi deneme fırsatına sahip oluruz. Bu dediğim şey çalışmak için yeni bir kafe ya da yeni bir spor salonu bulmak kadar basit de olabilir. Bizim için en önemli olan şeyin ne olduğunu değerlendirmek ve diğer yaşamsal değişimlerden faydalanmak için fırsatların peşine düşmeliyiz. Bir hastalık, terfi ya da taşınma bile yaşamınızı değiştirmek için ihtiyacımız olan bozulmayı bize sunabilir.

TAZE BAŞLANGIÇLARIN DEZAVANTAJI

Google ziyaretimden iki yıl sonra doktora öğrencim Hengchen doktora tezi için bir fikirle yanıma geldi. Büyük Beyzbol Ligi (MLB) üzerine çalışmak istemesi beni şaşırtmıştı çünkü onu hiçbir zaman bir spor sever olarak görmemiştim.

Fakat Ulusal ve Amerikan ligleri arasındaki transfer kurallarına kılavuzluk eden ilginç kuralları açıkladığında, MLB ile ilgili yepyeni merakı anlamlı gelmişti. Bana oyuncuların istatistiklerinin sezon ortasında ligler arası transfer edildiklerinde sanki sezona yeniden başlamış gibi sıfırdan hesaplanmaya başladığını bilip bilmediğimi sordu. Fakat lig içi transferlerde sezonun istatistikleri hiçbir şey değişmemiş gibi aynı şekilde hesaplanmaya devam ediyordu.

Onu hemen anlamıştım. Hengchen beyzbol için heyecanlıydı çünkü ligler arası transferlerdeki başa sarmaların oyuncular için taze bir başlangıcı temsil ettiğini düşünüyordu – istatistikleri için tam olarak beyaz bir sayfa. Yeni başlangıçlara dair beraber yaptığımız çalışmalarda bu tarz başa sarmalar üzerine hiç çalışmamıştık.

Fakat sıfırlamalar aslında her yanımızdadır. Her sabah uyandığımda FitBit uygulamam bana o âna kadar sıfır adım attığımı söyler. Önceki gün attığım adımlar artık tarih olmuştur ve yeni baştan başlarım. Yine her sömestr öğrencilerim sınıfa ilk girdiklerinde önceki dönem öğrendiklerinin yeni öğrenecekleri üzerinde bir etkisi yoktur. Nereye bakarsak bakalım kazanç raporları, satış kayıtları ve diğer performans derlemeleri haftalık, aylık ve yıllık olarak silinirler. Hengchen bu tez fikriyle bana geldiğinde böyle sıfırlamaların insanların hedefleri üzerinde nasıl bir etkide bulunduğuyla ilgili çok az bilgiye sahiptik.

Bu durumu değiştirmek için Hengchen istatistiksel olarak birbirine çok benzer iki oyuncunun büyük bir değişiklik tecrübe ettiklerinde -yeni bir takıma transfer gibi- fakat birine istatistik sıfırlanması uygulandığında ne olacağını keşfetmek istiyordu. Sezonun o anına kadar eşit performans sergileyen Jackie Robinson ve Jackie Robins diye iki oyuncu hayal edin. Şimdi ikisinin de yeni birer takıma takas edildiğini düşünün fakat Jackie Robinson ligler arası takas edilmiş ve böylece istatistikleri sıfırlanmıştır fakat aynı lig içinde takas edilen Jackie Robins aynı sezon istatistiklerini korumaya devam etmiştir. Sonrasında ne olurdu peki?

Hengchen kırk yıllık MLB verilerini analiz ettiğinde cevabın Jackie'lerin o ana kadar nasıl performans sergilediğine bağlı olduğunu buldu. İlk önce, kötü performans sergileyen oyuncuların* lig değiştirdiğinde kendilerini geliştirdiklerini saptadı. Taze başlangıçlarla ilgili önceki çalışmalarımızla tutarlı olacak şekilde, Hengchen bu oyuncuların lig içinde transfer edilenlere göre çok daha büyük gelişim gösterdiklerini bulmuştu.

---

* Hengchen'in araştırmasında, kötü performans, belirli bir yılda ligdeki ortalamanın en az bir standart sapma altında olan vuruş ortalaması olarak tanımlanmıştır.

2004 yılında üniversite öğrencisiyken memleketimin takımı (The Boston Red Sox), Montreal Expos'tan ligler arası transferle gelen pasör Orlando Cabrera'nın transferiyle böyle bir sıfırlanmanın faydasını görmüştü. Orlando sezonun başında .246 oranında vuruş yapıyordu ve bu o yılki MLB ortalaması olan .265'ten hayli aşağıdaydı. Fakat Orlando, Red Sox'a transfer olduğunda istatistikleri sıfırlandı ve Bostonlı taraftarları mutlu edecek şekilde vuruş ortalaması yüzde yirmi dokuz artarak .294'e ulaştı.

Hengchen ayrıca her yeni başlangıcın olumlu olmadığına dair çarpıcı bir şekilde kanıtlar bulmuştu. Takastan önce yüksek vuruş oranları olan* oyuncuların performanslarının *düşme* eğiliminde olduğunu fark etti. Üstelik bu transfer ligler arasındaysa ve oyuncunun başarılı istatistikleri siliniyorsa düşüşler (bu döngünün yalnızca basit bir gerileme olmadığını kanıtlayarak) çok daha büyük oluyordu. Sıkıntı çeken oyuncuların performans artışının aksine, başarılı oyuncular önceki başarılarının arkada kaldığı ve rekorlarını sıfırdan tırnaklarıyla kazıyarak yeniden inşa etmeye zorlandıkları hissiyle bu tarz sıfırlamalardan *mağdur* olmaktaydılar.

Jarrod Saltalamacchia her şey istediğimiz gibi giderken gerçekleşen taze başlangıçların düşürücü etkisini zor yoldan öğrenmek zorunda kalmıştı. 2007 yılında Atlanta Braves takımı için .284 oranında sağlam vuruşlar yapan Saltalamacchia sezon ortasında ligler arası bir transferle Texas Rangers'a takas edilmişti. Tam da Hengchen'in beklediği gibi ekim ayına gelindiğinde %13 düşen vuruş performansı .251'e gerilemişti.

Hengchen'in beyzbol çalışması aynı döngüyü gösteren birkaç çalışmadan biriydi. Kelime arama ya da kişisel hedeflerle ilgili işler için insanları görevlendirdiği deneyimlerinde, Hengchen sıfır-

* Hengchen'in araştırmasında, belirli bir yılda ligdeki ortalamanın en az bir standart sapma üzerinde olan değer olarak tanımlanmıştır.

lamaların kötü performanslı oyunculara iyi gelirken zaten iyi performanslı oyunculara zarar verdiğini defalarca kez yeniden buldu.

Bu, önemli ve uyarıcı bir dersti: Taze başlangıçlardan herkes faydalanmıyordu. Zaten akış içindeyken gelen herhangi bir müdahale gerilemeye sebep olabiliyordu. Bunu evde ve işte görebiliyorduk ve müdahalenin kendisi büyük bir şey olmasa bile sonuçları sizi aşağı çekebiliyordu. İş yerinde işlerinize dalmışken geveze bir arkadaşın ya da istenmeyen bir telefonun nasıl hissettirdiğini düşünün. O tek küçük araya girme sizi günün geri kalanında geriye itmeye yeterli olabilir. Ya da yeni, sağlıklı bir rejimde ilerleme kaydediyor olabilirsiniz; kahvaltıda *smoothie*, öğlen salata ve her akşam ev yemeği gibi. Derken yaz tatiliniz gelir ve sayısız kremalı pasta sonunda bir daha asla sağlıklı alışkanlıklarınıza dönemezsiniz.

Hengchen'in bulguları bana bazı eski çalışmalarla ilgili farklı bir bakış açısı sunmuştu. Araştırmacıların üniversite öğrencilerine spor salonuna gitme alışkanlığı aşılama girişiminde bulunduğu iki projede (birini ben yönetmiştim) aynı arsız döngü baş göstermişti. İki çalışmada da tatil aralarının negatif etkide bulunduğu ortaya çıktı: Spor salonu alışkanlığı edinen öğrenciler kampüse geri döndüklerinde bunu devam ettiremediler. Araya girmelerin bozucu etkisi bütünsel, öğrencilerin ilerleyişini geriye döndürmeye yönelikti.

Bu bulgular Hengchen'in çalışmalarıyla birleştirilince taze başlangıçların en başta yardımcı olabileceği fakat aynı zamanda iyi devam eden rutinlerde bozucu olabildikleri açıkça ortaya çıkmıştı. İyi alışkanlıklarını *sürdürmek* isteyenlerin uyanık olmaları gerekiyordu.

DEĞİŞİM NE ZAMAN CESARETLENDİRİLİR

2014 sonbaharında bir gün, Birleşik Devletler'de posta kutularını açan binlerce insan bir mektup bulmuştu. Her bir postada kırmızı renkli arka planın önünde kalın beyaz harflerle "Beklemeyi bırakın... Biriktirmeye başlayın!" yazıyordu.

Bu mesajı alan herkesin iki ortak noktası vardı: Benimle ve bir katkı ekibiyle iş birliği yapan birkaç büyük üniversitede çalışmışlardı ve emeklilik birikimleri ya çok az ya da sıfırdı.

Geçmiş çalışmalar göstermişti ki birikim yapmayan kişilerin birçoğu aslında maaş çeklerinin bir kısmını emeklilik için ayırmak *istiyorlardı.* Sadece fırsat bulamamışlardı. Böylece Hengchen ve ben iki birikim uzmanı John Beshears ve Shlomo Benartzi ile birikim yapmayı kolaylaştıracak bir yol bulmak için bir araya geldik. İnsanların pul yapıştırılmış adresli hazır zarfları geri göndermeleriyle mektup sayımız ikiye katlandı. Yaptığımız tek şey mektuba imzalarını atmalarını ve daha fazla birikim yapmak isteyen kişilerin sağdaki kutucuğu işaretlemelerini istemekti. Gerisini biz halledecek, az da olsa gelecekteki maaş çeklerinin bir kısmını emeklilik birikim hesaplarına ayrılacağından emin olacaktık.

İnsanların daha fazla birikim yapmalarına yardımcı olmak için ekipçe heyecan duyarken bize en ilginç gelen şey insanları böyle bir kesintiye davet etmek için zamanlamanın önemini fark etmemiz olmuştu. Herkese derhâl birikim yapmalarını teklif etmiştik fakat birçok insanın daha az maaşla yaşamanın acısıyla bunu ertelemeyi tercih edeceklerini varsaymıştık. Ve doğru zamanda davet ederek daha fazla insanı birikim yapmaya başlamaları için ikna edebileceğimizden şüpheleniyorduk. Bu beni Google ziyaretimde zamanlama ile ilgili soru soran Prasad Setty'nin sorusuna geri götürmüştü.

Bu âna kadar size taze başlangıçlarla ilgili söylediklerim Prasad'ın sorusuna cevap olabilecekleri şüphemi destekliyor. Fakat gerçekleştirilen araştırmalara göre, yeni başlangıçlar ancak insanların değişimi yalnızca *doğalında* üstlendikleri anlardı. Bu yüzden aslında Prasad'ın sorusunu yanıtsız bırakıyorlar: O, Google'ın değişimden ne zaman *faydalanması* gerektiğini bilmek istemişti.

Hengchen ve Jason ile yaptığımız bazı anketler onun özel sorusuna verilecek cevabın ipucunu vermişti. Birçok çalışmamızda Pennsylvania'daki belirli bir amacı olan lisans öğrencileriyle iş birliği yaptık ve başlamalarına yardım edeceğimize söz verdik. Sonra belirli bir tarihte yeni ve gelişmiş davranışlara başlangıç yapmaları için bir e-posta hatırlatıcısına giriş yapmaları için davet ettik. Deneysel dönüm noktamız bu gelecek tarihleri nasıl çeşitlendireceğimizle ilgiliydi. Bir çalışmada bazı öğrenciler için baharın ilk günü olan 20 Mart'ı tanımladık ve diğerleri için mart ayının üçüncü perşembe gününü belirledik. Bir diğer çalışmada 14 Mayıs'ı "Penn'in yaz arasının ilk günü" diye tanımlarken bazı öğrenciler için ise (bizim kendi kendimize uydurduğumuz anlamsız bir tanımlama olan) "Penn'in idari günü" şeklinde belirledik.

Taze başlangıç tarihlerinin faydasına dair şüphemizi onaylayacak şekilde yeni bir başlangıçla ilişkilendirildiğinde, öğrenciler bunu (martın üçüncü perşembesi gibi) sıradan bir günmüş gibi sunulmasına kıyasla bir amacın peşine düşmek için daha çekici bir zaman olarak gördüler. İster yeni bir spor salonu alışkanlığı, ister uyku düzeni, ister sosyal medyada daha az zaman geçirmek için olsun, önerdiğimiz tarih bir başlangıçla özdeşleştiğinde daha fazla sayıda öğrenci hatırlatıcılarını o tarihe göre değiştirmek istediler. Diğer davranış bilimcilerin reçeteli diyet yapan kişilerle yaptıkları takip eden araştırmalar da benzer bir döngüyü işaret etti.* Farklı bir ekip tarafından daha yakın zamanda yapılan bir araştırma,

* İki psikolog diyet yapacak kişilerin önlerindeki takvimlenmiş planı değiştirdikleri bir deney yaptılar. Bazı takvimler pazar, pazartesi ve salı gibi yalnızca haftanın günlerini gösterirken diğer takvimlerde 28 Şubat, 1 Mart, 2 Mart gibi ayın günleri şeklinde etiketlendi. Araştırmacılar ayın belli günlerini gösteren diyet takvimlerinde, bir ayın ilk gününü gösteren günlerde sağlıklı, gelişmiş diyetlerine başlamayı katılımcıların daha fazla sevdiklerini buldular. Fakat haftanın günleri şeklinde tarihler verildiğinde ise pazartesi günleri daha yüksek ilgi çeken diyet başlangıç günleri olarak ortaya çıktı.

belirli bir amaç güden kişilere değiştirilmiş takvim günleri gösterilerek benzer faydalara ulaşıldığını bulmuştur. Takvimler (o gün ister pazar, ister pazartesi olsun) mevcut gün haftanın ilk günü olarak gösterildiğinde hedeflerinde derhâl bir ilerleme göstermek adına insanların daha fazla motive olduklarını belirtmiştir.

Fakat bu sonuçların hepsi küçük çaplı anket sonuçlarından elde edilmiştir, bazı anketler insanlara kendi davranışlarını izlemek yerine ne yapacaklarını tahmin etmek üzerine sorular sormuştur yalnızca. Buna ek olarak anketlerin çoğu bizler gibi kararlar vermesi beklenmeyen lisans öğrencileriyle yapılmıştır. Ben değişim niyetinin eylemle sonuçlanıp sonuçlanmadığını bilmek istemiştim. Bu sebeple iş birliği yaptığım meslektaşlarım ve ben binlerce üniversite çalışanına onları emeklilikleri için birikim yapmaya çağıran parlak kırmızı mektupları gönderdik. Taze başlangıçların çok daha oturmuş rutinlere sahip yaşı daha büyük yetişkinlerde hayatlarında anlamlı değişiklikler yapmaya yardımcı olup olamadığını görmek istedik.

Emeklilik planları uzun dönem refahımız için son derece önemlidir fakat Amerikalıların çoğu çok az birikim yaparlar. Eğer taze başlangıçlar insanların emeklilik hesapları için ne kadar ayırdıklarına dair anlık kararlarını etkileyebilseydi doğru bir iz üzerinde olduğumuzu bilirdik. Bu yüzden derhâl birikim yapmaya başlama seçeneğinin yanı sıra bazı kişilere ileri bir tarihte birikim yapmaya başlama şansı sunduk. Bazıları için bu bir yeni başlangıç tarihiydi; mesela doğum günleri ya da baharın ilk günü gibi. Diğerlerine bir taze başlangıç anlamı taşıyan tarih yerine mesela Martin Luther King Jr. Günü gibi öylesine bir tatil günü ya da etiketlenmemiş bir tarih verildi.

Etiketlenmiş taze başlangıçların gücü etkileyiciydi. Çalışanları doğum günlerinin ertesinde ya da bahar başlangıcında birikim yapmaya çağıran kartpostallar, insanları gelecekte kesin bir tarih belirtmeden aynı şeyi yapmaya davet eden postalara göre %20-30 daha etkili olmuştu. İnsanlara yaklaşan bir yeni başlangıcı hatırlatarak, aynı fırsatı davranış değiştirmeyi daha cazibeli bir hâle getirmek için kullanabilmiştik. Bu bulgular göstermektedir ki online derslere kaydolmaktan enerji tasarruflu gereçler edinmeye ya da sağlık kontrolü tarihi belirlemeye dek – eğer davetiyeler için doğru zamanlamayı bulursak geniş çapta amaç odaklı davranış değişimlerini artırmak mümkün olabilirdi.

Bu kadar sayıda yakınsak kanıtla birlikte, 2012 yılındaki Google ziyaretime göre davranış değişimleriyle ilgili en iyi zamanları tahmin edebilmek için daha öz güvenli olduğumu söyleyebilirim; en azından bazı insanlar beni dinleyecektir. Prasad ile taze başlangıç araştırmamı paylaştıktan sonra Google programcıları çalışanların değişime daha açık olabilecekleri (mesela terfi sonrası ya da yeni ofise taşınma sonrası gibi) tarihleri tanımlayan -o anlarda çalışanlara eyleme geçecekleri dürtüler gönderecek- bir "zaman motoru" yazdılar.

Neyse ki davranış değişikliğini cesaretlendirmek için stratejik düşünmede Google yalnız değildi. Yardım kampanyalarını ayarlayan vakıflardan değişim hatırlatmalarını takvime koyan insan kaynaklarına, daha fazla sayıda organizasyon insanlara değişimlerinde yardım etmek için taze başlangıçları kullanmaktadır.

TAZE BAŞLANGIÇ FIRSATLARINI ARAMAK

Hengchen ve Jason ile taze başlangıç etkisi üzerine çalışmamı yayınladığımdan beri her sene yeni yıl yaklaşırken konu üzerine tecrübemden faydalanmak isteyen muhabirler, televizyoncular, radyocular ve podcast programcılarının e-postalarıyla gelen kutum dolup taşar.

Fakat taze başlangıçların gücü hakkında konuşmaya başladıktan bir süre sonra birçok gazeteci 2007 yılında yapılan cesaret kırıcı o meşhur anketin istatistiklerini öne sürerler: Amerikalıların yeni yıl hedeflerinin üçte biri ocak ayında başarısız olurken yıl sonunda toplamda beşte dördü başarısız olur. Yani sonuç olarak muhabirlerin hemen hepsi o alaycı fakat adil soruyu sorarlar: Bunca yeni karar başarısız oluyorsa canımızı sıkmaya gerek var mıydı? Bu aptal gelenekten artık vazgeçmeli miydik?

Elbette ki bu soruların nereden kaynaklandığını biliyorum. Ben de geçmişte başarısız kararlarıma sinirlendim ve daha fazla insana başarılı olmaları için bilimin onlara yardım edebileceğini öğretmek zorundayım. Fakat bu soru yine de biraz sinirimi bozmaya devam ediyor. Aktör David Hasselhoff'un dediği gibi: "Oyunda değilsen sayı alamazsın."

Bana göre yeni yıl kararları harikadır. Bahar kararları, doğum günü kararları ve pazartesi kararları da öyledir. Yeni bir karar aldığın her an kendini oyuna alırsın. Çoğu zaman değişimin zor ve göz korkutucu olduğuna dair bir his bizi denemek için bir adım atmaktan alıkoyar. Değişim yapma fikrini seviyor olabilirsiniz fakat yapması zor gibi görünür ve başlamak için kendinizi nedensiz hissedersiniz. Belki de önceden değişmeyi denemiş ve başarısız olmuşsunuz ve yine aynı şekilde başarısız olmayı bekliyorsunuzdur. Değişimler gerçekleşene kadar birkaç deneme süreci alır.

Eğer kafanızda yeni yıl hedefleriyle ilgili o alaycı istatistiği terse çevirirseniz, her ocak ayında hedefe konan şeylerin yüzde yirmisinin *başarılı olduğunu* göreceğinizi hatırlatmak isterim. Bu, yalnızca en başta değişmeyi denedikleri için yaşamlarını daha iyiye döndüren çok sayıda insan anlamına gelir. Mutsuz, formsuz bir sigara tüketicisinden dünya çapında bir atlete dönüşen Ray Zahab'ı bir düşünün. Bazı insanlar için taze başlangıçlar küçük değişimlere sebep olmaktadır. Fakat bu küçük değişimler size korkutucu gelen bir hedefin peşine düşmeyi deneme *arzusunu* vererek daha büyük dönüşümlere ilham verebilir.

Yani hayatınızda olumlu bir değişiklik yapmayı ümit ediyor fakat başarma şansınızla alakalı karamsar düşünüyorsanız, belki de daha önceden başarısız olmuşsanız ya da benzer bir sonuç için endişeleniyorsanız, size tavsiyem taze başlangıç firsatlarını aramanızdır. Geçmişle aranıza temiz bir sayfa çekmeyi temsil edebilecek yaklaşan bir tarih mi var önünüzde? Bu pekâlâ doğum gününüz, yaz mevsiminin başlangıcı ya da sadece bir pazartesi günü bile olabilir. Fiziksel koşullarınızı değiştirebilir misiniz (ya da çalışanlarınızın değiştirmesine yardım edebilir misiniz?) Yeni bir eve ya da ofise taşınmak pek de pratik olmayabilir fakat bir kafede çalışmak ya da diğer rutinlerinizi değiştirmek fark yaratmak için yeterli olabilir. Veyahut başarıyı arama biçiminizi sıfırlamak için yapabileceğiniz bir şey var mıdır? Tamam, bir beyzbol takımına antrenörlük yapın demiyorum ama belki de kendinize (ya da çalışanlarınıza) daha fazla, daha sık başa dönme hissi verebilmek için yıllık maaşınızı aylık parçalara bölebilirsiniz. Fakat zaten işe yarayan bir rutininiz varsa buna müdahale etmemek için dikkat edin.

Başlangıç için kritik ânı bulduğunuzda sıradaki soru değişim yolunda nasıl başarılı olacağınız olacaktır.

Bölüm İpuçları

- Taze bir başlangıcın sonrası, değişimi takip edebilmek için ideal bir zamandır.
- Taze başlangıçlar motivasyonunuzu yükseltir çünkü size ya gerçek bir temiz sayfa ya da o sayfanın izlenimini verirler; geçmiş başarısızlıklarınızı daha açık bir şekilde küçültür ve geleceğe dair iyimserliğinizi yükseltirler. Ayrıca kötü alışkanlıkları kırıp yaşamınıza dair daha büyük bir resmi görmenize kılavuzluk ederler.

- Taze başlangıçlar (yeni bir yıl, mevsim, ay ya da hafta gibi) yeni başlangıçları işaret eden tarihler, doğum günleri ya da yıl dönümleri olabilir. Böyle zamanlar ayrıca sağlık endişesi ya da yeni bir şehre taşınma gibi yaşamsal olaylar tarafından tetiklenebilir. Son olarak sıfırlamalar -performansınızı kullandığınız ölçüte göre en başa çekmeler- size taze başlangıçlar sunabilir.
- Taze başlangıçlar sizi olumlu anlamda sarsacağı gibi gelişiminizi geriye çekerek akışınızı bozabilirler, buna dikkat edin.
- Çalışanlar, arkadaşlar ya da aile üyeleri gibi *diğer* insanları olumlu değişimleri izlemeye cesaretlendirmek için özellikle etkili zamanlar, taze başlangıçların hemen sonrasındaki anlardır.

BÖLÜM 2

DÜRTÜSELLİK

Stockholm'ün Odenplan metro istasyonu İsveç'in başkentinin kalbinde oldukça hareketli bir merkezdir ve en yoğun şehir mekânıdır. Her gün işten eve, doktor randevularına, alışverişe, iş toplantılarına, arkadaşlarıyla yemeğe ya da nereye gitmeyi istiyorsa oraya giden yaklaşık yüz bin yolcu aceleyle bu istasyona dalar.

Odenplan istasyonuna girmek ve çıkmak hep oldukça sıradan bir deneyimdi -yürüyen merdivenlere ve asansörlere alışıksınızdır- ta ki 2009 yılında bir gece Volkswagen tarafından finanse edilen bir grup teknisyen sıra dışı bir şey üzerine çalışana kadar. Stockholm uykudayken onlar metro istasyonundan şehre çıkan merdivenlere kocaman siyah beyaz paneller döşemeye başladılar. Tam güneş doğmak üzereyken teknisyenler şaheserlerine son dokunuşlarını yaptılar.

Ürettikleri şey bir teknik ve sanat harikasıydı. Yeraltındaki Odenplan istasyonu yolcularını cadde seviyesine taşıyan monoton basamaklar, üzerine bastıkça çalışan bir dizi devasa piyano tuşuna dönüşmüştü.

Yerleştirme öncesi görüntüler, neredeyse her yolcunun sıradan basamakları yürüyen merdiven için görmezden geldiklerini göstermektedir. Fakat piyano basamaklar belirdiğinde her yaştaki insanlar karşılarına çıkan beklenmedik keyfin tadını en az iki kere çıkardılar.

Bu mühendislik harikası ile ilgili videoyu dünya çapında şirketlerde yaptığım sunumlar esnasında izletirken yetişkinlerin, bebeklerin ve hatta köpeklerin bile yoğun metro istasyonundan çıkarken zıplayıp müzik çalmalarını gülümseyerek izleriz. O yeni, garip müzik şeyiyle karşılaşan insanlar düet yapıyor, videolar çekiyor, el ele tutuşuyor ve gürültülü kahkahalar atıyordu. Video tam da Volkswagen'in bu işi yaptırırken ümit ettiği gibi Odenplan metro istasyonu ziyaretçilerinin yüzde altmış altısının, piyano tuşları belirdikten sonra yürüyen merdivenler yerine basamakları tercih ettiğini ortaya koymuştur. Günde yalnızca birkaç basamak çıkmanın bile insanların sağlıklarında fark yaratacağını bilerek, bu ortak soruna karşı yaratıcı bir çözüm olarak piyano basamakları inşa etmişlerdi.*

Bu eğlenceli videoyu şirket katılımcılarına göstermemin amacı hepimizin evimiz ve ofisimizdeki merdivenlere müzikli basamaklar yerleştirmesi değil, davranışsal değişimlerin önündeki en büyük engellerden birini ve ondan kurtulmanın yollarını nasıl sıklıkla gözden kaçırdığımızı etkili bir biçimde açıklamaktır.

Engel basittir: Doğru şeyleri yapmak genellikle kısa dönemde tatmin edici olmaz. Normal basamaklardan çıkmanız gerektiğini bilirsiniz ama yorgunsunuzdur ve yürüyen merdivenler sizi çağırır. İşte önemli görevlerinize odaklanmanız gerektiğini bilirsiniz ama sosyal medyada gezinmek daha eğlencelidir. Sinirlerinizi kontrol etmek istersiniz ama sinir bozucu bir iş arkadaşınıza bağırmak daha tatmin edicidir. Sınavdan önceki gece başınızı kitaplarınıza gömmeniz gerektiğini bilirsiniz ama en sevdiğiniz Shonda

* Dünya çapında erken ölümlerin yüzde dokuzu çarpıcı bir şekilde yetersiz egzersize bağlanmaktadır. (IMin Lee vd., "Effect of Physical Inactivity on Major Non-ommunicable Diseases Worldwide: An Analysis of Burden of Disease and Life Expectancy," *The Lancet* 380, no. 9838 [2012]: 219–9, DOI:10.1016/S0140-736(12)610319).

Rhimes dizisini arka arkaya izlemek daha caziptir. Ekonomistler bu eğilime daha büyük uzun dönem ödülleri, anlık tatmin eden ayartıcı şeylere feda etme gözüyle bakıyorlar fakat bunun bilinen adı dürtüselliktir ve maalesef evrensel bir durumdur.

Yani doğal olarak benim de şahsen yüzleştiğim bir zorluktur. Ana kapılıp gitmekle en büyük savaşımı Boston'da bir mühendislik öğrencisiyken vermiştim. Egzersiz için zaman yaratmadığımda gece kod yazmaya çalışıp sınavlara hazırlanırken sıklıkla sinirlendiğimi fark etmiştim. Fakat egzersizin fiziksel ve ruhsal sağlığım için iyi geldiğini bilmeme rağmen derslerle geçen uzunca bir günden sonra spor kıyafetlerini giyip spor salonuna yollanmak çok keyifsiz geliyordu, özellikle de Boston'ın zalim kışının tam ortasında...

"Kendimi spor salonuna nasıl sürükleyebilirim?" diye o zamanki nişanlıma (artık kocam) sızlanıyordum. Bir gün kızgın bir tavırla harika bir noktaya parmak bastı: "Sen bir mühendissin. Mühendisçe bir çözüm bulamıyor musun?"

O dönem zihnim mühendislik problemleri tarafından tüketilmiş olmasına rağmen tuhaf bir şekilde *o* problemi bu terimler üzerinden hiç düşünmemiştim. Nişanlımın iğneleyici yorumu onları geri püskürtecek bir yol bulabilmek için karşıt güçleri değerlendirme amacıyla, mühendislik şapkamı başıma geçirmem konusunda beni kışkırtmıştı. Benim durumumda karşıt güçler basitti. Bildiğim *-bilmem gereken-* şey uzun bir ders gününden sonra spor salonuna gitmenin beni anında tatmin etmediği gerçeğiydi. Sorunumu çözmek için bunu nasıl anında tatmin duygusu yaşayacağım bir hâle *getireceğimi* öğrenmeye ihtiyaç duyduğumu fark ettim.

SADECE BİR KAŞIK ŞEKER

Juliet Andrews'u dünyanın en harika dadısı olarak sunan Disney klasiği *Mary Poppins* 1964 yılında geniş çaplı bir övgü ve popüler bir hoşnutlukla yayınlandı. Muhtemelen bildiğiniz üzere Mary Poppins'in görevi ebeveynlerinin, ihtiyaçlarını karşılamakta yetersiz kaldığı iki sevimli fakat uslanmaz İngiliz çocukla ilgilenmekti. Diğer dadılar bu iki haylazı yola getirmekte son derece başarısız olurken Poppins tuhaf maskaralıkları ve akılda kalan şarkılarıyla başarılı oluyordu.

Fakat büyük ihtimalle Juliet Andrews'un, Mary Poppins rolünü, karakterin söyleyeceği şarkılardan birini beğenmediği için reddettiğini bilmiyordunuz. Rolü kabul etmesi için Walt Disney, ünlü söz yazarları Bob ve Richard Sherman'a hızlıca daha akılda kalıcı bir beste yapmaları görevini verdi.

Bob çıldırmış gibi yeni ve daha iyi bir fikir ararken kader güzel bir şekilde müdahale etti. Bir gün okuldan gelen sekiz yaşındaki oğlu çocuk felci aşısı olduklarını söyledi. Canının yandığını düşünerek oğluna acıyıp acımadığını sordu. Oğlunun yanıtı artık gelmiş geçmiş en bilindik çocuk şarkılarından biri olan o şarkıya ilham vermişti. "Hayır, bir tutam şekerin üstüne bir damla ilaç döktüler."

Ne garip ki araştırmalar bizlerin uzun dönem hedeflerin peşine düşerken bu akıllıca yaklaşımı nadiren izleyip meseleyi tatlıya bağladığımızı göstermektedir. Bunun yerine davranış değişimini karşılaşacağımız rahatsızlıkları düşünmeden ya da onları yatıştırma girişiminde bulunmadan gerçekleştirme eğiliminde oluruz. Yeni bir rejime başladığımızda brokoli, havuç, karalahana ve kinoa gibi en günahsız yiyeceklerden bir sepet hazırlarız. Akşam okuluna başladığımızda başa çıkması zor olsa da bulabildiğimiz en yararlı derslere kaydoluruz. Spor salonuna yazılınca kendimizi doğruca en etkili aletle cezalandırırız.

Hatta insanların zorluklarla başa çıktıkları çalışmalardan birinde, yanıt verenlerin üçte ikisinden fazlası araştırmacılara *uzun vadedeki* faydaları kısa vadedeki acılarını göz önünde bulundurmadan beklediklerini söylemiştir. Ankete katılanların yalnızca %26'sı amaçlarının peşinde koşarken yollarını ve amacın kendisini eğlenceli hâle getirmeyi denediklerini belirtmiştir.

Bunun iyi bir açıklaması var: Uzun dönem faydalar genellikle bir hedefe yönelmenin ya da değişiklik yapmanın önündeki zorluklardır. Egzersiz yapmanın, ders çalışmanın, birikim yapmanın, sağlıklı yemenin ve bunun gibi şeylerin uzun dönem faydaları olmasaydı hiçbirimiz canımızı sıkmazdık.

Fakat gözümüzü ödüle diktiğimiz mantalitenin hata olabileceğine dair endişe sebepsiz değildir. Birçok araştırma bizlerin öz disiplinin ne kadar kolay olabileceğiyle ilgili aşırı öz güvenli olma eğiliminde olduğumuzu göstermektedir. Bu yüzden birçoğumuz tek girişlik ziyaretler yerine pahalı spor salonu üyelikleri satın alırız, asla tamamlamayacağımız online derslere kaydoluruz, aylık atıştırmalık bütçemizi güya düzeltmek için aslında tek seferde mideye indireceğimiz, indirimdeki aile boyu cipslerden alırız. Gelecekteki kendimizin iyi kararlar vereceğini düşünürüz ama şimdiki benliğimiz kışkırtmalara sık sık yenik düşer.

İnsanlar kendi hatalarını görmezden gelebilmek için muazzam bir yeteneğe sahiptir. Tekrar tekrar çırpınsak bile, geçmiş hatalarımızdan ders çıkarmak yerine gelecek sefere daha iyisini başaracağımızla ilgili hoş bir iyimserliğe kapılırız. Sabahları yataktan kalkmamıza yardım edebilecek yeni başlangıçlara ve diğer nedenlere neşemizi korumak için tutunuruz ama aynı nedenler bizim değişime mümkün olan en akıllı yolla yaklaşmamıza engel de olabilir.

Beni yanlış anlamayın. Taze başlangıçlar zorlu bir hedefin peşinden gitmeye *başlamak* için bize yardımcı olmada harikadır. Fakat âna kapılıp gitme gibi diğer engelleri hesaba katmazsak o hedefimizin peşine akıllıca gitmemiz önünde bunlar engel de olabilirler. Ekim ayındayken sabah beşte koşuya çıkma fikri sizi öğürtüyorsa muhtemelen yeni yıl geldiğinde de hâlâ nahoş bir şey olmaya devam edecektir.

Bu durumu göz önünde bulunduran psikologlar Ayelet Fishbach ve Kaitlin Woolley insanların irade gücüne aşırı anlam yüklemeyi bırakmaları hâlinde zor hedeflerin üstesinden daha efektif bir şekilde gelebileceklerinden kuşkulanıyorlardı. İnsanların tabiri caizse ilaçlarına biraz şeker ekleyerek *kısa dönem* sonuçlarını daha eğlenceli hâle getirmeleri hâlinde, uzun vadedeki hedeflerinde çok daha başarılı olabileceklerini tahmin ediyorlardı.

Çalışmalarının birinde Ayelet ve Kaitlin, katılımcıları daha sağlıklı yiyecekler yemeye davet ettiler. Bir diğerinde ise daha fazla egzersiz için cesaretlendirdiler. Mesele şuydu ki rastgele seçilen katılımcılardan bazılarına en fazla *hoşlarına gidecek* yiyecekleri ya da egzersizleri seçmeleri söylenirken geriye kalanlar (çoğumuzun doğal olarak yapacağı bir şekilde) en çok *fayda görecekleri* faaliyeti seçmeleri için teşvik edildiler.

Ayelet ve Kaitlin, sağlıklı aktivitelerde eğlenceyi bulmaları için teşvik ettikleri insanların büyük ölçüde daha iyi sonuçlarla, egzersiz ve sağlıklı yeme aktivitelerinde daha uzun ısrar ederek başı çektiklerini keşfettiler. Keşifleri, Stockholm'deki Odenplan metro istasyonunda olanlarla benzerlik teşkil ediyordu. Fakat bu sonuçların bir dereceye kadar sezgisel olduklarını unutmamak gerekirken, aynı sonuçlar çoğumuzun irademize ve zor şeyleri başarma becerimize çok fazla inanarak hedeflerimize yaklaştığımıza dair yaklaşımımıza bizi doğruca götürmektedir.

(Nike'ın bize dediği gibi) "Yap Gitsin!" söylemine inanmak yerine o anda neyin bize tatsız geldiğini bulup o şeyleri daha çekilir hâle getirmenin yollarını aramamız gerektiğini anlayarak daha fazla ilerleme kaydedebiliriz.

Mary Poppins'in bir kaşık şekerin ilacın acısını geçireceğine dair sözlerini Ayelet ve Kaitlin'in araştırmasının ardındaki fikri mükemmel bir şekilde özetleyen bir nakarat izler. "Yapılacak her işte, vardır bir eğlence. Eğlenceyi bul ve yakala! İşin olsun bir oyun!" Şarkı işe yarar çünkü ardındaki bilgelik oldukça gerçektir. Çocuk bakan herkes bilir ki ev işlerini tamamlamak için bir çocuğa bunun uzun vadedeki faydalarına odaklanmalarını söylemek tuhaftır. Eğer eğlenceli değilse çocuklar o işi yapmazlar.

Her ne kadar yetişkinler çocuklara göre gecikme memnuniyeti ile ilgili bir şekilde daha iyi sinirsel devrelere sahip olsalar da aslında temelde aynı kablolarla döşenmişizdir. Yalnızca bunu anlamakta zorluk çekeriz.

Spor salonuna gitmekte zorlanan bir üniversite öğrencisi olduğum zamanlar Ayelet ve Kaitlin bu ufuk açıcı çalışmalarını ne yazık ki henüz yapmamışlardı. Dolayısıyla üzerine mantığımı inşa edebileceğim anlayışlarına sahip değildim. Fakat nişanlımın soruna mühendis gibi bir çözüm bulmam önerisi bana benzer bir fikir vermişti. Birçok kişisel çelişkiyle (sadece kendiminkilerle değil) savaşmama yardımcı olacak ve hem Mary Poppins'in bilgeliğinde hem de Ayelet ve Kaitlin'in keşiflerinde (daha onlar bunu keşfetmemişken bile) tesadüfen kullanılan bir fikirdi bu.

AYARTICILARI EŞLEŞTİRME

Spor salonuna gitmekte zorlanan bir üniversite birinci sınıf öğrenicisiyken aynı zamanda bir başka zorlukla daha yüzleşiyordum. Problemleri bir kenara koyup yorucu bir ders gününden sonra öğlenleri beni bekleyen okumalarıma zaman ayırmak yerine bunları erteleme ve sürükleyici bir kitapla kanepeye kıvrılma eğilimindeydim. James Patterson ve J. K. Rowling gibi çoksatan yazarları seviyordum. Benim için romanlar eşsiz derecede göz yumulacak şeylerdi.

Fakat kurgu kitaplar okumak elbette ki zamanımı en iyi şekilde kullanmamın bir yolu değildi. Mühendislik diplomasına hak kazanmaya çalışıyordum. Dört elle sarılıp ders çalışmam lazımdı. Bu mesajı Boston'daki ikinci dönemimde, en zor bilgisayar derslerimden birinden kalmaya yakın bir sonuç aldığımı keşfettiğimde ayan beyan almıştım. Daha önce hiçbir dersten kalmamış, kalmanın yakınında bile bulunmamıştım. Bir şeyler değişmek zorundaydı.

Neyse ki nişanlımın meydan okuması egzersizlerimi artırıp aynı anda okul işlerini ertelemekten nasıl vazgeçebileceğime dair bir görüş bulmama yol açtı. Okumaya can attığım popüler kitapları yalnızca egzersiz yaparken okusaydım nasıl olurdu? Bunu yapabilmem hâlinde evde ders çalışacağım zamanlar Harry Potter okuyarak zaman kaybetmeye son verebilir *ve* kitapta ne olacağını öğrenmek için kendimi spor salonuna sürükleyebilirdim. Böylece yalnızca romanımla egzersiz çalışmamı bir araya getirmekten zevk duymakla kalmam, roman okuduğum için kendimi suçlu hissetmekten de kurtulur ve spor salonunda zamanın nasıl geçtiğini anlamazdım.

Fikrimi daha ileri götürerek benzer bir tekniği, yüzleştiğim diğer irade kontrolü sorunlarımı çözmek için de kullanabileceğimi fark ettim. Baktığım her yerde bir taşla iki kuş vurabileceğim fırsatlar görmeye başladım. Örneğin pedikür yaptırmayı çok severim ama bu işlem bir yandan da değerli bir zamanı boşa harcar. O hâlde neden bir okuma ödevim varken pedikür yaptırmıyordum? Tırnaklarımı yaptırırken daha az vakit kaybetmiş olurdum. O hâlde neden en sevdiğim Netflix dizilerini çamaşır katlama, bulaşık yıkama, yemek yapma ya da diğer ev işlerini yaparken izlemiyordum? Yıllar sonra bir profesör olarak, eğer en sevdiğim hamburgerciye gideceğim vakitleri daha fazla zaman vermem gereken zorlu bir öğrencime ayırırsam daha az abur cubur yiyeceğimi fark etmiştim. Daha fazla vakti danışanlarıma ayırırsam o çok sevdiğim burgerleri daha az yemiş olurdum. Bu stratejiye Ayartıcıları Eşleştirme adını verdim ve bulabildiğim her fırsatta uygulamaya başladım.

Çiçeği burnunda bir davranış bilimci olarak ayartıcı şeyleri bir araya getirip eşleştirmenin sadece bana değil diğer insanlara da faydalı olup olamayacağını bilmek istedim. Wharton'da yardımcı profesörlük yaparken bu ihtimali test edecek bir plan hazırladım. Wharton'daki ofisimin tam karşısında Pennsylvania Üniversitesinin ana spor salonlarından Pottruck Fitness Merkezi bulunuyordu. Fonu ve katılımcıları ayarladıktan sonra fikrimi bilimsel açıdan test edecektim. (Julia Minson ve Kevin Vollp bu projede bana eşlik ettiler.)

Üniversite kampüsüne Pottruck'ta daha fazla spor yapmak isteyen, iPod'u olan ve bir çalışma sonunda 100 dolar kazanmak isteyen öğrencileri davet eden kâğıtlar astım. Karşılığında benim yönlendirmemle bir saat spor salonuna gidip ekibimin verilere ulaşmasına izin vereceklerdi.

Şaşırtmayacak bir şekilde yüzlerce hevesli öğrenci ve çalışan kaydoldu. 100 dolar kazanıp daha gelişmiş bir egzersiz alışkanlığı için biraz yardım almaktan daha iyi ne olabilirdi?

Katılımcılar ilk ziyaretleri için Pottruck'a geldiklerinde onlar için daha fazla iyi haberimiz vardı. 100 dolarlık ödemelerinin üstüne hediyeler sunacaktık. Fakat hediyeler ve nasıl kullanılabilecekleri birbirinden farklıydı.

Bazı kişilere onların seçtikleri cazip dört kitabı (*Açlık Oyunları* ya da *Da Vinci'nin Şifresi* gibi) önden yüklediğimiz iPod'lar verdik. Hediyeleri aldıktan sonra katılımcılar egzersize başlarken kendi seçtikleri sesli kitaplardan birini açtılar. Sonrasında eğer kitaplarının geri kalanında ne olduğunu bilmek isterlerse, ödünç verilen iPod'ların kilitli bir dolapta tutulduğu spor salonuna geri dönmeleri gerektiğini öğrendiler. Kitaplarını yalnızca egzersiz yaparken dinlemelerine izin verilmişti. Deneyin amacı herkes için yeterince açıktı, bu tarz bir ayartmanın insanları daha fazla egzersiz yapmaları için spor salonuna çekmesini ümit ediyorduk.

İkinci bir "kontrol grubu" katılımcıları da egzersiz yapmaları için cesaretlendirildi ve çalışmanın başında sporlarını tamamlamaları istendi. Fakat onlara yalnızca spor salonunda ulaşabilecekleri sesli kitapların olduğu iPod'lar vermek yerine bu öğrenci ve personele Barnes and Noble kitabevinin hediye çeki verildi. Zaten iPod'ları olduğu için (hatırlayın, iPod sahibi olmak araştırma grubumuza katılmanın ön koşuluydu) bu hediye çekini eğer isterlerse aygıtlarına sesli kitap yüklemek için kullanabilirlerdi fakat bunu önden önermedik ve sonuç itibariyle yalnızca birkaçı kitap yükledi.

Tam da beklediğimiz gibi ayartma eşleştirme seçeneğine sahip öğrenciler, diğer kontrollü gruba göre spor salonunu çok daha sık ziyaret ettiler. Öğrenci ve çalışanlarla yaptığımız çalışmanın ertesi haftasında iPod ödünç verilenler diğer gruba göre %55 daha fazla egzersiz yaptı. Dahası yedi hafta sonunda, üniversitenin Şükran Günü tatiline yaklaşan haftaya kadar, azımsanmayacak faydalar gördüler. Ayartıcı eşleştirmenin bir değeri olmuştu nihayetinde.

Fakat bu çalışmayla ilgili yaptığımız en merak uyandırıcı keşif, ayartıcı eşleştirmeden en çok kimin faydalandığı üzerineydi. Ortaya çıktı ki -hayatlarında birçok farklı sorumluluk olduğu için- en başta başlangıç takvimi ayarlamakta zorlandıklarımız, onları oraya çeken bir sesli kitabın cazibesi sayesinde kendilerini en fazla geliştirebilen kişiler oldular.

Bu son bulguyu öngörmememize rağmen işbirlikçilerim ve ben bunun ardındaki mantığı anladık. Aslında beni ayartıcı eşleştirmeyi hayal etmeye iten şey kendi yoğun yaşamım olmuştu ve bana büyük yardımı dokunarak doğruluğunu ispatlamıştı.* Aşırı derecede yoğun takvimlere sahip insanların spor salonuna çekil-

* Düzenli olarak spor salonuna gittim ve evde beni kışkırtan daha az şey olduğu için en zor derslerimde bile başarılı notlar alabilmek için odaklanabildim. Ayrıca ek olarak bütün "Harry Potter" kitaplarının ve "Alex Cross" serisinin çoğunun tadını da çıkarabildim.

mek (ya da herhangi bir günlük hedefi gerçekleştirmek) için güçlü bir yeme ihtiyaç duymalarını beklerdiniz. Bize göre bir şeyler yapmak için yalnızca irade gücüne güvenmek boşunadır çünkü uzunca bir günün sonunda geriye çok az enerjimiz kalır.

Çalışmamız ayrıca hayal kırıklığına uğratıcı bir keşfi ortaya çıkardı. Pottruck spor salonu Şükran Günü tatili için (yıkıcı bir taze başlangıç örneği olarak) yedi hafta sonra kapandığında ayartıcı eşleştirmenin etkisi dağıldı. Bu keşfimiz, takip eden bir projeye ilham vermişti. Audible ve 24 Hour Fitness spor salonu ile ortaklık yapıp çalışma arkadaşlarım ve ben binlerce spor salonu üyesinin daha fazla spor yapmalarını umarak sunulacak aylık, yeni bir program geliştirdik. (Bu ekip muhteşem doktora öğrencim Erika Kirgios tarafından yönetildi.) Programa kaydolan bazı kişiler yalnızca daha fazla egzersiz yapmaları için teşvik edilirken (onlar "kontrol" grubuydu), ücretsiz bir sesli kitap alan diğerlerine ayartıcı eşleştirme öğretildi ve kitaplarının tadını yalnızca egzersiz zamanlarında çıkararak kendilerini kısıtlamaları tavsiye edildi.

Bu defa ücretsiz sesli kitap verilen ve ayartıcı arzuları nasıl eşleştirecekleri açıklanan kişilerin aylık programlarında, her hafta öncekine göre en az yüzde yedilik bir artış olduğunu bulduk. Ayrıca bizim müdahalemiz sona erdikten sonra en az on yedi hafta daha sürekli bir haftalık artış devam etti (biz o noktada veri toplamayı bırakmıştık, o yüzden faydası bundan çok daha uzun sürmüş olabilir). Her ne kadar iPod'ları kilitli dolaplarda tuttuğumuz deneydeki %55'lik artış kadar etkileyici olmasa da bu müdahalenin başarısı yine de heyecan vericiydi çünkü yalnızca basit bir öneriyi içeriyordu; iPod'lara el koyduğumuz önceki deneyin aksine kimsenin davranışlarına sınır koymamıştık. Ve çalışmamız ayartıcı eşleştirmeyle davranışların daha sağlıklı ve kalıcı bir şekilde değiştirebileceğini onaylamıştı.

Bence bu araştırmadan alınacak ders, ayartıcı eşleştirmenin, eğer fazladan motivasyon gerektiren bir iş yaparken bir zevki gerçekten sınırlayabiliyorsanız (mesela otobüs ya da arabada sesli kitap dinlemek yerine *yalnızca* spor salonunda dinlemek gibi), en iyi kesinlikle o zaman işe yarayacağı gerçeği olmuştu. Fakat insanlara yalnızca ayartıcı eşleştirmeyi denemelerini *önermek* bile fayda üretmek için yeterliydi.

Florida'da bir lisede son dönemde yapılan bir araştırma göstermektedir ki bazen korktuğumuz, bizim için faydalı olacak davranışları birleştirmek yalnızca uzun dönem devamlılığımızı artırmakla kalmaz, kısa dönem devamlılığı da artırabilir. Bunun dikkat dağıtıcı olabileceğinden korkan birçok öğretmeni şaşırtarak, zorlayıcı matematik testlerine çalışırken atıştırmalık yiyip müzik dinlemelerine ve fosforlu kalemler kullanmalarına izin verilen öğrenciler daha fazla ödev tamamlamışlardı.

Ne mutlu ki ayartıcı eşleştirme işe yaradığında zorlu hedefler artık korkulmaktan çıkar ve buna ek olarak boşa geçen zamanlar telafi edilebilir. Ayrıca ayartıcı eşleştirmenin daha fazla ev yemeği yapmaktan projeleri tamamlamaya kadar birçok sorunun çözümünde kullanılabileceğini öğrenmiştim.

Fakat maalesef tüm aktiviteler birbiriyle eşleştirilemez. Örneğin gelen bütün e-postalarıma yanıt vermek dikkatimin tamamını ister. Yani bir sesli kitap, podcast ya da televizyon programı ile bu görevi birleştirmek seçenek dışıdır. Genel olarak bilişsel taleplerde bulunan hiçbir iş bir başka bilişsel işle kolay kolay eşleştirilemez. Aynı durum fiziksel efor gerektiren işler için de geçerlidir: Hamburger yemek ya da şarap içmek, egzersizle eşleştirilemez. Yani bunun gibi karmaşık durumlar, ayartıcı eşleştirmenin bir değişimin peşindeyken âna kapılıp gitmekle *her zaman* başa çıkamayacağı anlamına gelir. O, yalnızca belli durumlar için kullanılacak bir araçtır.

İnsanların kendi polisliklerini kendilerinin yapmasını istediğinden, *başkalarının* değişimine yardım etmek asla başarısız olup bozulmayacak bir strateji değildir. Kişiler eğer tam anlamıyla, yüzde yüzlerini vererek katılmazlarsa (ayartıcı şeylerin ayrışmasından zevk duyarak) kolaylıkla hile yapabilirler. Peki böyle anlardaki seçenekleriniz nelerdir?

İŞİ EĞLENCELİ HÂLE GETİRMEK

2012 yılında Zürih Üniversitesinde doktorasını yapan genç ekonomist Jana Gallus, iki yüz seksenden fazla dilde elli milyon giriş yapılmış internet kütüphanesi Wikipedia'yı kötü şekilde etkileyen bir problemle ilgilendi. Sitenin en üst düzey yeni editörleri toplu olarak ayrılıyorlardı.

Jana için bu zorluğu böyle ilginç yapan şey editörlere -*Taht Oyunları*'ndan kuantum mekaniğine kadar bütün verilerin doğru ve güncel olmasını sağlayan, *Wikipedian* denen kişiler- tek kuruş ödenmemesiydi. Yani para ödülleri sorunu çözmek için kullanılamazdı.

Organizasyonun gönüllü iş gücüne güvenmesi, insanları tam potansiyellerine ulaşmaları için motive edecek para yerine başka alternatifler keşfetmeye ortam hazırladı. Paranın genel olarak kral kabul edildiği teoriye inanan ekonomistler için bu durum peşine düşülecek olağan dışı bir konuydu. Fakat Jana'nın kendi deneyimi ona insanların para ödüllerinden çok daha fazlasıyla ilgilendiklerini öğretmişti. Zevk duyma ve meslektaşları tarafından görülme motivasyonunun maaş çekinden daha fazla olduğunu kendine defalarca kanıtlamıştı. Mesleğinde bunu diğerlerine kanıtlamak ve parasal olmayan motivasyon kaynaklarını görmezden gelen ekonomik modellere karşı çıkan ve büyümekte olan bir araştırma alanına katkıda bulunmak için hevesliydi. Gönüllü çalışmaya sırtını dayayarak bir imparatorluk inşa eden Wikipedia, teorisini keşfetmesi için ideal bir yere benziyordu.

Jana hem araştırmasında ilerleyecek hem de ilham verici bu organizasyona yardım edecek olanağı bir arada bulmuştu. Ayrıca Wikipedia'nın, mevcut zaman yanlılığının bir diğer belirtisi olarak, online içerik düzenleme gibi monoton işlerde insanları tutmakta bazen zorlandığını fark etti. Kısacası anlık ödüllerin cazibesi olmadan sıkıcı işlerde ısrar etmek tam bir ızdıraptı. Hayatın bu gerçeği, kişisel hedeflerine ulaşmaya çalışan biz bireyler için nasıl zorluk oluşturuyorsa organizasyonlar için de aynı şekilde engel teşkil edebiliyordu. Tamamlanmasını istedikleri işler insanı her zaman anında mutlu eden şeyler değildi.

Wikipedia'nın sorununu daha iyi anlamaya hevesli olan Jana, kuruluşun çalışan değişim oranı sorunları hakkında bilgi toplamak için yerel Wikipedia yazarlarının aylık yuvarlak masa toplantılarına katılmaya başladı. Bu toplantılar, toplulukları ve uzmanlık alanları hakkında konuşmaya hevesli küçük gruplar tarafından müzeler ve restoranlarda bir araya gelinen görüşmelerdi. Öne çıkan katkı sunucu kişilerle tanışması ve editoryal işleri hakkında (biri İzlanda uzmanıyken bir diğeri tren uzmanıydı) bilgi edinmesi ve topluluklarının yüzleştiği elde tutma zorluğunun özünü anlaması uzun sürmedi. Dünyalarına dalarken Wikipedia platformunun küçük bir maliyetsiz değişiklik ile kaybını azaltabileceğine ikna olmuştu.

Yeni edindiği arkadaşlarına aklındakileri söylediğinde vadettikleri şeyler es geçilmeyecek kadar iyiydi: Topluluktaki Wikipedia liderleri, Jana'nın dört bin yeni gönüllü editörle bir deney yapmasını kabul ettiler.

Yazı tura atma esasına dayanarak Jana bazı hak eden yeni gönüllülere çabaları için bir ödül kazandıklarını ve isimlerinin Wikipedia web sitesinde yayınlanacağını söyledi. (Seçili editörler ne sıklıkla katkıda bulunduklarına ve katkılarının kalıcılığına göre seçilmişti.*) Öne çıkan gönüllülere ayrıca daha iyi performans sergiledikçe sayısı artan, kullanıcı isimlerinin yanına konan yıldız ödülleri verildi. Bu seçkin gönüllüler kadar değerli işler ortaya koyan fakat yazı turayı kaybeden diğer editörlere hiçbir sembolik ödül verilmedi (ve böyle bir ödülün varlığından haberdar edilmediler).

Jana ödüllerin monoton görevleri biraz daha oyun gibi göstereceğini farz ediyordu. İşin doğasını değiştirmemiş fakat küçük bir eğlence öğesi ekleyerek iyi yapılan işlere minnet duyduklarını göstermişlerdi.

Muhtemelen Jana'nın deneyinin başarılı olduğunu tahmin ediyorsunuzdur (yoksa neden bu hikâyeyi paylaşacaktım ki?) ama organizasyona *olağanüstü derecede* yardımcı olduğunu tahmin edememiş olabilirsiniz. Jana'nın projesinin sonuçları olağanüstüydü: Çabalarının görüldüğüne dair karşılık alan gönüllülerin Wikipedia için yeniden gönüllü olma oranları, hiçbir karşılık almadan eşit seviyede işler çıkaran diğer gönüllülere göre bir sonraki ayda %20 artmıştı. Ve bu durumun müthiş bir kalıcılık etkisi olmuştu – sembolik ödül kazananlar diğerlerine göre bir senenin sonunda Wikipedia'da %13 daha aktif olmuşlardı. Jana'nın Wikipedia ile yaptığı deney "oyunlaştırma" denen ya da oyun olmayan bir aktiviteyi sembolik ödüller, yarışma hissi ve liderler sıralaması gibi oyun öğeleri katarak daha bağlayıcı ve daha az sıkıcı hâle getirme kavramının bir örneğidir. Oyunlaştırma kavramı, on yıl önce iş danışmanları tarafından, organizasyonların işin kendisini değiştirmek yerine ambalajını değiştirip hedefi biraz daha heyecanlı hâle getirerek çalışanlarını daha fazla motive edebilmeleri ama-

* Hatalı girişlerin hızla diğer editörler tarafından düzeltildiğini fakat uzun süre bir değişime uğramadan kalan bir girişin oldukça kaliteli sayıldığını unutmayın. Kalıcılıktan kastedilen kimsenin girişin içeriğiyle bir sorunu olmamasıdır.

cıyla kullanmaları için teşvik edilmişti. ("Yaşasın! Yıldız kazandım!") Örneğin bir teknoloji holdingi olan Cisco, çalışanlarının sosyal medya kullanım becerilerine yardım etmek için sertifika derslerinde farklı seviyelere çıkan katılımcılara ödül olarak rozet vermişti. Benzer bir şekilde Microsoft da dil çevrimi doğrulama bölümü için bir liderler tablosu üretti.Yine küresel yazılım şirketi SAP, satış performanslarına göre çalışanlara rozetler veren ve liderler tablosuna yerleştiren bir sistem geliştirdi.

Yani oyunlaştırma, üzerine pek de düşünülmeyecek doğrulukta bir şeydi: Bir şirket işi daha eğlenceli hâle getirmeyi neden istemeyecekti ki? Fakat davranış değiştirmede inişli çıkışlı bir strateji olarak tıpkı Wharton'dan iki meslektaşımın keşfettiği üzere, bu durum kolayca geri tepebilirdi. Oyunlaştırmanın üretimde devrimsel bir etki yaratma potansiyelinden etkilenen Jana gibi Ethan Mollick ve Nancy Rothbard da birkaç yıl önce sıkıcı işler yapan birkaç yüz satış görevlisiyle bir deney yaptılar. Bu satış görevlileri yerel satıcılara ulaşıp onları şirketlerinin internet sitesinde sattıkları indirimli ürün ya da servisler içeren kuponlar sunmaları için ikna etmekle görevliydiler (Groupon gibi düşünün). Satıcılar internette satılan her bir kupon için komisyon alıyorlardı.

Bu satış işini daha heyecanlı bir hâle getirme girişiminde bulunarak Ethan ve Nancy profesyonel oyun tasarımcılarıyla basketbol temalı bir oyun üretmeleri için çalıştılar. Oyunda satıcılar müşterilerle anlaşarak sayı kazanıyor ve daha büyük sayılar için daha büyük anlaşmalar gerekiyordu. Olumlu aramalara "turnike" denirken başarısız girişimlere "şut" deniyordu. Satış katındaki devasa ekranlarda en üst seviye performans gösterenlerin ismi sergileniyor ve ara sıra smaç basan sporcu animasyonları ekrana geliyordu. Sıradan e-postaların yerini kimin kazanmak üzere olduğuna dair postalar almıştı ve kazanan, oyunun sonunda bir şişe şampanya kazanıyordu.

Oyunun satış görevlilerinin performansı üzerindeki etkilerini test etmek için Ethan ve Nancy sadece bir kattaki çalışanları oyuna katarken diğer iki kattakiler dışarıda bırakıldı. Sonra oyuna katılanları katılmayanlarla karşılaştırdılar.

Büyük ümitlerle başlamış olsalar da Ethan ve Nancy oyunun satış performanslarını ve satıcıların iş yaparken duydukları hisleri değiştirmediğini öğrendiklerinde şaşırmışlardı. Verileri daha derinlemesine incelediklerinde oldukça ilginç bir döngü ile karşılaştılar.

Meslektaşlarım oyundan hoşlanıp hoşlanmadıklarını saptayabilmek için katılan herkese bir dizi soru sordular. Oyunu takip etmişler miydi? Kuralları anlamışlar mıydı? Oyun adil miydi? Bu sorular hangi çalışanların günlük hayatımızda bize kılavuzluk eden normal kurallar yerine oyunun kurallarıyla sınırlanan "sihirli çember"e girdiklerini ölçmek için tasarlanmıştı.* İnsanlar sihirli çembere girmediler ise oyunun bir anlamı yoktu. Mesela ben oğlumla Monopoly oynadığımda eğer bankadaki bütün parayı çalıyorsa o zaman çembere girmemiştir. Böyle davranması o oyunun aslında onun için o kadar da eğlenceli olmadığı anlamına gelir; bir anlamı ya da zorlayıcılığı yoktur.

Ethan ve Nancy de çalışmalarında aynı ilkeyi uyguladılar. Basketbol oyununun bir zırvadan ibaret olduğunu düşünenler (yani kurallarıyla oynamak istemeyenler) oyun tanıtıldıktan sonra kendilerini daha kötü hissettiler ve performansları biraz düştü.** Oyun gerçekten isteyenlerin ise yararına oldu (ve iş yaparken görünür biçimde daha neşeli oldular).

---

* Bu konseptin temeli 1938'de kültürde oyun öğesi üzerine yazan Hollandalı tarihçi Johan Huizinga'ya dayanmaktadır fakat Eric Zimmerman ve Katie Salen oyun tasarlama ve oyunlaştırma üzerine 2003 yılında yazdıkları *Rules of Play* (*Oyunun Kuralları*) kitabıyla kavrama popülerlik kazandırmışlardır.

** Satış performanslarındaki düşüş bilim insanlarının tabiriyle "düşük önem" seviyesindeydi, yani ortalama düşse bile anlamlı ya da dramatik bir sapma olup olmayışı önemsiz derecedeydi.

Ethan ve Nancy çalışmalarının, şirketlerin oyunlaştırma kavramıyla yaptıkları ortak bir hatayı ortaya koyduğuna inanıyordu. Oyunlaştırma, eğer işverenler çalışanları bu 'mecburi eğlence' etkinliğine katılmaya zorluyorsa işe yaramıyordu ve hatta zararlı bile olabilirdi. Bir de oyun sıkıcıysa (oyun üretmenin kendisi de bir sanattır değil mi?) hiçbir işe yaramıyordu. Yapılan şey egzersiz çalışmasını sıkıcı bir dersle eşleştirmekten farksız oluyordu.

İNANMANIN MÜMKÜN KILDIKLARI

Ethan ve Nancy'nin deneyleri hayal kırıklığı olsa da oyunlaştırma her zaman işe yaramaz değildir. En iyi hâliyle insanların zaten ulaşmak istedikleri amaçlara ulaşmalarında *süreci* daha eğlenceli kılarak yardım eder. Fakat önemli olan nokta orada olmak isteyen herkesin bulunmayı kendisinin seçmesidir. İnsanlar gönülden inandıklarında sonuçlar etkileyici olabilir.

Oyunlaştırmanın hayatını nasıl değiştirdiğini açıklamak için podcast programıma katılan Nancy Strahl'ın deneyimlerini göz önünde bulundurun. Nancy'nin dünyası 2008 yılında kocası ve oğlunu havaalanına bıraktıktan sonra midesinin bulandığını hissettiğinde tersine dönmüştü. Zehirlendiğini düşünmüştü fakat durumu kötüleşip sonunda hastaneye gittiğinde Nancy inme geçirdiğini öğrendi. Ertesi gün uyandığında doktorları ona sol tarafının paralize olduğunu açıkladı. Muhtemelen tamamen iyileşemeyecek ve bir daha asla yürüyemeyecekti.

Fakat yine de bir şansı vardı. Ve Nancy bağımsızlığını yeniden kazanmak için her şeyi yapmaya hazırdı, oğlunun düğününde dans etmeyi ve gelecekte torunlarına yardımcı olabilmeyi ümit ediyordu. Fakat maalesef yeniden mobil hâle gelebilmesi uzun, yoğun bir rehabilitasyon programı gerektiriyordu.

Başarılı olmaya kararlı Nancy hastanede günde beş saatlik rehabilitasyona başladı fakat sonunda egzersizlerini kendi başına yapabileceği bir noktaya geldi. Her gün bir fizyoterapistin yardımıyla düzinelerce sıkıcı ve zorlayıcı hareketi evde yapmak için kendisini zorlaması gerekiyordu. Şaşırtıcı olmayacak bir şekilde bu tür programlarda devamlılığın zayıf olma eğilimi vardı. Nancy'nin de çok fazla ileri gidemeyeceği ihtimali gözüküyordu.

İleri gidebileceği bir yol arayışındaki Nancy, bir kliniğin -video oyunu içeren- deneysel bir rehabilitasyon programı uyguladığını tesadüfen öğrendi. Yapacağı egzersizler "İyileşme Hızla Olur" isimli bir rafting oyununun içine yerleştirilmişti. Her gün sanal bir kanoya bindi ve ekrandaki nehirde kürek çekip hızla akan suda bulduğu şişeleri ya da hazineleri topladı. Nancy her seviye geçtikçe oyun zorlaştı. Hızla uyum sağlamıştı. Oyun yalnızca aşırı derecede eğlenceli olmakla kalmıyor, Nancy faydalarını da hissetmeye başlıyordu. Oyun oynarken inme indiğinden beri ilk kez ışıkları kendisinin açabildiğini fark etti.

Nancy inanılmaz bir iyileşme göstermişti. Zamanla yürüme ve araba sürme becerilerini geri kazandı ve hatta evinin yakınındaki gölde kanoya bile bindi. Doktorların ona bir daha yürüyemeyeceğini söylemelerinin üzerinden yedi yıl geçtikten sonra oğlunun düğününde dans ediyordu.

Nancy inme indiğinde sonsuza dek kaybettiğinden korktuğu bağımsız olma becerisine artık tamamen sahip. Ve iyileşmesini oyunlaştırılmış bir tedavi yaklaşımına bağlıyor.

Nancy'nin durumu tek değil. Bilim, oyunlaştırmanın başarmak *istediğimiz* hedefte kullanmayı seçtiğimiz sürece, hedefimiz önündeki birçok engeli aşmakta kullanılabileceğini söylüyor. Massachusetts'te ailelerin daha fazla egzersiz yapmaları umuduyla yürütülen on iki haftalık bir programı ele alalım. Bazılarının egzersizleri oyunlaştırılmıştı. Bu deneyde her aile için günlük adım hedefi belirlendi ve hedefe ulaştıklarında (her biri dijital adım sayıcılar takacaklardı) günlük bildirim aldılar. Fakat bazıları yürüdükleri için *ayrıca* puan kazandılar ve onlara yeterince puan biriktirdiklerinde üst seviyeye çıkma ve hatta en üst seviyeye çıktıklarında bir kahve fincanı kazanma şansı verildi.

Büyük ödül her ne kadar sembolik olsa da (kahve fincanları güzeldir ama sonuçta faturaları ödemezler) oyunlaştırmanın faydaları yine görülmüştü. Oyun esnasında ve hatta oyun bittikten on iki hafta sonra bile bazıları oyunlaştırılan egzersiz miktarının bile üstünde, egzersizleri oyunlaştırılmayanlarınkinden çok daha fazla oranda, kendi kendilerine egzersiz yapmaya devam etmeleri etkileyiciydi. Nancy'nin rehabilitasyonunu daha eğlenceli hâle getirmesi gibi aynı şekilde egzersizler de daha eğlenceli olmuş ve böylece insanlar beklenenden daha bile fazlasını yapmışlardı.

Daha da önemlisi bütün katılımcılar bu aktiviteye *gönüllü* katılmış ve sihirli çembere kendi arzularıyla girmişlerdi. Yani Mary Poppins'in yaklaşımı en çok kendi kendimize yardım etmeye gönüllü olduğumuzda işe yarıyordu.

Bu durum başarı için kendimizi ayarlayabileceğimiz anlamına gelirken geriye yakıcı bir soru kalıyor. Çalışanların isteyip istemediklerini tahmin edemedikten sonra yöneticiler oyunlaştırmadan nasıl faydalanabilirlerdi? Bunun az riskli yollarından biri iş yerinin kendisini cazip ve eğlenceli bir yer hâline getirmektir. Öyle bir ortamda çalışmayı istememek istisnai bir durum olur. Google'ın öncülüğünü yaptığı ve 2012 yılındaki ziyaretimde beni büyüleyen ofis tasarımını düşünün. Şirket çalışanlarına bedava yiyecekten masa tenisine, havuzdan voleybol sahalarına ve bedava tişörtlere dek lüks bir tatil yerinin bütün tuzaklarını sunuyordu. Ya da çalışanlarına çalışma alanlarını dekore etmeleri için 10.000 dolar veren teknoloji şirketi Asana'yı düşünün. Veya çalışanları sevilmiş ve eğlenmiş hissetsin diye köpekler işe alan Farmer's Dog isimli köpek maması şirketini de ekleyebilirsiniz. Liste böylece devam etmekte. Dünyanın dört bir yanında yenilikçi şirketler çalışanlarının iş yeri deneyimlerini daha eğlenceli hâle getirmek için Mary Poppins yaklaşımını uygulamakla meşgul. Koronavirüs pandemisi birçok Amerikalı işçiyi uzaktan çalışmaya zorladığında şirketler evde çalışmayı bile daha eğlenceli kılmanın yollarını bulmuşlardı. Sanal mutlu saatler Zappos gibi firmalarda pek rağbet gördü ve hatta toplantılarına eğlenceli isimler bile taktılar.

Bazı çalışanlar ayak uydursa da asıl inanılmaz olan nasıl bu kadar çok kişinin Mary Poppins'in yaklaşımını benimsemekte başarısız olduğuydu. Bunu anlamak için her şeyden önce bizim için faydalı olan şeyleri yapmayı sevmeye her zaman hazır *olmadığımız* gerçeğini kabul etmemiz gerekir. Aksine, değişimin önündeki en büyük engel genellikle ne yapmamız gerektiğini bildiğimiz hâlde yanında gelen kısa vadeli hoş olmayan acılardır. Tipik bir şekilde hırslı hedeflerin peşine düştüğümüzde yol boyunca bize cazip gelen başka şeylere karşı mücadele ederiz.

Fakat James Patterson romanlarını egzersizle birleştirdiğim öğrencilik günlerimden beri keşfettiğime mutlu olduğum bir şey vardı ki bunun çözümü aslında basitti. Sadece senaryoyu tersine çevirmemiz gerekir ve böylece anlık mutluluklar aleyhimize değil lehimize işler. Araştırmalar kışkırtıcı şeylere direnmek için irade gücümüze güvenmek yerine iyi davranışları kısa vadede nasıl daha tatmin edici bir hâle getireceğimizi bulmamızın daha iyi olduğunu gösteriyor. Büyük geri dönüşler bizi motive edecek kadar yakınımızda değildir. Mary Poppins tipi bir yaklaşım dikkatimizi tipik bir şekilde hedeflerimizden çekip her bir engeli cazip bir şeye çevirmemiz için -aniden spor salonuna gitmeyi, işte odaklanmayı, daha sağlıklı şeyler yemeyi ve daha sıkı ders çalışmayı *istemek* gibi- lehimize kullanmamızı sağlayacaktır.

Bu türden bir arzu, değişim için güçlü bir motive edici etkendir.

Bölüm İpuçları

- Ana kapılma (ya da dürtüsellik) -yani uzun vadeli ödülleri kısa vadeli mutluluklar için feda etme eğilimi- değişim için tehlikeli bir engeldir.
- Mary Poppins haklıydı. Eğlence öğesi eklenerek anında tatmin edici bir hâle getirildiğinde, yaşanan âna kapılma tehlikesinin üstesinden gelinebilir.
- Ayartıcı eşleştirme, kendinizi suçlu hissedeceğiniz aktiviteleri (dizi maratonu yapmak gibi) yalnızca yapmaktan kaçındığınız aktivitelerle (egzersiz gibi) birlikte yapmanıza izin vermeniz anlamına gelir.
- Ayartıcı eşleştirme iki problemi tek seferde çözer. Bu yöntem aşırı cezbedici şeylere kapılma ihtimalinizi azaltıp uzun vadeli hedeflerinize ulaşmanıza yardım edecek etkinliklere daha fazla zaman ayırmanız için yardımcı olabilir.
- Oyunlaştırma kavramı, hedefimizi izlemeyi anında tatmin edici hâle getirmenin bir diğer yoludur. Oyun olmayan bir şeye sembolik ödüller, yarışma hissi ve liderler sıralaması gibi öğeler ekleyerek daha bağlayıcı ve daha az monoton bir hâle getirmeyi içermektedir.
- Oyunlaştırma, oyuncular oyuna katılmayı kendileri istediklerinde işe yarar. Oyuncular oyunun kendilerine dayatılmak istendiğini hissederlerse geri tepebilir.

BÖLÜM 3

ERTELEME

2002 yılında Omar Andaya, Filipinler'in en büyük perakende bankalarından birinin başkanıydı. Ve banka yöneticilerine mahsus bir zorlukla yüzleşmişti: Müşterileri yeterince birikim yapmıyordu.

Birkaç yıl önce bankayı hastalanan babasından teslim aldığında bu problemi fark etti. İki sebepten dolayı bu durum son derece canını sıkıyordu. Birincisi, az birikim yapmanın berbat sonuçları olduğunu anladı – sağlık bakımına ulaşımı sınırlıyor, eğitimsel başarıyı durduruyor ve nihayetinde kişinin kazanma potansiyelini sınırlıyor. İkincisi, az birikim yapan müşteriler banka finansı için de kötüydü. Bu sorunu çözmek müşterilerine *ve* bankasına yardım edecekti. Bu yüzden muhtemel çözümlere kafa yormaya başladı.

Fakat mesele şu ki insanlara birikim yaptırmak gerçekten zor bir şeydir. Filipinler'den çok daha zengin olan ABD'de bile 2015 yılında her üç aileden birinin hiç birikimi olmadığı ve ailelerin %41'inin beklenmedik 2000 dolarlık bir masrafı karşılayamayacakları ortaya çıkmıştır. Omar, Green Bank'i ele aldığı zamanlarda Filipinler'deki ailelerin %31'i açlık sınırının altında yaşıyordu. Bu büyük zorluk onu yolundan çevirmeyecekti ama ne yapacağından emin değildi.

2002 yılında bir arkadaşı onu gelişen ekonomilerde tüketiciler üzerine çalışmış ve Green Bank'in müşteri birikim oranlarını yükseltecek bir teklifi olan üç akademisyen Nava Ashraf, Dean Karlan ve Wesley Yin ile tanıştırdığında oldukça heyecanlıydı.*

Fakat küçük bir sorun vardı. Sunumlarını duyan birçok kişi bunun çılgınca olduğunu düşünmüştü.

Akademisyenler Omar'a müşterilere birikimlerini "kilitli" bir hesaba koyma seçeneği sunmasını söyledi – bu fikri yoğun bir çalışma grubundan çıkarmışlardı. Bu hesaplar da Green Bank'teki diğer birikim hesaplarıyla aynı oranda faiz verecek fakat önemli bir farkı olacaktı: Bu hesabı seçen müşteriler seçtikleri bir tarih gelene kadar para çekemeyecek ya da kendilerinin belirledikleri bir limit kadar çekebileceklerdi. Hesaplara bir nevi finansal bekaret kemeri takılacaktı.

Wharton'da ders verdiğim yaklaşık 150 öğrenciye her yıl Omar'ın öyküsünü anlatırım. Bu teklifi ne zaman anlatsam işler kaçınılmaz şekilde ilginçleşir. Öğrencilerim bunun değerini tartışır. Yıllarca ekonomi okuyan öğrencilerim hayretlerini gizleyemezler. İnsanlar sonunda büyük bir faiz oranı gibi bir mükafat olmadan hesaplarına istedikleri zaman ulaşmamayı neden isteyeceklerdi ki? Onlara göre bu hesaplar saçmalıktı ve insanları zor kazandıkları paradan uzak tutmak için yapılan naylon bir dolandırıcılıktı. Öğrencilerimin haklı olduğu bir nokta vardı. Kilitli hesaplar basit bir ekonomi ilkesini görmezden geliyordu; insanlar esnekliği, sınırlamaya ve özgürlüğü, cezalara tercih ederlerdi.

Omar'ın birçok meslektaşı da şüpheci öğrencilerimle aynı kaygıları duyuyorlardı. Fakat Omar yeni bir şeyler denemek için sabırsızlanıyordu ve bu tuhaf teklifte psikolojik bir öngörünün kıvılcımını görüyordu (Wharton'da aynı öngörüyü sezen bir

---

* Mary Kay Gugerty de bu projenin fikir geliştirme aşamasında çalıştı ancak daha sonra ekipten ayrıldı.

grup öğrenciyle birlikte her yıl bu dersler ateşli tartışmalara sahne olur). 2003 yılında meslektaşları ile uzun tartışmaların sonunda Omar bu kilitli hesaplarla, önden hesap edilmiş bir risk almaya karar verdi. Yeni birikim hesabı ürünlerini akademisyenlerin deney amaçlı birkaç yüz Green Bank müşterisine sunmalarına izin verecek ve neler olacağını görecekti.

ERTELEMENİN ÜSTESİNDEN GELMEK

Omar, Filipinler'de görülmemiş türde yeni banka hesapları açma üzerine düşünüp taşınırken Massachusetts Institute of Technology (MIT) Üniversitesinde Dan Ariely isimli bir davranış bilimci farklı ama alakalı bir problemi anlamakta zorluk çekiyordu. Öğrencilerinin ödevlerini ne kadar sık ertelediklerine inanamıyordu. Bunlar dünyanın en iyi öğrencileriydi fakat bir randevu, öğrenci birliğinde bir toplantı, dağlarda kayak gibi kışkırtıcı etkinlikleri, ders yüklerini arkada bırakarak tercih etmeleri canını inanılmaz derecede sıkıyordu.

Öğrencilerinin ödev tesliminden hemen önce çalışmak yerine vaktinde sıkı çalışıp odaklanmadıklarında daha az öğrendiklerinden kuşkulanıyordu. (Bir meslektaşı olarak bunu anlıyorum.) Yalnızca odaklandıklarında bile yetiştirebilecekleri ödevlerin teslim tarihlerini kaçırarak bu harika öğrencilerin kendilerini ayaklarından vurmaları oldukça sinir bozucudur.

Dan, meslektaşı Klaus Wertenbroch ile ekip olarak çalışıp onların bu davranışları üzerine bir deney çalışması yapmaya karar verdiğinde öğrencilerin kötü çalışma alışkanlıkları karşısında oldukça şaşkındı. İkili, MIT'nin dâhi öğrencilerinin kendi kendilerine yardımcı olmalarını sağlayabilecekleri konusunda bir hisse sahipti ve bu süreçte, insanların erteleme dürtüsüne rağmen hedeflerine nasıl ulaştıklarına dair bir şeyler öğrenebileceklerini düşünüyorlardı.

Dan ve Klaus, Dan ile on dört haftalık derslerine başlayacak olan doksan dokuz MIT öğrencisi ile bir çalışma yürüterek deneye başladılar. Dersi geçmeleri için öğrencilerin üç kısa makale teslim etmeleri gerekiyordu. Öğrencilerin yaklaşık yarısına dönemin tamamını kullanabilecekleri geniş bir teslim süresi verildi. Fakat Dan öğrencilerin diğer yarısına görülmedik bir seçenek sundu. Son ders gününe kadar her üç makaleyi de istemeyeceklerdi. Fakat istedikleri zamanı kendilerinin belirlediği, ödevlerini erken teslim edebilecekleri bir tarih seçebileceklerdi. Eğer kendi seçtikleri teslim tarihini geçerlerse Dan geç kaldıkları her gün için notlarını düşürecekti.

Şimdi aynı kilitli banka hesabı açmak gibi sonunda gecikme cezası olan bir teslim tarihi seçmenin, ekonomi teorisinde insanların daha az özgürlüğe kıyasla daha fazla özgürlüğü tercih ettiklerini öngören temel bir ilkeyi ihlal ettiğini söylememiz lazım. Esneklikle ilgili bu genel tercihler, değiştirilebilir bir bilet için havayolu şirketinizin yüksek bir fiyat istemesinin, alakart tekliflerine oranla restoranların *brunch* büfelerine daha fazla fiyat koymalarının ve bankaların istediğiniz zaman çekebileceğiniz birikim hesaplarına oranla sabitlenmiş tarihlere daha fazla faiz oranı sunmasının sebebidir.

Ancak Jack öğrencilerinin esneklik *eksiklikleri* için bir bedel ödemelerini istiyordu. Klasik ekonomi perspektifinden bakıldığında, Dan'in öğrencileri için en iyi stratejinin, sunulan teklifi reddedip her bir ödevi bitirmek için daha fazla zaman harcamalarına izin vermeleri olduğunu düşünmesi gerekir. Böyle yapmaları diğer dersler ve işleri için herhangi bir ceza içermeden esnekliklerini maksimize etmeleri anlamına gelirdi.

Fakat Dan'in öğrencilerinin %68'i sınırlayıcı seçeneği tercih etmişti. Teslim tarihi *istiyorlardı*.

Bunu MBA öğrencilerimle paylaştığımda Omar Andaya ve Green Bank hikâyesiyle başlayan tartışma kaçınılmaz bir şekilde yeniden alevlenmişti. Birçok öğrenci Dan'in verilerini aslında MIT öğrencilerinin o kadar da akıllı olmadıklarına bağlıyordu. Eğer kendi iradeleriyle ceza içeren son teslim tarihlerine gönüllü olduysalar, büyük bir hata yapıyorlardı. Her ders için teslim tarihleriyle dolu olan öğrencilikte öğrenciler özgürlük ve esnekliğe değer vermeliydi. Fakat bazı öğrenciler ise buna şiddetle karşı çıkıyorlardı. Onlar zaman yönetiminin zorluklarını işaret ederek belirli teslim tarihlerinin, finaller yaklaşırken ellerinde başa çıkabileceklerinden fazlası olduğunu keşfetmek yerine, yapılacak şeyleri dönem boyunca daha dengeli dağıtmayı kolaylaştıracağını söylüyorlardı.

Tartışma Dan'in bulgularının güçlü destekçileri olduğunu açıkladığımda daha da yoğunlaşmıştı. Filipinler'de Nava, Dean ve Wesley, kilitli hesap önerilen Green Bank müşterilerinin %28'inin standart kilitsiz hesaplar ya da hiç hesap açmamak yerine bunu tercih ettiklerini ortaya çıkardı. (%28 ortalığı yıkacak bir yüzde sayılmazdı ama eğer beklenti sıfır ise devasa bir rakam olarak gözüküyordu.)

O noktada yoğun ekonomi teorisi öğrenmiş öğrencilerim neredeyse saçlarını yolacaklardı. İnsanların yüksek bir faiz oranı olmadan kilitli hesapları kabul etmelerine ya da cezalı teslim tarihlerine gönüllü olarak razı olmalarına inanamıyorlardı. Bir karşılığı olmadan özgürlük ya da esnekliklerinden vazgeçmemeliydiler. Bu yalnızca ekonomi teorisinin temel bir ilkesi ya da dünya çapında bir pazarlama ve hükümet politikasının esası değil (seyahat gemileri ve tatil köylerinin sınırsız yemek seçeneklerini özellikle vurgulamasının bir sebebi olmalı), aynı zamanda bir sağduyu meselesi değil miydi?

Belki öyledir. Belki de değildir. Önceki bölümde dürtüselliğimizin hedeflerimize ulaşmada nasıl büyük bir engel oluşturabileceğini anlatmış ve bir çözüm olarak erdemli davranışları eğlenceli hâle getirerek dürtüselliği bir değere çevirmeyi önermiştim. Fakat mesele ertelemeye gelince havuç sarkıtmak çözümlerden yalnızca biridir, havuç yerine sopa da kullanılabilir. Bu yöntem, bir kilometre uzaktan geldiğini gördüğümüz cazibe merkezlerinin önüne geçmek ve kötü dürtülerin en iyi potansiyelimizi engellemesini durdurmak için kullanılır. Green Bank müşterileri ve Dan Airley'nin öğrencileri tam da böyle yaptılar. Ne zaman para çekebileceklerini ya da ne kadar erteleyeceklerini sınırlandırmayı seçerek olası gelecek kışkırtma öğelerine kapılmayı daha zor hâle getirirken, uzun vadeli hedeflerine ulaşmalarını kolaylaştırıyorlardı.

KENDİMİZİ KELEPÇELEMEK

Green Bank'in kilitli banka fikri sebepsiz yere ortaya çıkmamıştı. Tarih (ister mitsel ister gerçek olsun) benzer tekniklerle onları kışkırtan şeylere, yine benzer taktiklerle direnen insanların hikâyeleriyle doludur. Buna en bilinen örnek *Oddyseia* destanında Oddyseus'un sirenlerin şarkısına kapılmamak ve yolundan çıkmamak için kendini geminin direğine bağlatmasıdır.* Benim en sevdiğim örnek ise *Notre Dame'ın Kamburu* kitabının ilk hâlini bitirmeyi erteleyen Fransız sosyetik yazar Victor Hugo'dur. Yayıncısının verdiği son tarihi yetiştirmek için bütün kıyafetlerini kilitleyip yalnızca bir şal ile üzerini örtmüş, böylece dışarı çıkamayacağından emin olmuştur. Evde kalmaya kendini zorlayıp romanına odaklanarak teslim tarihine başarılı bir şekilde yetiştirmişti.

* Homeros'un bu destansı serüveninde bir noktada kahraman Odysseus, Sirenlerin büyüleyici sesini duyan kendisi ve tayfalarının gemiyi bu ölümcül adaya sürme dürtüsüne kapılacaklarından korkar. Bu kötü kaderden kaçınmak için kendisini gemi direğine bağlamalarını ve tayfalarının kulaklarını balmumu ile tıkamalarını emreder. Bu sayede kimse o seslerin cazibesine kapılmaz.

Aradan yüzyıldan fazla zaman geçtikten sonra akademisyenler insanların kendilerine kısıtlama getirme eğilimlerine ilgi duymaya başladılar. 1955 yılında Robert Strotz isimli bir ekonomist insanların (Hugo gibi) hedeflerini engelleyecek dürtülere kendilerini kaptırmamak için -mesela Noel için tatil öncesi asla dokunmayacakları özel hesaplar açmak ya da bir yerlere bağlanmak için evlenmek gibi- (bu çalışmanın ellili yıllarda yapıldığını unutmayın) alışıldık olmayan yöntemler kullandıklarını fark etmişti.

Robert Strotz'un konuya dair makalesi gişe rekorları kırmıştı (tabii bir makaleye gişe rekorları kırdı diyebilirsek). Makalesi ekonomistlere bazen insanların tersini yapmanın, insanı cezbeden hatalardan uzak tutacağını bilerek esneklik ve özgürlüğü her zaman tercih etmeyeceklerine dair bir fikir sunmuştu. Strotz'un (gelecekte ekonomi Nobel'i kazanacak Thomas Schelling ve Richard Thaler'in de dâhil olduğu) öğrencileri bu stratejileri daha detaylı inceleyip onlara "taahhüt aygıtları" adını verdiler.

Daha büyük bir hedef için kendi özgürlüğünüzü azaltıyorsanız bir taahhüt aygıtı kullanıyorsunuzdur. Esnek tarihli bir raporu patronunuza belli bir tarihte teslim edeceğinizi söylemeniz işleri halletmek için kullanılan bir taahhüt aygıtıdır. Geleneksel domuz kumbarası -içerideki paraya ulaşmak için kırmak zorunda kaldığınız seramik kumbaralar- birikimlerinize dalmanızı zorlaştıran bir taahhüt aygıtıdır. Daha küçük porsiyonlar yemek için mutfağı küçük tabaklarla doldurmak yine bir taahhüt aygıtıdır. Günlük telefon kullanımınızı sınırlayan uygulamalar teknoloji bağımlılığınızı azaltacak taahhüt aygıtlarıdır. Daha aşırı bir örnek olarak isminizi kumardan hariç tutulma listesine yazdırmak (Pennsylvania gibi eyaletlerde mümkündür) ve kumarhaneye adımınızı atacağınız anda tutuklanmanız, sizi oyun masalarından uzak tutacak bir taahhüt aygıtıdır.

Elbette ki dürtüsel seçeneklerimizi önleyen sınırlamalar her yerdedir: Hız limitleri, uyuşturucu kullanımını yasaklayan kanunlar, araç kullanırken mesaj yazmayı yasaklayan kanunlar ve hatta ödev teslim tarihleri bile böyledir. Fakat normalde bu tarz sınırlamalar, iyiliğimizi düşünen hükümetler, öğretmenler gibi üçüncü kişiler tarafından bize empoze edilirler. Taahhüt aygıtlarını tuhaf kılan şey ise bunları kendimizin empoze etmemizdir; yani *kendi kendimize* kelepçe vururuz.

Size kendi kendimize kelepçe vurmanın bazen iyi bir şey olabileceğine dair bir öngörü verebilmeyi ümit ederken bu stratejilerin nasıl çalışacaklarına dair somut kanıtlar da sunacağım. O hâlde sizleri tekrar Green Bank'teki kilitli hesaplara ve Dan Ariely'nin kendi kendine teslim tarihi belirlenen ödevlerine geri götüreyim ve nasıl sonuçlar ortaya çıktığını açıklayayım.

Olağan dışı hesap fikrini Omar Andaya'ya sunan ekonomistler sonuçları geniş, özenli bir çalışmayla değerlendirdiler. Binden fazla eski ya da mevcut Green Bank müşterisini iki farklı gruba aldılar. Yaklaşık sekiz yüz müşteriden oluşan ilk grup kilitli hesap açmaları için banka tarafından davet edildiler, yaklaşık beş yüz müşterilik ikinci grup, "kontrol" grubuydu yani hiç davet almamışlardı. Derken araştırmacılar yalnızca kilitli hesap açmayı *seçmenin* bir fark yaratıp yaratmadığını görmek için (ister kilitli hesap açsın ister açmasın) bir yıl boyunca hesapları izlediler.

Sonuçlar geldiğinde çalışmanın liderlerinden Dean Karlan bana ağzının açık kaldığını söylemişti. Kontrol grubuna kıyasla kilitli hesap açanlar yüzde seksen daha fazla birikim yapmışlardı. Yani kontrol grubundan bir müşteri 100 dolar birikim yaptıysa kilitli hesabı olan bir müşteri 180 dolar biriktirmişti. Bu gerçekten de büyük bir farktı. Müşterilerin yalnızca %28'ine kilitli hesap teklifi götürüldüğünü düşününce rakamlar daha bile etkileyici kalıyordu. Bu durum, kilitli hesaplar sunulan gruptaki görece az sayıda kişinin o kadar çok para biriktirdiği, durumun tüm grubun tasarruflarını büyük ölçüde artırdığı anlamına gelmektedir.

Bu alışılmadık fikir aslında çok zekiceydi ve insanlara sahiden de tasarruf hedeflerine ulaşmalarında yardımcı oldu.* Peki ya Dan Airley'nin öğrencilerine sunduğu, bedeli olan teslim tarihleri ne olmuştu?

Dan ve Klaus bunu öğrenmek için daha önce bahsettiğim takip eden bir çalışma daha yönettiler. Bu defa altmış kişilik MIT öğrenci grubunun, tek bir teslim tarihi ile karşı karşıya kaldığında ya da gecikme cezası olan kendilerinin belirlediği orta teslim tarihleri ile nasıl bir performans sergiledikleri karşılaştırıldı.** Kendi seçtikleri teslim tarihiyle ödevlerini yapan öğrencilerin çalışmalarında tek bir teslim tarihi verilenlere göre yüzde elli daha az hata görüldü. Kendi teslim tarihini belirleme seçeneği tıpkı kilitli birikim hesapları gibi büyük ölçüde yararlı olmuştu.

Bugün bile, bu başarıların büyüklüğünü şaşırtıcı buluyor ve özellikle, aklı başında hiç kimsenin bir taahhüt mekanizmasını benimsemeyeceğini -bundan fayda sağlamak bir yana- iddia eden MBA öğrencilerimle paylaşmaktan her zaman keyif alıyorum.

Veriler ortada. Ekonomi teorisinin altın kurallarından biriyle çelişiyor olsa da taahhüt aygıtları bir tür kurtarıcı olabilirler. Bize kendimiz için neyin iyi olduğuna dair açık bir kafayla kararlar verip o kararlara bağlı kalarak davranışlarımızı olumlu anlamda değiştirmemizde yardımcı olurlar. Bunu bizi cezbeden şeylere verdiğimiz

---

* Bunun yanı sıra, başka bir deney grubunun yalnızca hedefler belirlemesi teşvik edildi ve daha fazla tasarruf yapmaları önerildi ancak hesapları kilitlenmedi. Bu da hesap bakiyelerini doğru yönde hareket ettirdi, ancak sağlanan faydalar, taahhüt hesabı açmaya davet edilenlerin elde ettiği kazançların yalnızca üçte biri kadar oldu.

** Hatırlayın, daha önce bahsettiğim Dan ve Klaus'un yaptığı önceki çalışma farklı bir tasarıma sahipti. Bu çalışma, eşit aralıklarla belirlenmiş son teslim tarihleri olan öğrenciler ile kendi son teslim tarihlerini belirleyebilen öğrencileri karşılaştırıyordu.

anlık tepkilerle değil, bilinçli kararlarımız doğrultusunda yaparlar. Ayrıca gelecekte yine kötü alışkanlıklara yenilmemizi önlerler.

Her şey güzelken şimdi söyleyeceklerim şüpheci gelebilir ama ya bankanız (hiçbir banka bunu yapmıyor hâlihazırda) size kilitli hesap teklifi sunmuyorsa? Peşine düşeceğiniz her hedefiniz için bir taahhüt aygıtı bulmanız nasıl beklenebilir ki? Teslim tarihinizi yakalamak isteyen bir girişimciyseniz, geç kaldığınızda ceza kesecek bir öğretmeniniz olmaz. Eğer daha fazla egzersiz yapmak istiyorsanız sadece spor salonunda dinleyeceğiniz iPod'lar vermeyeceğim size. Peşine düşmek isteyeceğiniz birçok hedef için kendi taahhüt aygıtınızı oluşturmanın daha kolay bir yolunu bulmayı dilemekte haklısınız.

Neyse ki bunun basit bir yolu *var*.

NAKİT TAAHHÜT AYGITLARI

Kocaman, sulu bir hamburger hayal edin. Marul, domates, soğan, pastırma, canınız en çok ne istiyorsa o malzemelerle dolu ve harika kokuyor. Arkadaşınızla öğle yemeğine çıksaydınız ve garson yan masaya böyle bir hamburger servis etseydi canınız çekmez miydi?

Fakat ya kendinize daha sağlıklı şeyler yiyeceğinize söz vermiş olsaydınız? Direnebilir miydiniz?

Bu soru her yıl Wharton'daki MBA öğrencilerime konuk konuşmacı Jordan Goldberg tarafından sorulur. Jordan, Hengchen, Jason ve benim insanların taze başlangıçlardan sonra hedef koyma eğiliminde daha fazla olup olmadıklarını takip ettiğimiz stickK sitesinin kurucuların birisidir.

Jordan senaryosunu öğrencilerime ilettikten sonra sınıfta çeşitli fısıldaşmalar başlar. Öğrencilerim buna direnecek irade gücüne sahip olduklarına inanmak *isterler* fakat birçoğu hamburgeri sipariş *edeceklerini* bilecek kadar kendilerini iyi tanıyordur.

Jordan sonrasında daha kolay bir soru sorar: O hamburgeri yemeniz durumunda birine 500 dolar borçlanacağınızı bilseydiniz hamburgeri yer miydiniz? Siz olsaydınız o lezzetli cazibe merkezine kendinizi bırakıp bırakmayacağınızı iyice düşünürdünüz değil mi? Ben de dâhil olmak üzere hepimiz kafamızı sallayarak onaylarız. Bu kararla ilgili tartışmalı bir şey yoktur.

Jordan bu sorularla öğrencilerime alışılmadık tipte bir taahhüt aygıtı sunar: Eğer yapmazsanız bedelini ödeterek planınıza sadık kalmanızda yardımcı olan bir aygıt. Ben bunlara "nakit taahhüt aygıtları" diyorum ve bunları müşterilerine sunan birçok şirket var. Bugüne kadar yüz binlerce insan nakit taahhüt aygıtlarını denemiş ve faydasını görmüştür. Yapacağınız tek şey bir hedef belirlemek, sürecinizi kusursuz bir şekilde takip edecek birini (ya da bir teknoloji ürününü) seçmek ve başarısız olursanız üçüncü bir kişiye ya da varlığa ceza ödeyeceğiniz şekilde ortaya para koymak. (Paranın belirli bir kişiye veya hayır kurumuna gitmesini isteyip istemediğinizi belirleyebilirsiniz. Ve başarısızlığın gerçekten can yakmasını sağlamak için, hatta siyasi görüşlerinize bağlı olarak bir silah hakları veya silah kontrolü grubu gibi nefret ettiğiniz bir hayır kurumunu -bir "anti-hayır kurumu"- bile seçebilirsiniz.) Ortaya sadece birkaç dolar koyabilirsiniz ama daha büyük bahisler sürpriz olmayacak şekilde daha büyük başarı oranları ortaya koymaktadır.

İbadethanenize daha düzenli gitmek mi istiyorsunuz? Güvenilir bir destekçiyi hakem olarak belirleyin ve gitmediğiniz takdirde kaybedeceğiniz bir miktar para ortaya koyun. Daha az yanlış insanla mı çıkmak istiyorsunuz? Zevkine güvendiğiniz bir arkadaşınızı sizi sorumlu tutması için seçin ve riskleri belirleyin.*

* Kabul etmek gerekir ki bazı kaybedenler gözden kaçabilir çünkü tespit edilmeleri zor olabilir.

Pek de uzun sayılmayacak bir zaman önce hayat yolunu değiştirmek için bir nakit taahhüt aygıtı kullanan teknoloji girişimcisi Nick Winter ile konuştum. Nick, hayatının beklentilerini karşılamadığını düşünen bir yazılım uzmanıydı. Tatmin olmamış ve kızgın bir hâlde kendine şunu sormuştu: "Hayatı daha kapsamlı, daha dolu hâle getirmek için ne yapabilirim? Ne heyecan verir? Ben nasıl yaşamak istiyorum?"

Bu sorulara kafa patlatırken bana günlük yaşantısının maceradan eksik olduğunu söylemişti. Evet, kod yazmayı seviyordu ve işi tatmin ediciydi fakat son dönemde yaptığı en heyecanlı iş spor salonuna gitmek olmuştu. İkinci olarak ise beyninin sanatsal yanını yeterince kullanmadığını fark etmişti. Daha yaratıcı bir şeyler yapmak istiyordu.

Bu farkındalıklarla dolan Nick, 2012'de kendini geniş bir yelpazede -paraşütle atlamaktan kaykay sürmeyi öğrenmeye, rüya kontrolünü öğrenmeye, beş kilometre koşu zamanını beş dakika kısaltmaya ve çok, çok daha fazlasına kadar- bir maceracıya dönüştürmeye karar verdi. Ve dönüşümüyle ilgili bir kitap yazdı. Her şeyi yapabilmek için kendisine üç ay vermişti.

Nick hayal görmüyordu. Bu kadar kısa bir zamanda bunca şeyi başarmanın zor olduğunun farkındaydı. Ve planlarını arkadaşlarına duyurmanın yeterli olmayacağından emindi (yine de buradan başladı çünkü en azından ilerleme göstermezse utandığını hissedecekti). Başarıya ulaşmak için çıtayı yüksek tutması gerektiğinden oldukça emindi. Bu yüzden olağan dışı türde bir kontrat satan o şirketi duyduğunda kafası karışmıştı. Şu şekilde çalışıyordu: Üç ay içinde eğer kitap *yazmaz* ve paraşütle *atlamazsa* Nick yaklaşık 14.000 dolar değerinde büyük bir ceza ödeyecekti.

14.000 dolar bir milyoner için küçük bir para olabilir ama Nick zengin birisi değildi. Banka hesabındaki hemen hemen her şeyi kendisine bir kitap yazıp uçaktan paraşütle atlama seçeneği dışında bir ihtimal bırakmadan ortaya koyuyordu. (Eğer sadece bir şeyi başarırsa cezası 7000 dolar olacaktı.)

İşi başarmak için devasa bir istekle dolan Nick üç aydan az bir sürede oldukça popüler bir kitap yazdı: *The Motivation Hacker* (*Motivasyon Korsanı*). Ve kız arkadaşıyla birlikte paraşütle atlamaya gitti – hayatı boyunca içinde taşıdığı yükseklik korkusunu düşününce bu belki de daha fazla gurur duyacağı bir başarıydı.

Nick'in öyküsünü çok seviyorum çünkü nakit taahhüt aygıtlarının basitliğini ve gücünü çok güzel resmediyor. Aynı zamanda nakit taahhüt aygıtlarının bir şekilde çelişkili kalan özelliklerini bile vurguluyor. Bir yandan bu aygıtları kullanırken özgürlüğün daha iyi olduğunu söyleyen ekonominin standart kurallarının *zıddına* gidiyoruz. Ancak öte yandan, istenmeyen davranışları caydırmak için fiyatları artırmayı veya kısıtlamalar getirmeyi öneren standart ekonomiye de büyük ölçüde *güveniyoruz*. Bunlar, sigara ve alkolü vergilendirmek veya marihuanayı yasaklamak gibi, ekonominin önerdiği çözümlerdir ve tüketimi azaltmayı amaçlar.

Nakit taahhütleri tıpkı diğer özendiriciler gibi özellikle faydalıdır çünkü belli bir süre kullandıktan sonra telefonu kilitleyen uygulamalardan ya da özel bir listeye kaydolmanız hâlinde sizi içeri almayan kumarhanelerden daha çok yönlüdürler. Kaybetmek istemediğiniz bir miktar para ve ilerlemenizi izleyecek bir kişi ya da bir şeye ihtiyacınız vardır yalnızca.

Elbette ki asıl problem nakit taahhüt aygıtlarının bazı insanlara çok tuhaf gelmesidir. Sonuçta ceza ödemek için kendi elinizle kaydoluyorsunuz. Fakat ne kadar genel kanının aksine görünseler de çok etkili olduklarını kanıtlamışlardır. Mesela, iki bin sigara içicisi üzerinde yapılan bir araştırma, nakit taahhüt aracına (bu durumda, yalnızca altı ay sonra nikotin testini geçmeleri hâlinde geri alabilecekleri paralarını yatırabilecekleri bir tasarruf hesabı olmuştur) erişimin, insanların sigarayı bırakmasına yardımcı olduğunu ortaya koymuştur. Ortalama olarak, nakit taahhüt yöntemini kullanmayı seçen sigara içicileri yaklaşık her iki haftada bir hesaplarına para yatırdı ve sigarayı bırakmadıkları takdirde kaybedecekleri bu hesaba bir aylık gelirlerinin yaklaşık %20'si oranında katkıda bulundu. Ve dikkat çekici bir şekilde kendi parasını kaybetme durumuyla karşı karşıya kalan içicilerin yüzde otuzdan fazlası bunu yapmayı başardı. Benzer nakit taahhüt aygıtları insanların spor salonuna daha fazla gitmeleri, diyet yapan kişilerin daha fazla kilo vermeleri ve ailelerin daha sağlıklı yiyecekler almalarına yardımcı olmak için kullanabilir.

Nakit taahhüt aygıtlarının en zorlayıcı yanı faydası değil, daha fazla insanın bunları kullanmak için alışmasını sağlamaktır. Bu yüzden biraz kararsızlık hissetmek normaldir. Bu sonuçlar ne kadar etkileyici olsa bile, belki de tüm hedeflerinize ulaşamazsanız diye kendinize bedeli olan kısıtlamalar veya cezalar uygulamaya hazır olmayabilirsiniz. Eğer öyleyse yalnız değilsiniz. Örneğin sigara içicilerinin yalnızca %11'i nikotin alışkanlığından kurtulmak için parasını ortaya koymaya gönüllü olmuştur. (Tıpkı Green Bank çalışmasında olduğu gibi, bu görece ufak grubun sigarayı bırakmada çok başarılı olduğu ve özel tasarruf hesabı teklif edilen tüm insanlar için toplamdaki bırakma istatistiklerini yükselttiği gerçeği dikkat çekicidir.)

Bunun gibi bir sürü benzer neden mevcuttur. Bunlardan birisi herkesin değişime ilgi duymamasıdır. Bir diğeri ise değişmeyi isteseniz bile bazen başarısızlığın kontrolünüz dışında olacağı gerçeğidir. Mesela ya acil bir aile meselesi meydana gelse ve egzersiz hedeflerinize engel olsa? Böylece yalnızca o travmaya maruz kalmakla kalmayacak, üstüne bir de nakit taahhüt aygıtınız yüzünden finansal bir cezaya uğrayacaksınız. Belki bu ihtimal bile katlanabileceğinizin çok üstündedir. O zaman ne yapmak lazım?

TAAHHÜTLER VE DİĞER YUMUŞAK BAĞLILIKLAR

Boğaz ağrısı, burun tıkanıklığı ve öksürük şikâyeti olan bir hasta ile randevusu olan yoğun bir doktor olduğunuzu hayal edin. Hastanızın sizden beklentisinin onu bu ümitsiz durumdan kurtaracak bir reçete olduğu ortadadır. Doğal olarak yardımcı olmaya heveslisinizdir.

Fakat hastanızın antibiyotik için ricada bulunduğunu ve onun belirtilerinin bakteriyel enfeksiyon değil, soğuk algınlığı olduğunu bildiğinizi farz edelim. Elbette enfeksiyon olması ihtimal *dâhilindedir* ama muhtemel değildir. Bu durumda neredeyse kesinlikle faydasız olmasının yanı sıra antibiyotikler pahalıdır ve bazen ishal, alerji ve kusma gibi yan etkilere sebep olabilmektedir. Ayrıca ne kadar fazla antibiyotik yazılıp kullanılırsa bakterilerin gelecek hastalıklar için daha dirençli olacak şekilde evrim geçirme hızları artmakta ve tedavileri zorlaşmaktadır.

Yani o anda ne yapacağınıza dair zorlu bir kararla karşı karşıyasınız. Hastanızın sizden istediği reçeteyi yazmanın cazibesine direnebilir miydiniz? Ya da kanıtlar aksini sunsa da onu daha iyi hissettireceğini ümit ederek medikal kılavuzun dışına çıkıp hastanıza istediğini verir miydiniz?

Her ne kadar doktorların kararlı kişiler olduklarını düşünmeyi sevsek de araştırmalar birçok doktorun hastalara istediklerini vermek için düzenli olarak kendilerini kaptırdıklarını göstermektedir. Aslında Amerikalı yetişkinlere yıllık bir milyar dolardan fazla (ki bu sadece ilaç bedelidir) paraya mal olan kırk bir milyon gereksiz antibiyotik reçetesi yazıldığı tahmin edilmektedir.

Bu can sıkıcı istatistiğin farkında olan ve kendini adamanın gücünü bilen doktor ve davranış bilimcilerden oluşan yaratıcı bir ekip duruma yardımcı olabileceğini düşündükleri bir fikir geliştirmişlerdi. (Bu ekip, Daniella Meeker, Tara Knight, Mark Friedberg, Jeffrey Linder, Noah Goldstein, Craig Fox, Alan Rothfeld, Guillermo Diaz ve Jason Doctor'dan oluşuyordu.)

Normalde, iş yerinde gerçekten önemsediğiniz bir hedefe ulaşmanız istendiğinde (örneğin, zorlu hastalar karşısında daha iyi kararlar almak gibi), bunu zihninizde değerlendirir ve kendinizi bunu başarabileceğinize ikna edersiniz. Belki hedefinizi birkaç yakın arkadaşınız, ailenizden birileri veya meslektaşınızla da paylaşırsınız, ancak çoğu zaman hazırlık süreci bu noktada sona erer.

Gereksiz yere yazılan antibiyotik reçetelerini azaltmayı amaçlayan araştırmacılar bu durumu fark etti ve doktorların, hastaların isteklerine razı olmadan önce her zamankinden daha fazla düşünmelerini sağlayacak fazladan bir adım geliştirdi. Doktorlardan antibiyotik reçetelerini sadece gerekli durumlarda yazacaklarını dair resmi bir taahhüt imzalamalarını ve ardından bu taahhüdü bekleme salonlarında herkesin göreceği bir şekilde sergilemelerini istediler.

Araştırmacıların bu taktiğe güvenmelerinin ardındaki psikoloji şudur: Bir taahhüde imza atıp duvarınıza asar asmaz gereksiz reçeteler yazma yolunda mental bir bedel yaratmış olursunuz kendinize. Reçete yazmak isteseniz bile bunun kendinize vermiş olduğunuz sözü bozmak anlamına geldiğinin çok iyi farkında olacaksınızdır. Sonuçta bu şeyi yapmamak için verdiğiniz söze isminizi yazıp çerçevelettiniz. Kısacası gereksiz antibiyotik yazmanın bedeli sizin için yükselmiştir artık.

Bu fikri geliştiren ekip onu test etmek için Los Angeles'taki beş temel bakım kliniğinin müdürlerini ikna ettiler. Bu kliniklerdeki bazı doktorlardan, bekleme salonlarında "Antibiyotik reçetelerini, faydadan çok zarar verme olasılığı yüksek olduğunda yazmaktan kaçınmaya kararlıyız" ifadesinin yer aldığı bir taahhüt imzalayıp asmaları istendi. Kontrol grubundaki diğer doktorlara ise böyle bir talepte bulunulmadı.

Bu çalışma sürecinde bu doktorların ofislerini akut soğuk algınlığı belirtilerinden şikâyet eden yaklaşık bin hasta ziyaret etti. Ve araştırmacılar, doktorlardan bu taahhüdü imzalayıp asmalarını istemenin, gereksiz yere antibiyotik reçetesi yazma oranını diğer kontrol grubuna kıyasla yaklaşık üçte bir oranında azalttığını ortaya koydular.

Rakam gerçekten de inanılmaz. Fakat beni asıl etkileyen şey her ne kadar sözlerinden caymaları hâlinde maddi bir bedel ödemeyecek olsalar da doktorların kendi taahhütlerinden bu kadar etkilenmeleri olmuştur. Bu türden bir taahhüt, kilitli banka hesapları ve gecikme cezaları gibi -benim daha somut bir bedel içerdikleri için sert bağlılıklar diye adlandırdığım- nakit taahhüt aygıtlarının tam zıddını teşkil eder. Klinik deneyi, başarısızlık hâlinde yalnızca *psikolojik* bir bedel ödenen yumuşak bağlılıkların üst düzey bir örneğidir.

Doğal olarak, hedeflerimize ulaşmak için bizim kendimize ya da başkalarının bize empoze edeceği geniş çapta bedeller vardır. Bunlar hedeflerimizi duyurmak ya da teslim tarihlerimizi seçmek gibi yapamadığımız takdirde küçümsenme acısı çekeceğimiz *yumuşak cezalardan*, başarısız olduğumuz takdirde para kaybedeceğimiz *sert cezalara* dek çeşitlilik gösterir. Ayrıca bizim kendimize empoze edebileceğimiz daha küçük bir tabakta yemek yemek ya da domuz kumbarası kullanmak gibi *yumuşak sınırlamalar* ya da paramızı kilitli hesaba koymak veya yalnızca iPod'a erişebilmek için spor salonuna gitmeyi kabul etmek gibi *sert sınırlamalar* da vardır.

Daha önce de belirttiğim üzere, haklı sebeplerle, herkes kötü davranışlara büyük bedeller ödeten ya da gelecek özgürlükleri sınırlayan bir taahhüt aracını istemez. Ceza büyüdükçe, ters etki yaratma ihtimali oluşabilir. Sert taahhütlerin düşüncesine bile katlanamayan kişiler farklı bir tür taahhüt aracıyla daha iyi sonuç elde edebilirler.

Bir taahhüt metni imzalamak özellikle yumuşak türde bağlılığın iyi bir örneğidir çünkü başkasına ya da kendinize verdiğiniz bir sözü bozduğunuzda cezanız yalnızca suçlu ve rahatsız hissetmek olur. Kendiyle çelişmek, psikologların "bilişsel çelişki" olarak adlandırdığı ve ilk olarak 1950'lerde Leon Festinger tarafından incelenen şaşırtıcı derecede güçlü bir meseledir. İnsanlar sıklıkla içsel çelişkilerini göz önünde bulundurmaktan kaçınarak elinden geleni yapmaya çalışmaktadır. Bilişsel çelişki, tarikatları (katılıp kendinize bunca yatırım yaptıktan sonra) terk etmenin neden bu kadar zor olduğunu ve sigara içicilerin alışkanlıklarının sağlık açısından sonuçlarını neden küçümsediklerini açıklayabilir. (Eğer kendinizi zeki biri olarak görüyorsanız fakat kötü bir alışkanlığınız varsa, bilişsel çelişki sizi bu alışkanlığınızın gerçekten kötü olduğunu gösteren kanıtları göz ardı etmeye veya küçümsemeye iter.)

Bilişsel çelişki bunun yanı sıra davranışlarımızı iyiye çevirmek için kullanabileceğimiz faydalı bir araç da olabilir. Taahhütler vermeyi seçip başkalarının da aynısını yapmasını isteyerek bilişsel çelişkiyi hem kendimiz adına hem de onların daha fazla şey başarmaları için dönüştürebiliriz.

Öğrencim Karen Herrera'yı örnek olarak ele alabiliriz. Karen üniversitenin Philadelphia kampüsüne yeni bir öğrenci olarak geldiğinde klinik açıdan obezdi ve bedeninden mutsuzdu. Artık ikinci sınıf öğrencisiydi ve istenmeyen yaklaşık yirmi kiloyu vermişti. Bunu nasıl yaptı? Kampüse geldikten sonra haftalar içinde bir beslenme uzmanıyla seanslara başladığını ve bunun her şeyi değiştirdiğini söyledi. Karen küçük, yürütülebilir, kısa dönem diyetler yaptı ve durumu değiştirmek için kilo verme taahhütleri verip planladı. Sonra gelişimini izlemek için beslenme uzmanını haftalık olarak ziyaret etti. Zamanla aralarında bir ilişki gelişmişti. "Hafta boyunca kararlar veriyorum ve onu hayal kırıklığına uğratmak istemiyorum," diye anlattı bana. "Ayrıca kendimi de hayal kırıklığına uğratmak istemiyorum." Kendini hayal kırıklığına uğratmama arzusu (bilişsel çelişkinin acısından kaçınarak) ya da beslenme uzmanını hayal kırıklığına uğratacağı endişesi (çünkü bir taahhütte bulunmuştu) Karen'a hedeflerine ulaşmasında yardımcı oldu. İkinci sınıfa geçtiği zaman karşılaştığımızda yarattığı devasa değişiklik ve devamını getiriyor oluşundan duyduğu mutluluğun yanı sıra hayatında ilk kez bedeniyle ilgili kendini harika hissettiğini söylemişti ve hepsi yumuşak bağlılıklar sayesinde olmuştu.

Karen'ın yumuşak taahhüdünün küçük ve tekrarlayan bir taahhüt olduğunu belirtmek gerekir. O, bir anda kırk kilo vermeye söz vermek yerine, haftalık olarak sağlıklı ve ulaşılabilir kilo verme hedefleri belirliyordu. Kararlılık üzerine yapılan birçok araştırma bu küçük adım yaklaşımının faydalarını desteklemektedir.

Doktora öğrencim Aneesh Rai'nin önderliğinde yürüttüğümüz ve benim de yardımcı olduğum bir çalışmayı ele alalım. Bu çalışma, büyük bir kâr amacı gütmeyen kuruluşta gönüllü olan ve bir yıl içinde iki yüz saat çalışma sözü vermiş olan fakat sözlerini gerçekleştiremeyen binlerce gönüllüyü içeriyordu. Böyle bir devasa hedefle yüzleşmenin moral bozucu olacağını düşünerek ortaklarım ve ben gönüllülerden her hafta dört saat ya da iki haftada bir sekiz saatlerini vermelerini istedik – elbette ki nihayetinde yılda iki yüz saate aynı şekilde denk gelecekti. Fakat bu küçük taahhütler yıllık aynı miktara denk gelse de doğrudan yıllık taahhüt istemeye göre %8 daha verimli olmuştur. (Aynı şekilde online finansal hizmet şirketi Acorns insanlara haftada 35 dolar ya da ayda 150 dolar ayırmalarını söylemek yerine toplamda aynı miktara ulaşsa da günde 5 dolar ayırmanın daha etkili olduğunu tespit etmiştir.) Eğer bir taahhüt lokma boyutundaysa bize daha az yıldırıcı gelir ve sözümüze sadık kalma ihtimalimiz artar.

İKİ TİP İNSAN

Wharton'daki MBA öğrencilerimle taahhüt aygıtlarını öğretmekten ya da Omar'ın öyküsünü paylaşmaktan hoşlansam da tartışmalar genelde zayıf bir noktaya dokunan bir kıvılcım çıkarır. Üniversite öğrencisiyken sert taahhüt aygıtları ile ilgili araştırmayı ilk duyduğumda ben de hayal kırıklığı ve öfke hissetmiştim. Bazı insanların bunları çelişkili bulacağını düşünme zamanını bulamadan, bana işe yarayacakları öğretilmişti. Kızgınlığımın sebebi meselenin mevcut ekonomi yasalarına karşı gelmesine duyduğum öfkeyle alakalı değildi. Veriler bana bu değerli aygıtların inanılmaz derecede popüler olması gerektiğini söylüyordu. Yine de birçok kişi sert taahhütler yerine yumuşak taahhütleri daha cazip buluyor. Fakat yumuşak taahhütler aynı derecede bir baskı içermediğinden önemli derecede daha az etkili olmaktadır.

Mesele sert taahhüt aygıtlarının az popüler olmasıyla ilgili değildir. Sebebi, aralarında iş dünyasına hâkim, başarılı Wharton MBA öğrencilerimin büyük çoğunun da bulunduğu birçok insana tam anlamıyla tuhaf gelmeleridir. En başta yalnızca Green Bank yöneticilerinin değil, önemli miktarda müşterilerin de kilitli birikim hesaplarına şüpheyle yaklaştıklarını unutmayın. Kilitli hesap açma seçeneği sunulan müşterilerin %72'si geri çevirmiştir. Ayrıca sigarayı bırakmaya çalışan içiciler de nakit taahhüt aygıtlarına şüpheli yaklaşmıştır: %89'u taahhüt hesaplarına para yatırmayı reddetti. Diğer çalışmaların verileri de düşük oranda adaptasyonun kriter olduğuna dair bir tablo çizmektedir. Taahhüt aygıtlarının pek popüler olmamasına dair başka bir kanıt olarak, başı çeken nakit taahhüt aygıtı şirketlerinin (stickK ve Beeminder gibi) çok da başarılı olmuyor oluşları gösterilebilir.

Peki, neden böyle? Taahhüt aygıtları son derece kullanışlıdır ve çoğumuzun hedeflerine ulaşmakta zorlandığını düşündüğümüzde talebin çok yüksek olacağını düşünebilirsiniz. Kendine yardım etme endüstrisinin pazarda yıllık 10 milyar dolara ulaştığı tahmin edilmektedir. Açıkça görülmektedir ki birçok insan en büyük ve en zorlu hedeflerine ulaşmak için yardım istiyor, fakat buna rağmen son derece etkili olan bu araçları sıklıkla geri çevirmekteler.

Taahhüt aygıtlarını inceleyen davranış ekonomisi uzmanları, bunun kısmi bir açıklamasına sahip olduklarını düşünüyorlar. Bu açıklama, çoğu insanın bu araçlara ihtiyaç duymadığı ya da başarı yolunda karşılarına çıkabilecek beklenmedik engellerden endişe ettikleriyle ilgili değil. Teoriye göre dünyada iki tip insan vardır. Herkesin kendini kontrol etme sorunları vardır, yani bu, ayırt edici bir karakter özelliği değildir. Ancak bazılarımız dürtüselliğimizi kabullenmişizdir ve bunu belli bir seviyeye çekebilmek için adımlar atma arzusu duyarız. Davranış ekonomistleri bu insanlara "sofistike kişiler" diyorlar. Fakat Wharton'daki MBA öğrencilerime Green Bank'in farklı birikim hesaplarından bahsettiğimde kopan tartışmaları buna kanıt olarak alabiliriz. Birçok insan yalnızca irade gücüyle kontrol problemlerini halledebileceklerine dair aşırı derecede iyimserdir. Bu tip insanlar "toy"dur.

Herkes sofistike olduğuna inanmak isterken dünya aslında toy kişiliklerle doludur. Uygun bir şekilde, bedeli büyük olan başarısızlık korkusuyla birleştiğinde, taahhüt aygıtlarından fayda sağlayabilecek birçok insanın bunları kullanmaya istekli olmamasının en iyi açıklaması budur. Toy insanlar teoride tuhaf gelse bile, taahhüt aygıtlarının kendini kontrol problemlerinde inanılmaz kullanışlı olduklarını henüz fark etmemişlerdir. Mesele bu olmasaydı, eğer dünya sofistike karakterlerle dolu olsaydı, muhtemelen birçok insanın bankalarından, spor salonlarından, öğretmen ve doktorlarından gelen taahhüt aygıtlarını kabul eder ve hatta kendileri talep ederdi. Hatta eğer dünya yine sofistike karakterlerle dolu olsaydı, tüm sorunları taahhütle çözmek için insanlara taahhüt aygıtları teklif etmek yeterli olurdu. Hepimiz sofistike bireyler olsaydık, taahhüt mekanizmalarından fayda sağlayabilecek herkes bunları kullanırdı ve mucizevi bir şekilde yardıma ihtiyaç duymayanlar ise pas geçerdi. Böyle bir dünyada, üçüncü tarafların kısıtlamalarına, örneğin alkollü araç kullanmayı yasaklayan yasalara (bunun yerine insanlar, sarhoşken araç kullanmamayı sağlamak için alkolmetreler takabilirlerdi) ve sosyal güvenlik ödemelerini zorunlu kılmaya (insanlar, yeterli para biriktirdiklerinden emin olmak için kilitli hesaplara kaydolabilirlerdi) gerek olmazdı.

Maalesef böyle bir dünyada yaşamıyoruz. Dan ve Klaus, yaptıkları bir çalışmada, MIT öğrencilerine geç teslim etmeleri hâlinde cezası olan teslim tarihi seçeneği sunmanın, her ödevde olabilecek en iyi performansı sergilemelerine yardımcı olabilmek için yeterli olmadığını göstermiştir. Çünkü bundan fayda sağlayabilecek birçok öğrenci bu taahhüdü kabul etmedi. Esasında öğrencilerinin, normalde olduğu gibi, geç teslimat cezası olan eşit aralıklı teslim tarihlerini kabul etmek *zorunda* kalırlarsa, ödevlerinden daha iyi notlar alacaklarını kanıtlamışlardır. Bu ve benzer birçok veri, çoğumuzun taahhüt mekanizmalarını reddetmesinin nedeni olarak "onlara ihtiyacımız olmamasını" ya da "ceza riskine girmemeyi" değil de onları "gereğinden az faydalı görmemizi" veya onlara ne kadar "ihtiyacımız olduğunu çözememememizi" göstermektedir.

Toy kişilerin yaygınlığı, (pek de şaşırtıcı olmayacak bir şekilde) iyi bir yöneticinin önemli bir işlevini daha işaret etmektedir; bu da çalışanların akıllıca uzun vadeli kararlar almasının önünde engel olabilecek her türlü cezbedici şeyin olması durumunda, onlara maliyet ve kısıtlamalar getiren sistemler kurmaktır. Bu gibi sistemler -örneğin gelirin bir bölümünü emeklilik planına ayırmaya zorlayan ya da iş yerinde belli internet sitelerine girmeyi sınırlayan- taahhüt aygıtlarını gereksiz kılarlar çünkü doğru teşvikler zaten mevcuttur. "İyi" taahhütler zaten üçüncü kişiler tarafından çalışanlara empoze ediliyordur.

Elbette ki böyle politikalar aşırı müdahaleci gözükebilir. Patronunuz üretiminizi düşürdüğünü ya da iyiliğinizi etkilediğini düşündüğü her şey için ceza verirse işinize karışılmış ve güvenilmemiş gibi hissedersiniz. Bizi cezbeden şeylere teslim olma özgürlüğünü değerli görüp hatta bundan keyif almakta her zaman hatalı değiliz. Daha kısıtlayıcı bir organizasyon, daima daha iyi bir organizasyondur anlamına gelmez.

Eğer çalışanları yöneten bir pozisyondaysanız, belirli kısıtlamalar getirmek, çalışanlarınızın önemli hedeflere ulaşması gerektiğinde ve irade eksikliği bunun için bir engel oluşturduğunda faydalı olabilir. Belki de iş yerinden Facebook'a girişleri engellemek ve içecek makinesinden asitli içecekleri çıkarmak mantıklıdır. Fakat aynı zamanda çalışanları kendi sınırlarını belirlemeleri için cesaretlendirebilirsiniz.

Akıllı organizasyonlar genellikle müşteri ve çalışanlarını karşılıklı fayda sağladıkları taahhütler vermeleri için teşvik eder. Örneğin, bir sağlık hizmeti sağlayıcısı, müşterilerini ayda belirli günlerde hayat kurtaran hapları almaya söz vermeye teşvik edebilir (yapmış olduğum araştırmalar, bu yöntemin ilaç kullanımında önemli ölçüde artış sağlayabileceğini göstermektedir). Bir yönetici, çalışanları sosyal medyada geçirdikleri süreyi kısıtlayan yazılımları indirmeye, önemli görevler için gönüllü olarak teslim tarihi belirlemeye veya diğer türde taahhütleri kabul etmeye teşvik edebilir, bu taahhütler ister herkese açık ister özel, ister sonunda ceza alma ihtimali olan, ister bedelsiz olsun fark etmez. Bu durum, daha önce bahsettiğim ve araştırmacıların doktorları gereksiz antibiyotik reçetelerini azaltma taahhüdünde bulunmaları için teşvik etmeleriyle benzer yöndedir. Yine de etrafımızda her an bizi izleyen hayırsever bir organizasyon, yönetici, araştırmacı, politikacı, öğretmen veya ebeveyn olmayabilir. Neyse ki taahhüt aygıtları kendi başımıza olduğumuzda oldukça faydalı olabilirler. Kendimizi teşvik etmemizi sağlarlar. Sadece değerlerini görüp işe yaramalarına izin vermemiz yeterli olacaktır.

İyi haber şu ki artık imrenilecek bir pozisyondasınız. Buraya kadar okuyarak bile (eğer zaten değilseniz) sofistike bir kişi oldunuz. Son iki bölüm, kendini kontrol etmenin davranış değişikliğinde önemli bir engel teşkil ettiğini, hem dürtüsel kararlara hem de erteleme problemlerine neden olduğunu ve taahhüt aygıtlarının, sizi yolunuzdan alıkoyma şansı bulamadan cezbedici unsurları kontrol altına alabileceğini bilmenizi sağlamıştır.

Bölüm İpuçları

- Yaşanan âna kapılma uzun vadede hizmet edecek görevleri sıklıkla ertelememize sebep olur.
- Bu sorunun etkili bir çözümü, bizi cezbedecek şeyleri tahmin etmek ve bu çemberi kıracak sınırlar (taahhüt aygıtları) üretmektir. Ne zaman daha büyük bir hedef için özgürlüğünüzü kısıtlasanız işte o zaman taahhüt aygıtlarını kullanıyorsunuzdur. Buna bir örnek olarak hedefinize ulaşana kadar erişiminizi engelleyen kilitli birikim hesapları gösterilebilir.
- Nakit taahhüt aygıtları, taahhüt aygıtlarının çok yönlü bir çeşididir. Bunlar, başarısız olmanız durumunda kaybedeceğiniz bir miktar parayı ortaya koymanıza izin vererek hedefinize ulaşmanız için finansal bir teşvik oluşturmanıza olanak tanır.

- Herkese açık taahhütler, hedeflerinize ulaşamamanın psikolojik bedelini artıran bir tür "yumuşak" bağlılıktır. Beklenmedik derecede etkili olsalar bile, daha görülür cezalar veya kısıtlamalar içeren "sert" bağlılıklar kadar etkili değildirler.
- Hedefimize ulaşmak için kendimize empoze edebileceğimiz bedeller yumuşak cezalardan (hedefleri açıklamak ya da herkese açık şekilde duyurmak gibi) sert cezalara (başarısız olduğumuzda para kaybetmek gibi) çeşitlenebilir. Ayrıca yumuşak sınırlamalar (daha küçük tabaklarda yemek yemek) ya da sert sınırlamalar (paranızı kilitli birikim hesabına koymak gibi) vardır. Ceza ya da sınırlama yumuşadıkça değişme katkısı da azalır fakat adapte olması daha keyiflidir.
- Daha sık ve küçük taahhütlerde bulunmak, sonunda aynı yere varacak olsa da (mesela yılda 1825 dolar biriktirmek yerine günde 5 dolar biriktirmek gibi) daha büyük ve sıklığı daha az olan taahhütlerde daha etkilidir.
- Herkes taahhüt aygıtlarından ne kadar faydalanacağını öngöremez. Bunu yapmayanlar ("toylar"), yalnızca irade gücüyle onları cezbeden şeylere karşı koyma yeteneklerini abartma eğilimindedir. Bunu yapanların ("sofistikeler") ise hayatlarında değişimler gerçekleştirmek için daha iyi bir konumda olduğu söylenebilir.

BÖLÜM 4

UNUTKANLIK

Amerika Birleşik Devletleri'nde herhangi bir yılda yüz binlerce insan grip yüzünden hastanelik olup on binlercesi hayatını kaybetmektedir. Bu rakamlar zaten telaş edilecek rakamlarken 2009 yılında kuş gribiyle birleşince mevsimsel grip vakaları dünya çapında yayılıp yükseldi ve oldukça kötü bir yıl oldu (gerçi 2020 yılındaki Covid-19 pandemisiyle daha ölümcül bir durumla yüzleşecektik).

O yıl ekim ayında bu halk sağlığı sorununa dikkat çekilmesine yardımcı olabilmek için hevesli yeni bir profesör olarak, Fortuna 500 şirketinin çalışan sağlığını ve refahını nasıl artıracaklarını tartışacakları Nashville'deki panele katılmayı kabul ettim. Oradayken Evive Health'in kurucu ortaklarından Prashant Srivastava ile tanışmıştım. Prashant o zamanlar şirketlerin daha fazla çalışanını grip aşısına ikna etmeleri için ülke çapında birçok şirketle çalışıyordu.*

Prashant yıllardır halk sağlığı endüstrisinde çalışıyordu ve Amerikalıların büyük çoğunluğunun ücretsiz olmasına rağmen her türde önleyici tedaviden (grip aşısı gibi) faydalanmadıkları-

* 2009 sonbaharında mevsimsel grip aşısının yanı sıra gerçekten de etkili bir kuş gribi aşısı geliştirilmişti.

nı dehşet içinde izliyordu. Bu döngüden dolayı hayal kırıklığına uğrayan ve bunu tamamen çözülebilir bir sorun olarak gören Prashant, bu durumu değiştirmek için Evive'in kurucu ortaklarından biri oldu. Evive, birçok çalışanın hiç kullanmadığı sağlık yardımlarından ne zaman ve nasıl faydalanabilecekleri konusunda şirketlerin çalışanlarıyla daha iyi iletişim kurmasına yardımcı olur.

Kuş gribi en ağır dönemine girdiğinde Prashant'ın misyonu her zamankinden daha önemli hâle geldi. Fakat Evive'in bir problemi vardı. Geçmişte, Evive'in müşterilerine işyerinde ücretsiz grip aşısı sunsalar ve Evive çalışanlara ne zaman ve nerede aşı olmaları gerektiğine dair kişiselleştirilmiş hatırlatmalar gönderse bile, çalışanların sadece yaklaşık %30'u aşı olmaya gidiyordu. 2009 yılında kuş gribi daha fazla insanı aşı olmaya itse de Prashant şüpheliydi. Birçok insanın aşı olmaya söz verdiğini fakat birçok defa vazgeçtiklerini görmüştü. Onunla Nashville'de tanıştığımda daha fazla ne yapacağıyla ilgili kafası karışıktı. Şirket bu oranı nasıl daha fazla artırabilirdi?

Prashant'ın problemi bana aşırı derecede tanıdık gelmişti. Nashville havaalanında eve dönüş uçuşumu beklerken ve biraz barbekü yerken (çünkü her cezbedici şeye karşı koymaya çalışmıyorum), neden ve nasıl yardımcı olabileceğimi düşünmeye başladım.

SANDIĞA GİTMEKTEN VAZGEÇENLER

2008 ABD başkanlık seçimlerinden yaklaşık altı ay önce, Dow Jones Sanayi Endeksi bir önceki yılın zirvesinden %20 düşmüştü ve eylül sonlarına gelindiğinde ülkenin ekonomisi büyük bir çöküş yaşamakta idi. Yaklaşan finansal kriz, yaklaşan seçimde bilinmeyen önemli bir faktördü, ancak bir diğer önemli değişken ise 1952'den bu yana ilk kez hiçbir partinin adayının görevdeki başkan ya da görevdeki başkan yardımcısı olmamasıydı. Sıkı bir ön seçim sürecinin ardından, Demokrat Parti adayı Barack Obama ve Cumhuriyetçi Parti adayı John McCain, anketlerde başa baş bir yarış içerisindeydiler. Her yakın seçimde olduğu üzere, seçmen katılımı bu riski yüksek mücadelenin sonucunu belirleme ya da bozma potansiyeline sahipti. ABD Seçiciler Kurulu'nun kendine özgü kuralları sayesinde, 2000 yılında Florida'da Al Gore'un George W. Bush'a hayal edilebilecek en az farkla yenilmesini izlerken öğrendiğimiz üzere, başkanlık seçimleri bir ya da iki eyalette binlerce, hatta yüzlerce oyun belirleyici olduğu bir noktaya kadar düşebiliyordu. Ancak, ABD'deki oy kullanabilen seçmenlerin genellikle %60'ından daha azı sandığa gider, bu da az farklı galibiyetlerin aslında halkın iradesini yansıtmadığı anlamına gelebilir.

Bu istatistiklerden rahatsızlık duyan ve sorunu çözmek için harekete geçmeye hevesli, yüksek lisanstaki en yakın arkadaşlarımdan biri olan Todd Rogers, 2008 seçimleri öncesinde uyanık olduğu saatlerin çoğunu seçmen katılımı meselesiyle ilgili endişe duyarak harcıyordu. Artık Harvard Kennedy School of Government'da etkili bir profesör olan Todd tez öğrencisi olduğum zamanlar benim akademik süt kardeşimdi yani aynı akademik danışmanla görüşüyorduk. O ve ben, yüksek lisans yaparken üç yıl boyunca aynı koridorda yan yana sandalyelerde oturduk, birçok sabah kahvemizi beraber içtik ve her saat, istatistiksel modellemeden ilişkilere kadar her konuda birbirimizden yardım istedik.

2008'deki ABD başkanlık ön seçimleri yaklaşırken, Todd'un kafasını kurcalayan o büyük karmaşayı takip ediyordum. Birçok kayıtlı seçmenin oy kullanmayı planladığını söylediğini fakat sonrasında kaçınılmaz bir şekilde sandık başına gitmediklerini öğrenmişti. Hatta Todd ve iş birliği yaptığı Masahiko Aida'nın dikkatlice incelediği bir seçimde, anketçilere oy vereceklerini söyleyen kayıtlı seçmenlerin %54'ünün gerçek oy kullanma kayıtlarına göre sandığa gitmedikleri ortaya çıkmıştı.

Todd neden bu kadar kayıtlı seçmenin niyetlerinden saptıklarını merak ediyordu. Bu seçmenlerin küçük bir kısmının bile yaklaşan ABD seçimlerinde sandık başına gitmesini sağlamanın, demokratik süreci iyileştirmek için bir fırsat olduğunu fark etti ve bu ona özellikle çantada keklik gibi görünüyordu. Bu kişiler oy kullanacaklarına dair kayıt yaptırmış ve anketçilere seçim günü oy kullanmaya gideceğini söylemiş kişilerdi. Politik katılımlarının faydasına ikna edilmelerine gerek yoktu. Fakat yine de bilinmeyen sebeplerle oy kullanmaya gitmiyorlardı.

2009 yılında Nashville Havaalanında bu kadar çok Amerikalının grip aşısı olmayı amaçlayıp sonrasında olmayışlarını düşünürken Prashant'ın mücadelesinin neden bu kadar tanıdık geldiğini daha iyi anladım. Çünkü oy kullanmayan kişiler üzerine çalışırken Todd da aynı soruyla cebelleşmişti.

UNUTMAK

Yüksek lisans yaparken Todd'un, seçmenlerin oy kullanmaktan vazgeçmeleriyle başa çıkmanın güçlüğü konusunda sık sık sızlandığını duymuştum fakat sorunun kökenleri hakkında pek bir şey bilmiyordum. Bu yüzden ona telefon ettim. Bana işaret ettiği ilk şey vazgeçişin inanılmaz derece yaygın olduğu gerçeğiydi. Bu vazgeçiş yalnızca seçmenleri oy kullanmaya gitmekten ya da çalışanları grip aşısı olmaktan vazgeçirmiyordu. Aynı zamanda ebeveynleri çocuklarına düzenli olarak kitap okumaktan, patronlara astlarını doğru düzgün takip etmekten ve Amerikalıların çoğunluğunu yeni yıl hedeflerine sadık kalmaktan alıkoyuyordu. Aslında kanıtlar şaşırtıcı bir şekilde, niyetlerimizin davranışlarımızı öngörmekte zayıf kaldıklarını gösteriyordu.

Todd'un, oy kullanmaktan kaçış konusunda seçmen anketlerinden, akademik araştırmalardan ve iç gözlemlerinden öğrendikleri, bunun özellikle birkaç yaygın sebebi olduğunu işaret ediyordu. Eski dostumuz tembellik ve ihmalkârlık bunlardan yalnızca ikisiydi. Fakat belki de en büyüğü ve şaşırtıcı bir şekilde üstesinden gelmesi en kolay olan sebep, insanların unutkanlığıydı. Todd seçimlere katılma başarısı gösteremeyen insanların en yaygın verdiği yanıtın unutmaları olduğunu keşfettiğinde donup kalmıştı. Unutmak, bir şeyi yapmak için yeterince önemsemediğinizden ötürü ertelediğinize dair zayıf, uydurulmuş bir mazeret gibi durabilir fakat oy verme işlemini oldukça ciddiye alan kişiler bile unutkanlık tuzağına düşebilir. Yakın bir zamanda, Connecticut'ta yaşayan bir arkadaşım, yerel bir makam adayına onu destekleyeceğine dair söz vermiş olmasına ve verdiği sözünün arkasında durmayı gerçekten istemesine rağmen (hatırlayacağınız gibi sözler insanlar için çok şey ifade eder), dönem dışı bir seçimde onun için oy kullanmayı unutmuştu. Seçim günü bir New York seyahati planlamış ve Manhattan'a yola çıkmadan önce oy kullanmayı aklından geçirmişti. Fakat sabah telaşında oy kullanmak aklından uçup gitti. Hatasını anladığında geri dönse bile vaktinde yetişemeyeceği kadar uzakta, New York'a giden bir trendeydi. Her ne kadar sonucun bir oyla belirlenmediğini söylese de kendini kötü hissetmişti.

Bu hikâyenin de gösterdiği üzere unutkanlık her zaman uyduruk bir bahane değildir. Düşündüğünüzden de fazla hatanın failidir. Yakın zamanda yapılan bir çalışmaya göre ortalama bir yetişkin şifrelerinden ev işlerine ve yıl dönümlerine dek günde üç şeyi unutmaktadır. Bunun bir kısmı, bilgileri beynimizde tutmanın zorluğundan kaynaklanmaktadır, özellikle de bunları yalnızca bir ya da iki kez düşünmüşsek. Alman psikolog Hermann Ebbinghaus insanın ne kadar hızlı unutabileceğini 1885 yılında yaptığı klasik bir çalışmayla ortaya koymuştur. Farklı anlamsız hece kümelerini ezberlemeye çalışarak sonrasında farklı zamanlarda bunları hatırlayıp hatırlamadığını test etti. Hermann, kendi hafızası üzerinde yaptığı bu deneyden elde ettiği verilerle, unutmanın kabaca üstel bir azalma fonksiyonu izlediğini tahmin etti. Öğrendiğimiz bilgilerin neredeyse yarısını ilk yarım saatte unuturuz. Yirmi dört saat sonunda yüzde yetmişi aklımızdan gider ve bir aya yüzde sekseninin gittiğini görürüz. Bu basit döngü, benzer deney prosedürleri işlemiş farklı çalışmalarda da görülmüştür. Doğal olarak unutmak, ne kadar çok şeyi aynı anda yapmaya çabalarsak o kadar yaygınlaşmaktadır ve günümüzde sıradan bir insanın takip etmesi gereken işler ve uyarıcı unsurların miktarı korkutucu derecede fazladır. Örnek olarak benim takvimimi ele alabiliriz. Sabahları duş almayı, dişlerimi fırçalamayı, giyinmeyi, makyaj yapmayı, kahvaltı etmeyi, dört yaşındaki çocuğumu okul için giydirmeyi, öğle yemeğini, atıştırmalıklarını ve su şişesini sırt çantasına koymayı, dişlerini fırçalamayı, astım ilacını vermeyi, güneş kremini sürmeyi, onu büyükanne ve büyükbabasıyla kapıdan çıkarmayı ve (telefonumu veya yağmurlu bir günde şemsiyemi unutmadığımdan emin olarak) kendi çantamı hazırlamayı unutmamam lazım. Üstelik bunlar yalnızca kapıdan çıkmadan önce hatırlamam gerekenlerdir. Rutinim ve takvimim dışında kalan şeyleri derinlemesine düşünmeye yer kalmaz ve sonuç olarak hemen her zaman bir şeyleri unuturum. İster bir diş muayenesi randevusu almak, ister oy kullanmak, ister bir arkadaşıma doğum günü mesajı atmak, hatta isterse anahtarlarımı nereye koyduğumu hatırlamak olsun, haftanın her günü (veya birkaç günü) birkaç şeyi unutacağımdan emin olabilirsiniz.

Bazen takvimimde *olan* şeyleri bile unuturum. Bir keresinde takvimime yazmama ve iki gün önce onaylamama rağmen şehir dışından gelen bir arkadaşımla yapacağım kahvaltı buluşmasını bile kaçırmıştım. Normalde dokuzdan önce hiç randevum olmadığı için takvimime bakma ihtiyacı bile duymadan sabah rutinlerime başlamıştım. Bir araya gelme planımızdan yarım saat kadar sonra, "İkimizden birisi unuttuk mu acaba?" diye bir e-posta alana kadar randevumuzu unuttuğum aklımın ucundan bile geçmemişti. Çok utanç vericiydi!

Bu tür hataların önüne geçmenin en bilinen yöntemlerinden biri hatırlatıcı sistemler kurmaktır. Araştırmalar hatırlatıcıların faydasını işaret etmektedir. E-mail, telefon yoluyla ya da bizzat insanlara bir şeyleri hatırlatmak unutkanlığı yaklaşık yüzde sekiz azaltır. Benzer şekilde yine katılımın düşük olduğu seçimlerde, bir haftadan biraz daha uzun bir süre önce posta yoluyla gönderilen hatırlatmalar, kayıtlı seçmenler arasında katılımı yüzde altıya kadar artırabilir. Hatırlatıcılar para biriktirmek için de insanlara yardımcı olabilir. Bolivya, Peru ve Filipinler'deki bankalarla yapılan bir dizi çalışma, kahvaltıya geç kaldığım ekonomist (tekrar özür dilerim Dean!) ve bir grup işbirlikçisi, müşterilere aylık olarak gönderilen SMS veya mektupların, tasarruf yatırımlarında bulunmalarını anımsatmanın, birikimlerini yaklaşık %6 oranında artırdığını göstermiştir.

Fakat ne kadar faydalı olurlarsa olsunlar, hatırlatıcıların da maalesef sınırları vardır. Todd'un oy vermeme alışkanlıklarıyla ilgili beni bilgilendirirken anlattığı çalışmalardan biri bu durumu çok iyi resmetmektedir.

2004 yılında John Austin, Sigurdur Sigurdsson ve Yonata Rubin tarafından büyük bir otel ve kumarhanede yapılan çalışma şoförlere kemerlerini bağlamalarını hatırlatmayı içeriyordu.* Davranışlarının izlendiğini bilmeyen ve otelin vale park servisinden faydalanan dört yüz otuz üç devamlı müşteri çalışmaya katılmıştı. Her bir müşteri rastgele üç farklı deneysel koşuldan birine da-

* Bu deneyin hangi kumarhanede yapıldığına dair tahmin yürütmemiz gerekiyor ancak çalışmanın yazarlarından biri Caesars Entertainment'ta analistti, bu da bize bir ipucu veriyor.

ğıtılmış ve bu da valeye bırakılan araçlarını almaya geldiklerinde başlarına ne geleceğini belirlemiştir.

Bazı müşteriler her zamanki deneyimini yaşadı. Görevliye park biletlerini verdiler ve arabalarının getirilmesini bekledikten sonra binip gittiler. Bir diğer gruba ise valeler biletlerini geri verirken, "Kemerinizi bağlamayı unutmayın!" dedi. Son gruba ise yine aynı hatırlatma yapıldı fakat bu defa müşteri arabasına binene kadar hiçbir şey söylemeyip bindiğinde söylediler.

Bu çalışmada iki hatırlatma arasındaki fark oldukça inceydi. Bütün şoförlere park alanından çıkmadan önce uyarı yapılmıştı. Aradaki tek fark bazılarının bunu arabalarına binmeden dört dakika elli saniye önce duymalarıydı (valenin ortalama araba getirme süresi). Oysa diğer grup arabalarına bindiklerinde uyarılmıştı. Önemli bir mesele, değil mi?

Eh, devasa bir meseleye dönüştü.

Eğitimli öğrenci gözlemciler, çalışma sırasında hangi sürücülerin gerçekten emniyet kemerini taktığını gizlice takip etti. Hatırlatmaların genel olarak ne kadar işe yaradığı göz önüne alınca, biraz şaşırtıcı bir şekilde, arabaları getirilmeden birkaç dakika önce emniyet kemeri takmaları hatırlatılan sürücüler ile hiçbir hatırlatma duymayan sürücüler arasında emniyet kemeri kullanımında önemli bir fark yoktu. Her iki durumda da şoförlerin %55'i kemer takmıştı.*

Görünür bir şekilde fark yaratan tek sonuç *tam* arabalarına binerken kemerlerini takmaları söylenen grupta gözlenmiştir. Bu müşterilerin %80'i emniyet kemerlerini bağlamışlardı.

Hatırlatmanın yalnızca zamanlamasında ufak bir değişiklik yaparak böyle önemli bir güvenlik davranışında %25'lik çok büyük

* Şunu belirtmekte fayda var ki çalışma küçük bir örneklemle yapılmıştı, bu nedenle davranıştaki ince değişiklikleri ölçmek için iyi bir şekilde tasarlanmamıştı.

bir yükseliş oldu. Öğrencilerimle ne zaman unutkanlıkla savaş hakkında konuşsam bu çalışmanın öneminden durmadan bahsederim. Bu buluş her şeyi açıkça gösteriyor: Anında tepki verip harekete geçtiğimizde hatırlatıcılar çok işe yararlar.

Meslektaşımın kahvaltı buluşmamızdan iki gün önce gönderdiği hatırlatma postasını ele alalım. Buluşma günü her zamanki sabah rutinime sabah saat 07.00'de başladığımda o hatırlatmanın en ufak bir faydası bile olmamıştı. Connecticut'taki oy vermeyi unutan arkadaşımın da bir sürü hatırlatıcısı vardı; sorun o hatırlatıcıların aceleyle New York trenine yetiştiği o sabah çalmamış olmasıydı.

Siz de muhtemelen bu problemi deneyimlemişsinizdir. Mesela eşinizin ya da ev arkadaşınızın size sabahleyin, akşam iş dönüşü bir şeyler almanızı hatırlatmasının ne kadar yardımcı olduğunu ele alalım. Ofiste yoğun bir gün geçirdikten sonra bu ses hâlâ zihninizde yankılanacak mıdır? Konuşmanız sizi takviminizde daha iyi bir zamanlama içeren başka bir hatırlatıcı oluşturmanızı sağlamadıkça ya da yapılacakları beyninize kazıyacak kadar uzun bir konuşma başlatmadıkça, öğleden sonraki bir faaliyetle ilgili hazırlanan bir sabah hatırlatıcısı pek nadir işe yarar. Emniyet kemeri çalışmasında görülmüştür ki kemer bağlama hatırlatması ile arabaya biniş arasında geçen *beş dakika bile* unutmak için yeterli olmaktadır. Hermann Ebbinghaus'un üstel unutma eğrisi bizim daha doğru zamanlamalar içeren hatırlatıcılara ihtiyaç duyduğumuz anlamına gelmektedir.

Todd bu bulguları benimle paylaştığında, onlarla ilk karşılaştığında ümidini kestiğini kabul etti. Evden ya da işten çıkarken seçmenlerin kulağına sandığa gitmelerini fısıldayan hayali bir vale olmadan unutmayla nasıl etkili bir şekilde mücadele edebilirdi ki?

İPUCUNA DAYALI PLANLAMA

Bir cevap arayışındaki Todd 1990'larda Münih Üniversitesinde tam Noel tatili öncesinde yapılan ilgi çekici bir çalışmayla karşılaşmıştı. Çalışmanın yazarı yaklaşık yüz öğrenciye üniversiteden uzaklaşmışken tatillerinde gerçekleştirmeyi ümit ettikleri bir hedefleri olup olmadığını sormuştu. Öğrenciler dönem raporunu tamamlamaktan yeni bir apartman dairesi bulmaya, partnerleriyle aralarını düzeltmeye kadar çeşitli cevaplar vermişlerdi.

Noel, Münih'te büyülü bir zamandır; karlı Bavyera Alplerinin eteklerine kurulu bu şehir, tatil sezonunda Noel pazarlarıyla dolup taşar. Dikkat dağıtıcı unsurların bazı öğrencileri yoldan çıkaracağı netti ve araştırmacılar bunun farkındaydı. Yine de kimlerin hedeflerine ulaşmayı başaracağını ve nedenlerini merak ediyorlardı.

Noel'den kısa bir süre sonra öğrencilerden neyi başardıklarıyla ilgili bir rapor yazmaları istendi. Ortaya inanılmaz bir döngü çıkmıştı. Hedeflerine bilindik bir yaklaşımla eğilen öğrencilerin başarı oranı yalnızca %22 iken, standart yaklaşımda küçük bir değişiklik yapanların başarı oranı %62'ydi.

O hâlde bu küçük değişiklik neydi?

O küçük şey, çalışmanın yazarı, New York Üniversitesinin ünlü psikoloji profesörü Peter Gollwitzer'in "uygulama niyeti" şeklinde tanımladığı bir şeydi. Bu süslü terim -daha yüksek başarı oranına sahip öğrenci grubunun kullandığı bir yöntem- esasen bir hayli sade bir stratejiyi ifade etmektedir. Bu yöntem, hedefe ulaşmak amacıyla plan yapmayı ve bunu, harekete geçmenizi hatırlatacak belirli bir ipucuyla ilişkilendirmeyi içerir. Bu ipucu bir saat ve tarih kadar basit ya da ofise giderken belli bir tatlıcı dükkânının önünden geçme gibi spesifik şeyler olabilir.

Sık sık planlar yaparız ama bizi neyin harekete geçireceği üzerine odaklanmayız. Onun yerine ne amaçladığımıza odaklanırız. Mesela ağız hijyeni ile ilgili tipik bir örnek olarak: "Artık daha fazla diş ipi kullanacağım," yaklaşımını ele alabiliriz. Peter'ın çalışması, bu niyeti belirli bir zaman, yer veya eylem gibi bir işaretle ilişkilendirmenin hayati önem taşıdığını bize göstermektedir. Eğer daha düzenli bir şekilde diş ipi temizliği yapmak istiyorsanız planınıza yardımcı olacak minik bir dokunuş faydalı olabilir ve şöyle diyebiliriz: "*Her akşam dişlerimi fırçaladıktan sonra* diş ipi temizliği yapacağım."

Bir uygulama niyeti şekillendirmek bir cümlenin boşluklarını doldurmak kadar basit olabilir. Yani, "Aylık emeklilik birikimimi artırmayı düşünüyorum," demek başarı şansınızı yükseltecek bir elementten yoksundur fakat "Zam alır almaz emeklilik birikimimi artıracağım," demek daha tamamlanmış bir plan anlamına gelmektedir. Yine benzer şekilde, "Online yüksek lisansıma daha fazla vakit ayıracağım," ifadesi biraz belirsiz kalmaktadır. "Salı ve perşembe günleri saat 17.00'de bir saat yüksek lisans için ders çalışacağım," yaklaşımı çok daha iyidir. Yine, "İşe daha sık yürüyerek gideceğim," ifadesi pek doğru bir yaklaşım sayılmaz ama "Hava iki ile yirmi beş derece arası olduğunda ve kar ya da yağmur yağmıyorsa işe yürüyeceğim," demek meseleyi halledecektir.

Peter birçok anket çalışmasında, insanlardan sadece ipucu temelli planlar oluşturmalarını istemenin dahi hedeflerine ulaşma ihtimallerini bir hayli artırdığını ortaya koymuştur. Dahası, bir kişi planını hayata geçirmek için gereken ipucunu (ayrıntılar ve ona özel oluşu sayesinde) ne kadar kolay tespit edebilirse, sonuçları bir o kadar iyi yansımaktadır. Yani forma girmek için yapılan bir planı mesela, "Her salı ve perşembe iş çıkışında egzersiz yapacağım; ana caddedeki YMCA'ya gitmek için 17 numaralı otobüse bineceğim ve gittiğimde 30 dakika eliptik bisiklet kullanacağım," diye yapmak, "Daha çok egzersiz yapacağım," veya "Salı ve perşembe günleri spor salonuna gideceğim," gibi genellemelerden daha fazla yararlıdır.

Todd, 2008 seçimleri öncesinde Peter'ın araştırmasını keşfettiğinde seçmenlerin sandığa gitmemesine engel olmak amacıyla maliyeti az ve uygulaması kolay bir yöntem bulduğunu düşündü. Uygulama niyetleri üzerine yapılan çalışmaları incelemeye devam ettikçe, ipucu temelli planların insanlara yardımcı oluşunun nedeniyle alakalı bilinen her şeyi meydana çıkardı.

Öncelikle, daha sonra bana da açıklayacağı üzere, böyle detaylı planlar yapmak biraz zaman ve enerji ister. Ve bir şeyleri düşünmeye daha fazla vakit ayırdıkça hafizamıza daha derin kazınırlar. Hatta bu durum Ebbinghaus'un 1880'lerde unutma üzerine yaptığı klasik çalışmasının anahtar bulgularından biriydi. Bilgiyle daha fazla haşır neşir oldukça hatırlama süremiz daha fazla uzar. Bu bulgu birçok defa tekrar etmiştir ve çoğumuzun öğrenmeyi ümit ettiğimiz bilgilerle tekrar tekrar meşgul olmayı kolaylaştıran hafiza kartları kullanarak, materyalleri ezberlemeye teşvik edilmemizin sebebini açıklamaya yardımcı olur.

Fakat ipuçlarının insanların hafizasıyla alakalı yakın bağlantısı da zamanla ortaya çıkmıştı. Mesela bizi özel bir anıya götüren eski bir şarkıyı duymamızı ele alalım. Ne zaman Beatles'ın "When I am Sixty-Four" şarkısını duysam düğünümü hatırlarım çünkü düğün töreninde çalmıştı. Yine Ace of Base'in 1993'te çıkardığı hit şarkısı "The Sign" bana Teksas'ta kuzenlerimde geçirdiğim tatili ve onlarla habire o şarkının dile dolanan nakaratını söylememizi anımsatır. Eminim sizin de böyle eğlenceli örnekleriniz vardır.

Anıların seller gibi akmalarının sebebi görüntü, ses, koku, tat ve hatta doku gibi birçok ipucu ile yeniden harekete geçmeleridir. Tat duygusunun anıları harekete geçirmesinin belki de bilinen en ünlü örneği, Marcel Proust'un *Kayıp Zamanın İzinde* romanında ısırılan bir madlen çikolatanın, çocukluk anılarını geri getirmesidir. Anlatıcıya kırsalda teyzesinde geçirdiği o yaz yediği çikolatanın tadını hatırlatmış ve onu anılara geri götürmüştür.

İpuçlarının anıları tetikleme gücü, bir planı (örneğin diş ipi kullanmayı) sık karşılaşacağınız bir ipucuyla (örneğin her gece diş fırçalama rutininizle) ilişkilendirmenin, o planı hatırlama olasılığınızı önemli ölçüde artırdığı anlamına gelir. İpucu, yapmanız gereken işin anısını yeniden canlandıracaktır.

Ne tür bir ipucu kullanırsanız kullanın, Peter Gollwitzer'in çalışması ipucu temelli planların unutkanlık problemi için inanılmaz bir kurtarıcı olduğunu ortaya koyar.

EN İYİ TÜRDE İPUÇLARI

Güneşli bir nisan sabahında Todd, ipuçlarını daha faydalı hâle getirmenin basit bir yolu olup olmadığını görmek için bir deney başlattı (ve bu eğlenceye beni de kattı). Yoğun bir salı sabahı birkaç araştırma asistanı işe alarak Harvard meydanındaki popüler bir kafenin önünde yüzlerce müşteriye gelecek perşembe günü yapacakları alışverişlerinde kullanabilecekleri 1 dolarlık indirim kuponları dağıttılar. Araştırma asistanları, Todd ve bana unutkanlıkla baş etmenin yeni bir biçimini değerlendirdiğimiz bir çalışmada yardımcı oldular. Kuponları dağıtırken nasıl kullanacaklarını da anlattılar. Bazı müşterilere hafizalarını tazelemeleri için basit bir ipucu verildi: Kendilerine kafenin yazar kasasının bir resmi verildi ve kuponlarını her zamanki gibi yine kasayı gördüklerinde kullanmayı unutmamaları söylendi.

Fakat diğer müşterilere bizim daha etkili olacağını düşündüğümüz daha ayırt edici bir ipucu verildi. Aynı yazar kasanın fotoğrafi verildi fakat önünde *Oyuncak Hikâyesi* filmindeki üç gözlü uzaylı oyuncağı oturmuş, uzaylıyı görünce 1 dolarlık kuponu harcamayı hatırlamalarını söylüyordu.

Kuponları kullanabilecekleri perşembe günü geldiğinde uzaylı oyuncağını söz verildiği gibi kasanın önüne koyduk. Fakat sadece bir grup müşteriye dikkatli olmalarını söylemiştik, bu sebepten o oyuncak farklı insanlar için farklı anlamlar ifade ediyordu. Kimisi için kuponlarını kullanmaları için bir hatırlatmaydı. Geriye kalanlar ise kafenin normalde zarif olan dekorasyonunun neden böyle bir oyuncak tarafından ele geçirildiğini merak ediyordu.

Todd ve ben, ipucu ne kadar dikkat çekici olursa hatırlamanın o kadar kolay olacağını düşünüyorduk ve haklı çıkmıştık. Uzaylı oyuncağına dikkat etmesi söylenen müşteriler kuponlarını diğerlerine göre %36 oranında daha fazla hatırladı.

Bu çalışma ve takip eden deneyler bize herhangi bir ipucunun hiç ipucu olmamasından daha iyi olacağını göstermiştir ancak sıra dışı ipuçlarına güvenmek en iyisi olacaktı. Yolunuza giderken (peluş bir uzaylı gibi) bir şeyle karşılaşmak ne kadar sınırlı bir ihtimal olsa da hafızanızı geri çağırıyordu.

Bu araştırma esasen eskilerin bilgeliğine dayanmaktadır ve hafızaya yeni şeyler kazandırma meselesiyle ilgili hayli eski bir yöntemi göz önünde bulundurur. MÖ 80'lerde yazılmış bir el yazması olan *Rhetorica ad Herennium*, bir şeyi hafızaya kazandırmanın yolunun, onları canlı sahnelerle veya nesnelerle ilişkilendirmek olduğunu ilk kez öneren, günümüzde artık bir hayli popüler olan bir fikri tanıtmıştır. Bu fikir "hafıza sarayları"nın kökenidir. Hafıza sarayı vasıtasıyla, bilgileri ezberlemek için hatırlamayı umduğunuz unsurları, iyi bildiğiniz sahneler ya da mekânlarla ilişkilendirirsiniz. Mesela bir listeyi hafızanıza eklemek için evinizi ("kendi sarayınızı") kullanabilirsiniz; evin içinde bir yürüyüş yapıyormuş gibi hayal edip karşınıza çıkan odaları listenizdeki unutmak istemediğiniz öğeleri çağrıştıran canlı imgelerle dekore edebilirsiniz. Bir dizi uzun eylemi hatırlamanız gerekiyorsa (mesela bir reçeteyi almak, kermese kek bırakmak, bir mektubu postalamak gibi), evinizin holünü kaplayan ilaç şişelerini, mutfağınızı kaplayan kekleri ve yatak odanıza yığılmış mektupları hayal edebilirsiniz.

Daha sonra o günkü yapılacaklar listesini hatırlamak istediğinizde gözlerinizi kapatabilir, (enteresan eşyalarla dekore ettiğinizi) hayal ettiğiniz o evde bir yolculuğa çıkıp her odada ne olduğunu hatırlayarak ilgili anılarınızı tetikleyebilirsiniz. Araştırmalar, on iki maddelik alışveriş listesi ezberlemek için kullanıldığında bu yöntemin listedekilerden en az on birini hatırlayan insan sayısını iki katına çıkardığını göstermiştir.

Hafızayı kuvvetlendiren böyle faydalı nimonik araçlar işitsel de olabilirler. Mesela bir şeyi sınıflandırırken her alt sınıfın baş harfinin birleşiminden anlamlı bir kelime ya da cümle türetip her bir sınıflandırmayı belli kelimeler vasıtasıyla hafızamıza kazıyabiliriz. Okul döneminde yapmışızdır. Basit bir örnek olarak "ideal gaz denkleminde" kullanılan p.v = n.r.t denklemi hatırlatıcısı olarak "**p**aran **v**arsa **ne** **r**aha**t**" cümlesi kullanılabilir.

İpuçlarını dayalı planlar üretirken bu dersleri akılda tutmak akıllıca olur. İpucu ne kadar canlı, akılda kalıcı ve hâliyle hatırlanabilir olursa, görevini yerine getirme ve planlarımızı hatırlamamıza yardımcı olma olasılığı o derece artar.

SEÇMEN KATILIMININ ARTIRILMASI

Her yıl Seçim Günü öncesinde, kampanya gönüllüleri ve geçici olarak işe alınan görevliler milyonlarca kayıtlı seçmenle telefon vasıtasıyla iletişime geçerek yerel seçim merkezlerinde oy kullanmalarını anımsatır. Bu süreç, dünya genelinde ABD'den Birleşik Krallık'a, Kanada'dan Hindistan'a, Norveç'ten Avustralya'ya kadar demokratik ülkelerin hemen hepsinde işler. Eğer demokrasinin olduğu bir ülkede kayıtlı bir seçmenseniz, muhtemelen bu özenle hazırlanmış telefonlardan en az birisi size de gelmiştir ve sandıklara gitmeniz için size (muhtemelen sinirinizi bozacak şekilde) ısrarla çağrıda bulunmuşlardır. Belki aranmanız sizi harekete geçirmek için yeterlidir fakat oy kullanıp kullanmama kararınız için belirleyici değildir.

2008'in ortalarında kayıp oylarla ilgili birçok şey öğrenmiş olan Todd bu aramaların geliştirilebilme ihtimalini altın bir fırsat olarak gördü. Bunun daha fazla seçmeni oy kullanmaya götürecek harika bir araç olabileceğinden şüpheleniyordu. Ve Peter Gollwitzer'in ipucuna dayalı planların, takip sorunlarını çözebileceğini öne süren çalışmalarıyla ilgili olumlu hisleri vardı. Sadece Peter'ın fikirlerinin psikoloji laboratuvarından çıkıp siyaset dünyasına taşınabileceğini onaylaması lazımdı. 2008 seçimleri hızla yaklaşırken Todd bunları test etmek için tam zamanı olduğuna karar verdi. Peter'a dikkatlice danıştıktan sonra Todd ve proje ortağı David Nickerson, farklı özellikli bir seçmen çağrısı senaryosu geliştirdiler. Todd'un yeni metni, kayıtlı seçmenleri her zamanki gibi sadece "Seçim Günü" sandığa gitmeleri için cesaretlendirmek yerine, sandığa nasıl ve ne zaman gideceklerini de ayrıntılı olarak tarif etmelerini istedi. Todd ve ben artık buna "planlama istemi" diyoruz.

Todd ve David senaryolarını, profesyonel bir çağrı merkezinin ABD'deki önemli bir ön seçimden önceki üç gün içinde on binlerce kayıtlı seçmene ulaştırabileceği şekilde tasarladılar. Öncelikle seçmenlere oy kullanmayı planlayıp planlamadığını soruyorlardı. Cevap evet ise ardından şu üç soru takip ediyordu:

1. "Oy kullanmaya ne zaman gitmeyi düşünüyorsunuz?"
2. "Nereden gideceğinizi düşünüyorsunuz?"
3. "Evden çıkmadan önce neler yapacağınızı düşünüyorsunuz?"

Bu üç soru seçmenlere oy kullanma vaktinin geldiğini hatırlatacak (zaman, yer ve aktivite) ipuçlarını akıllarında tutmaları için özenle seçilmişti.

2008 planlama istemi testlerinde David ve Todd rastgele seçilmiş yaklaşık dört bin seçmene ya (oy kullanmayı düşünüp düşünmediklerini yalnızca soran) standart arama ya da fazladan üç sorunun sorulduğu ve oy kullanma planı şekillendiren türdeki aramadan yaptılar.

Doğal olarak, Todd seçmen katılım kayıtlarını analiz ettiği zaman büyük bir etki görmeyi ümit ediyordu. Öyle ki dünya genelindeki demokrasilerde siyasi katılımı sahiden de artırabilirdi. Dileği gerçekleşmişti: Telefona cevap veren seçmenler arasında planlı istemi duyanların oy kullanma oranı %9 artmıştı. Todd elinde oyunu değiştirecek bir şeyler olduğunu biliyordu.

Fakat Todd'un verilerinde daha ilginç bir şey vardı. Bu planlı istemlerin bazı insanlarda kimisine göre daha etkili olduğunu keşfetmişti.

Kayıtlı seçmenleri iki gruba ayırdığımızı düşünelim. Kimimiz aile üyeleri veya oy kullanmak için uygun olan arkadaşlarımızla beraber yaşadığımız "çok seçmenli hanelerde" hayatımıza devam ederiz. Kimisi ise yalnız başına yaşar ya da (yaşı tutmadığı, hiç seçmen kaydı yaptırmadığı ya da Amerikan vatandaşı olmadığı için) seçimlere katılmaya uygun olmayan kişilerle beraber yaşarız. Bu durumdaki seçmenler ise "tek seçmenli hanelerde" yaşar.

Todd bu iki grup arasında büyük bir fark olduğunu keşfetmiştir. Yapılan planlı istem aramaları çok seçmenli hanelerde tek seçmenlilere göre iki katı olumlu etki yapmıştı. Telefonda oy verme planları sorulduğunda, tek seçmenli hanelerdeki kişilerin ne zaman oy vereceklerini, nereden geleceklerini ve oy vermeden önce ne yapacaklarını önceden bilme olasılıkları, diğerlerine göre önemli ölçüde daha düşüktü.

Sebebini anlamak çok da zor olmamıştı: Farklı seçmen türlerinin evlerinde, oy verme planı yapmaya teşvik eden bir telefon almalarından önce, *doğalında* neler olup bittiğine dair temelde farklı bir şey vardı.

Çok seçmenli hanelerdeki seçmenler aileleri ya da arkadaşlarıyla oy kullanma planları hakkında sohbet ediyorlardı. Mesela eşim ve ben seçim gününde sokağın hemen köşesindeki oy kullanma merkezine gideriz ve gitmeden önce takvimimize bakıp işten önce mi işten sonra mı gitmenin daha iyi olacağını konuşuruz. Fakat tek seçmenli hanelerde bu tarz sohbetlerin olma ihtimali daha azdır. Sonuç olarak Todd, kendilerinden bir plan yapmalarını isteyen telefon görüşmeleri yaptıkları zaman çok daha azının iyi düşünülmüş bir oylama planına sahip olduğunu gördü. Bundan dolayı plan yapmalarının istenmesinin tek seçmenli hanelerde yaşayan insanlar üzerinde çok daha büyük bir etkisi olması şaşırtıcı değil. Bu egzersiz, bu kişiler için daha etkili oldu çünkü sandığa gitmelerini onlara anımsatacak ipuçlarını öncesinde belirlememiz mümkündü.

Bunların hepsini bir araya getiren Todd heyecanlıydı. Seçmenler hakkındaki elde ettiği yeni verileri, daha fazla sayıda insanın siyasi sürece katılma niyetlerini gerçekleştirmelerine yardımcı olabilmek için kullanabileceğinin farkındaydı.* Bunun yanı sıra yaptığı keşiflerin başka alanlardaki çok daha geniş yelpazedeki vazgeçme sorunlarını çözmeye yardımcı olabileceğinden haklı olarak kuşkulanıyordu.

AŞILARIN GÜÇLENDİRİLMESİ

Nashville seyahatimden sonra, Todd'un seçmen seferberliği konusundaki başarılarını öğrendiğim zaman ne kadar hevesleşsem de elindeki bulguların evrensel olup olmadığı konusunda çok endişeliydim. Todd'un tarif ettiği şeyin yeniden uyarlanmış bir versiyonunun Prashant Srivastava'ya ve Evive'in grip aşısı

* Todd, 2008'de bu amaç doğrultusunda davranış bilimini kullanan Analyst Institute adlı kâr amacı gütmeyen bir kuruluşun kurucu ortağı oldu. Daha fazla bilgi edinmek istiyorsanız, Sasha Issenberg'in kitabı *The Victory Lab: The Secret Science of Winning Campaigns*, Analyst Institute'un erken tarihini anlatıyor.

oranlarını artırmasına yardımcı olabileceğini ümit ediyordum fakat yine de bunun başarılı olmamasına neden olabilecek birkaç önemli şey görebiliyordum. Bir taraftan bakınca, oy kullanma ve grip aşısı olma arasında bazı önemli benzerlikler vardır. (Bilhassa her ikisinin de insanların yapmaları gerektiğini düşündükleri fakat sıklıkla ihmal ettikleri şeyler olmaları buna örnektir.) Ancak yan etkiler ve canlarının yanacağı korkusundan tutun kişisel çıkar düzeyine kadar birtakım önemli farklılıklar da mevcuttur (grip aşısı sizi hastalıktan korur ancak oy kullanmanın görünür sonuçları genellikle çok daha azdır). Daha da önemlisi, Todd kayıtlı seçmenlere telefonla ulaşırken, Evive müşterileriyle yalnızca ABD Posta Servisi aracılığıyla iletişim kuruyordu. Fakat insanları plan yapmaya teşvik etmek salyangoz kadar yavaş bir posta servisiyle etkili olabilir miydi? İhtimal dâhilindeydi ama kesin olduğu söylenemezdi. Birileri size planlarınızla ilgili bir dizi soru sorarsa plan yapmak için önemli bir sosyal baskıyla yüzleşirsiniz. Cevap vermemek kaba kaçar. Fakat benzer sorular size cevap vermeniz gerekmeyen bir mektupla sorulsaydı cevap vermekle canınızı sıkma ihtimaliniz bir hayli düşük olurdu. Bundan da ziyade, Todd'un insanları planlama yapmaya yönlendirmesinin unutmayla gerçekten mücadele edip etmediği ya da unutmanın farklı nedenlerini mercek altına alıp almadığı tam anlamıyla belirli değildi zaten. Belki de oy vermeyi düşünen kişiler, oy kullanmayı planladıklarını başkalarına da anlatıyorlardı fakat Todd'un ekibinin telefonla sorduğu soruları cevaplandırmak bir anlamda söz verir gibi hissettirdiğinden ötürü vazgeçmemeleri için iç dünyalarında yumuşak bir taahhüt oluşturabiliyordu. Bir önceki bölümde incelediğimiz üzere, bir şeyi söyleyip başka bir şeyi yapmak bizi psikolojik açıdan rahatsız eder (bilişsel uyumsuzluk), bu nedenden ötürü taahhütler davranışlarımızı değiştirmemiz için bize yardımcı olabilir. Grip aşısı postaları ile benzer bir yaklaşım uygulamak işe yaramayabilir çünkü bu defa insanlardan başka bir kişiye bir taahhüt vermesini istememiş oluruz.

Yine de aşı oranını artırma problemini çözmek için bu fikirleri adapte etmek denemeye değer gibi gözüküyordu. Evive standart hatırlatma mektuplarına küçük bir ek yapması için ekonomistlerden oluşan bir ekiple çalıştım. (John Beshears, James Choi, David Laibson ve Brigitte Madrian) Alıcılar ücretsiz iş yeri kliniklerinde aşı olacakları saat ve tarihi yazmaları için teşvik edildiler.*

Bu mektupların, insanları aşı randevularını takvime bağlamaları için davet etmediğine dikkat etmek lazım. Ne zaman bu çalışmayı göstersem izleyicilerin kafası karışır. Mektuplarda geri gönderme adresi ya da planlarını Evive'e göndermelerini isteyen bir ibare yoktur. Biz sadece, bir zaman tetikleyicisi aracılığıyla insanları somut bir plan üzerine düşünmeleri için cesaretlendirmenin, unutmalarına engel olup önemli bir aşıyı yaptırmalarına yardımcı olmasını ümit ediyorduk.

Prashant da ümitliydi. Şirketin hatırlatma formlarında yapılacak basit bir değişikliğin Evive'e bir kuruş fazladan masraf yaptırmadan fark yaratması büyük bir mesele olurdu.

Bu sebeple, mektuplarımızı düzinelerce ofisi olan büyük bir orta batı şirketinde deneysel açıdan test ettiğimizde ve aşılama oranlarında kayda değer değişiklikler gördüğümüzde herkes sevinçle kutlama yapmıştı. Bizi mutlu eden bir şekilde, evlerinin özel ortamında yalnızca bir plan yazmalarını söylememiz bile %13'lük bir artışa sebep olmuştu. Gerçi Evive'den kimse bu plan-

---

* Çağrı kutularında ilk olarak birçok insanın grip aşısı planı yapmayı faydalı bulduğunu ortaya koyduk ve ardından formlara kendi planlarını yazmaları için teşvik ettik. Mektupta insanların aşı olmayı planladıkları haftanın gününü, tarihi ve saati yazabilecekleri bazı boşluklar bıraktık ve hatta alıcılardan sahici bir plan yazmalarını istediğimizi iyice belirtmek için bir kalem resmi de ekledik.

ları ne gördü ne de duydu.* Çalışmamız sayesinde normal seviyenin çok daha üzerindeki sayıda insan yaptırmayı istedikleri bir aşıyı yaptırarak kötü bir hastalığa yakalanma riskini azaltmıştır.

İlginç bir şekilde tıpkı Todd gibi bu istemlerin bazı durumlarda diğerlerine göre daha etkili olduklarını keşfettik. Sadece bir günlük klinikler ayarlayan ofisler -o gün orada olmayı hatırlamanın önemli olduğu durumlar yaratmaktadır- büyük fayda sağladı ancak birden fazla gün açık kalan kliniklere sahip ofisler hemen hemen hiç fayda görmedi.

Evive ile yapılan takip eden bir çalışmada ekibim, grip aşısı takibini yükselten benzer planlama yönlendirmelerinin, kolonoskopi yaptırmak için gecikmiş hastaların kendilerini toparlamalarına da yardımcı olduğunu ve hayat kurtaran taramalardan geçenlerin oranını %15 artırdığını ortaya koydu. Bu noktada plan yapmaya teşvik etmenin faydaları, kolonoskopi yaptırmayı hatırlamakta en çok zorlanacağımızı düşündüğümüz gruplar -yaşlı yetişkinler, ebeveynler, daha az sigorta kapsamına sahip kişiler ve önceki hatırlatmaları görmezden gelenler- için oldukça etkili oldu.

Planlama ipuçlarıyla alakalı bütün araştırmalar bir araya getirildiğinde ister telefonda ister evlerinin mahremiyetinde olsun, insanları bir plan yapmaya teşvik etmenin, kaçınmakla mücadelenin yeterince takdir edilmeyen bir yolu olduğuna ikna oldum. Doğal olarak, yapmak istediğim herhangi bir şeyin nerede ve ne zaman gerçekleşeceğini önceden düşünmek, artık hem kişisel hem de profesyonel hayatımda sürekli olarak başvurduğum bir strateji hâline gelmiştir. Bu stratejiyi aşı olmak, fatura ödemek, egzersiz yapmak ve öğrencilerimi kontrol etmek gibi işlerimi yaptığımdan

* Yalnızca iş yerindeki grip aşısı kliniklerinde aşı olanları değil, doktor muayenehanelerine veya yerel eczanelerde aşı olanları da içeren grip aşısı sigorta isteklerine baktığımızda etkilerin düşündüğümüzden daha büyük olduğunu fark ettik; üstelik bunu Evive için ek bir maliyet yaratmadan gerçekleştirmiştik.

emin olmak için kullanıyorum. Arkadaşım Jason bana eski bir akıl hocasına teşekkür mektubu yazmayı düşündüğünü ve sürekli ertelediğini söylediğinde ona mektubu yazacağı tarih ve saati, nasıl yazacağını ve planını takvimine yerleştirip yerleştirmediğini sordum. Daha sonra ona vakitli bir hatırlatıcı gönderdim. O hafta bir teşekkür mektubu alan tek kişi Jason'ın akıl hocası değildi; ben de bir tane almıştım.

EK BİR BONUS: İŞLERİ PARÇALARA AYIRMAK

2019 yılı Haziran ayında meslektaşım Angela Duckworth ile Londra'da heyecanlı ama bir yandan da yorucu bir otuz altı saat geçirdim ve çeşitli mekânlarda ortak araştırmamızla ilgili konuştum. Davranış değişikliği üzerine çalışmalar yürütecektik ve yöneticiliğini ortak olarak yaptığımız bir bilim merkezine yönelik heyecan yaratmayı ve bu merkezin adını duyurmayı amaçlıyorduk. Sunumlarımızdan biri sırasında Londra merkezli bir özel sermaye ve girişim sermayesi şirketinin yönetici ortağı olan Lloyd Thomas elini kaldırıp söz istedi. Lloyd kendisini bir davranış bilimi tutkunu olarak tanıttı. Konuyla ilgili bütün kitapları okuyup podcast yayınlarını dinlemişti ve artık yalnızca bir şeyi merak ediyordu: Öğrendiği birçok davranışsal bilginin hangisi onun hedeflerine ulaşmasında en faydalı olacaktı?

Angela cevabını vermeden önce bir an bile kararsızlık yaşamamıştı – onun için cevap açıktı: ipucu temelli planlar. Bu tarz planların onu başarıya en etkili bir şekilde götüreceğini söyledi. Davranış biliminin önerilebileceği en iyi yanıt buydu.

Lloyd'un bu cevaptan ne kadar mutlu olduğundan emin değilim ama biraz şaşırmıştım. Dürüst olmak gerekirse planlamanın önemini düşünmüş olsam da bunun, üzerine çalıştığım en ilham verici stratejilerden biri olduğunu hiç düşünmedim. Bir şey söylemem gerekirse, bana kalsa sanırım hedef takibini eğlenceli hâle getirmeyi veya bir taahhüt mekanizması kullanmayı tercih ederdim.

Ben de bunun üzerine Angela'yı Lloyd'un sorusuna verdiği cevabı detaylandırması için zorladım. Ve itiraf etmem gerekir ki sözleri bir hayli mantıklı geldi. Angela, unutmayı azaltmanın ve o anda ne yapacağınızı düşünme ihtiyacını kısa devre yaptırmaya ek olarak, planlamanın sizi büyük hedefleri küçük parçalara bölmeye zorladığını ifade etti. Bunun (önceki bölümde açıkladığım üzere) iddialı projelerde ilerleme kaydetmek için gerçekten önemli olduğu ortaya çıkıyordu. 1962 yılında John F. Kennedy'nin, Amerikalıların altmışlı yılların sonuna kadar aya gideceğini ilan edişini hatırlayın. NASA mühendislerinden oluşan ekipler bu müthiş hedefi, her adımın nasıl gerçekleştirileceğine dair ayrıntılı planlar içeren bir dizi alt plana bölmeselerdi sonunun nasıl kötü olacağını hayal edin. Benzer bir şekilde siz de -gelecek yıl terfi almak gibi mesela- başarmayı ümit ettiğiniz bir amaca sahip olduğunuzda planlamanız sizi bu hedefi küçük parçalara bölmeye zorlar. Terfi edebilmek için nasıl bir plan yapacağınızı düşünmeniz, haftalık toplantılarda patronunuzla daha iyi iletişim kurmanıza, yaptığınız işin takdir edilmesi için kendinizi savunmanıza ve salı ile perşembe akşamlarını online diplomanızı alabilmek için ders çalışarak geçirmeniz gerektiğine dair bir farkındalık geliştirmenize yol açabilir. Hedefinize ulaşmanın gerçekte ne gerektirdiğini görmek için sizi kritik bir çalışma yapmaya zorlayan böyle bir planlama yapmazsanız, amacınız muhtemelen ulaşılması zor bir hedef olarak kalmaya devam edecektir. Amacınız bir sonraki seçimlerde oy kullanmak gibi basit bir şeyse bu eylemi hatırlamak yeterli olacaktır. Fakat mesela yabancı dil öğrenmek gibi *zorlu* hedefler için hatırlamakla yetinemeyiz, o hedefi daha ufak ve görülür hedeflere ayırmamız gerekir.

İpucu temelli planlar oluşturmak (Lloyd gibi kişisel hedefler üzerinde çalışıyorsanız elbette) kendi başınıza yapabileceğiniz bir şeydir. Ancak Evive Health'in grip aşısı hatırlatmaları ve Todd'un oy kullanma çabaları örneğinde olduğu üzere iyi bir yönetici, şirket, politikacı veya arkadaşınızın da sizi teşvik edebileceği türde bir hatırlatma uygulayan bir kişidir. Başkalarını bir plana teşvik etmeye çalışmanın en güzel yanı bunun için kimseyi zorlamak durumunda kalmamamızdır. Zaten bir kişi hedefinde en baştan isteksizse ipucu temelli bir plan gibi bir şey de bunu mümkün kılamaz. Bana bütün gün kaş *piercing*i yaptırmam ya da *bungee jumping* yapmam için ipucu temelli planlar yapmamı söyleyebilirsiniz, fakat bunun benim üzerimde hiçbir etkisi olmayacaktır çünkü aslında ikisiyle de ilgilenmiyorum. Planlar fikirleri değiştirmezler; onlar bize zaten yapmak istediğimiz şeyleri hatırlatırlar. Yani bu yüzden, *başkalarının* hedeflerine ulaşmalarına yardımcı olmanın nazik ve zorlayıcı olmayan bir biçimi olmaya devam ederler.

Londra gezimizin sonunda, Angela ile bu konuyu bir süre tartıştık ve beni ikna etti: İpucu temelli planlama, hedefe ulaşmayı teşvik edebilecek türdeki davranış bilimi öngörüleri listesinin başında bulunuyor.

Fakat bu meselede önemli bir şerh vardır.

Araştırmalar, ipucu temelli planlamalarda aşırıya kaçabileceğinizi göstermiştir. Çok fazla plan yapmak bizi bunaltabilir. Daha fazla egzersiz yapmak, yabancı dil öğrenmek, terfi etmek ve mutfağı yenilemek gibi birbiriyle yarışan hedefler için birden fazla işarete dayalı plan yaparsak, başarılı olmak için gerekenleri yapmanın sahiden zor olacağı gerçeğiyle yüzleşmek zorunda kalırız. Bu da taahhütlerimizin zayıflamasına yol açarak hedeflerimizden birine bile ulaşmamızı imkânsız hâle getirir.

Sadece terfi almak gibi tek bir amaca ulaşmak için atmanız gereken basamakları düşünün. Sonra bunu önünüzdeki hedef sayısına göre üç ya da dört katına çıkarın. Sonuçları moral bozmasının yanı sıra oldukça akıl karıştırıcı da olacaktır. Yani bir seferde hangi hedefe yöneleceğinizi belirlemek ve bir ya da belki iki hedefe odaklanmak önemlidir. Mesela bu ay tek bir öncelik belirleyip onu planlayabilirsiniz. Sonraki ay ikinci hedefi planlayabilirsiniz.

İpucu temelli planlarla alakalı bir başka potansiyel sorun, yapmayı hatırlamanız gereken şeyin, basit bir planlamanın yeterli olamayacağı kadar karmaşık olabilmesi ihtimalidir. Araştırmalar bu durumlarda resmi kontrol listelerinin harikalar yarattıklarını göstermiştir. Atul Gawande'nin *The Checklist Manifesto* kitabında açıkladığı üzere, cerrahlar yapacakları bir işlemle alakalı hangi adımları atacaklarına dair hafızaları yerine basit güvenlik kontrol listelerine güvendiklerinde bu önlemleri hayat kurtarıyor, komplikasyonları ve ölüm oranlarını tahmini olarak %35 ila 45 oranında azaltıyor. Kontrol listeleri yalnızca güvenlik için yardımcı olmazlar. Yakın zamanda yapılan bir deney, oto tamircilerine kontrol listeleri vermenin üretkenliklerini ve gelirlerini büyük ölçüde artırdığını ortaya koymuştur.

KENDİN YAP

Ne mutlu ki ipucu temelli planlar giderek popülerleşiyor. Todd'un araştırmasından gelen sağlam kanıtlar sayesinde planlama hatırlatıcıları, dünya çapında insanları oy kullanmaya teşvik etme çabalarının vazgeçilmez bir parçası hâline gelmiştir. Çoğumuz bir yabancı kapımızı çaldığında biraz hoşnutsuz olurken, Todd bana evine bir politikacı geldiğinde artık çok mutlu olduğunu söyledi. "Yazdıklarını duyunca heyecanlanıyorum, gerçekten mutluyum," diye biraz utangaçça itiraf etmişti. Gönüllülerin planlama sorularını hevesle yanıtladıktan sonra onların kendi çalışmalarına dayanan metinlerinin fotoğrafını çekmeyi çok seviyor ve istiyor.

Yine benzer şekilde 2009 yılında Evive ile birlikte yaptığımız ilk çalışmadan bu yana şirket, planlama yönlendirmelerini iletişim stratejisinin temel ve vazgeçilmez unsurlarından biri hâline getirdi. Prashant ile ilk tanıştığımızda şirket birkaç büyük müşterisi olan on kişilik bir start-up kuruluşuydu fakat artık üç yüz çalışana sahip ve her yıl yaklaşık beş milyon Amerikalıya daha iyi sağlık kararları almayı ve plan yapmayı nasıl öğreneceklerini, düzenli olarak mesaj atarak bildiriyor. Bununla da kalmadı. Evive deneyiminin kamuoyuna açıklanmasıyla birlikte birçok başka organizasyon da aynı stratejiyi sonunda harika sonuçlar elde ederek kullandılar. Bankaların kredi geri ödeme planlarını teşvik etmesinden tutun, hükümetlerin su tasarrufu ve aşılama planlarını teşvik etmesi projelerine dek, planların ne zaman ve nerede yapılıp takip edileceği konusunda dikkatli düşünmeyi teşvik etmeye yönelik uyaranlar artık daha yaygın.

İşin aslı şu ki iyi niyetimize rağmen rutin olarak yapmayı unuttuğumuz birçok şey var. Oy kullanmak ve aşı olmak buzdağının yalnızca görünen kısmıdır. Ancak vakitli hatırlatmalar yapmak ve dikkat çekici ipuçlarıyla planlamalarda bulunmak, kendinizin işleri başınızdan savma eğiliminizle mücadele etmenize yardımcı olabilecek bir takım değerli araçlardır. İpucu temelli planlamanın en güzel yanı, Evive gibi yardımcı bir organizasyona ya da size koçluk edecek bilgili bir yönetici veya arkadaşa ihtiyacınızın olmamasıdır. Vazgeçmekten korktuğunuz bir hedefiniz varsa artık formülü bildiğinize göre kendi ipucu temelli planlarınızı kendiniz oluşturabilirsiniz.

Sadece nasıl, ne zaman ve nerede yapacağınıza karar verin. İpucu seçimlerinde stratejik davranın, mümkünse sıra dışı ipuçları seçin. Geceleri yatağımda uzanırken ertesi gün hatırlamam gereken önemli bir görev olduğunu fark ettiğimde sabah karşılaşacağım alışılmadık bir şey (belki oğlumun az önce inşa edip oturma odamıza bıraktığı Lego yapısı gibi) düşünmeye çalışıyorum. Bir plan yaptığımda takip edeceğim ipucu bu oluyor. Ve *tam* harekete geçmeniz gereken anda belirecek bir hatırlatıcı planlayabiliyorsanız, derhâl yapın. Son olarak, ipucu temelli planlarınız karmaşıklaşmaya başlarsa bir kontrol listesi geliştirmeyi düşünebilirsiniz.

Bölüm İpuçları

- Bazen planlarımızdan vazgeçer ve niyetlerimizi gerçekleştirmede başarısız oluruz. Bunun birçok nedeni vardır, bunlar arasında tembellik, dikkat dağınıklığı ve unutkanlık ön sıralarda yer alır. Unutkanlık, aralarında aşılması en kolay olanı olabilir.
- İşlerinizi yapmanız gereken andan hemen önce sizi harekete geçiren vakitli hatırlatıcılar, unutmaya karşı etkili bir şekilde mücadele edebilir. Vakitli olmayan hatırlatıcıların ise faydaları daha küçüktür.
- İpucu temelli planlar unutkanlıkla mücadelenin bir başka hâlidir. Bu planlar belli eylemleri belli ipuçları ile ilişkilendirirler. Bu ipuçları hafizanızı belli zaman ya da yerlerde tetiklemesini beklediğiniz objeler olabilir. Bir örnek olarak maaşımıza zam aldığımızda emeklilik birikim oranımızı artırmayı ele alabiliriz.
- İpucu ayırt edici bir şey oldukça, hafizanızı tetikleme ihtimali artar.
- İnsanları ipucu temelli planlar oluşturmaya teşvik etmek, özellikle (seçim günü oy kullanma gibi) önceden bir plan yapma olasılığımızın düşük olduğu ve unutmanın belirleyici bir unsur olduğu durumlarda bir hayli faydalıdır.

- Planlamanın başka faydaları da vardır: Hedeflerinizi daha küçük parçalara ayırmanıza yardım eder, o anda ne yapacağınızı düşünme ihtiyacından kurtarır ve kendinize verdiğiniz bir sözmüş gibi davranarak hedefinize olan bağlılığınızı yükseltir.
- Aynı anda çok fazla ipucu temelli plan yaparsanız motivasyonunuz düşebilir ve bağlılığınız zayıflayabilir. Bu yüzden belirli bir zamanda hangi hedefler için plan yapacağınıza dikkatle karar vermeniz gerekir.
- Planınız hatırlaması oldukça karmaşık bir hâle gelirse bu defa kontrol listelerine güvenin.

BÖLÜM 5

TEMBELLİK

"Ne oldu böyle?" diye merak etti Steve Honeywell. Steve, Pennsylvania Üniversitesinin dev sağlık sisteminde bir analist olarak çalışıyordu ve 2014 sonbaharında bir gün, yeni oluşturduğu bir grafiğin ne anlama geldiğini çözemedi. Elindeki verilerine göre, sağlık sistemine ve hastalarına yıllık yaklaşık 15 milyon dolar kayba mal olan kronik bir sorun bir gecede ortadan kaybolmuştu. Bu hiç de normal değildi.

Derhâl birilerini aramaya başladı. "Geçen ay hastanede büyük bir değişiklik oldu mu? Yeni iyi uygulamalar falan mı başlatıldı?" diye sordu patronuna. "Biri kontrol edebilir mi?"

Steve'in şaşırtıcı keşfinin öyküsünü yetenekli bir doktor ve Wharton mezunu olan Mitesh Patel'i MBA dersimde konuk konuşmacı olarak davet ettiğimde ilk kez dinlemiştim. Mitesh, konuşulanlara göre Pennsylvania Üniversitesinin sağlık sisteminde, davranış bilimiyle büyük işler başaran bir grubu yönetiyordu. Ve ilk slaytını paylaşmayı bitirir bitirmez söylentilerin doğru olduğu anlaşılmıştı.

Dersin başında Mitesh bize Steve Honeywell'in mucizevi keşfini ve neden önemli olduğunu anlattı. 2014 yılına dek Penn'in sağlık sistemi, doktorların reçete pratikleri yüzünden en büyük sigortacısından cezalar yiyordu. Sağlık personeli daha ucuz ama kimyasal olarak aynı alternatif ilaçlar yerine Lipitor ve Viagra gibi markalı ilaçları yazmayı alışkanlık edinmişti, bu da Penn sağlık enstitüsünün liderlerinin canını sıkıyordu.

Kulağa büyük bir sorun gibi gelmeyebilir fakat hastalar her yıl milyonlarca dolarlık ekstra ödeme yapıyordu. Sigortacılar da büyük bir maliyetle karşı karşıya kalıyor ve bu sebepten ötürü Penn Medicine'a şikâyetlerde bulunup cezalar kesiyorlardı. Asıl can sıkıcı olansa bu sorunun çözümünün oldukça kolay görünmesiydi. Doktorlar markalı ilaçları yazmamaları için sık sık uyarıldı ve reform sözü verildi ancak pek çoğu buna uymadı.

Derken sıra Steve Honeywell'in keşfettiği değişime geldi. Verilerine göre, Penn Medicine bir gecede bölgedeki en kötü alternatif ilaç yazma oranına sahip sağlık sisteminden en iyisine dönüştü. Steve'in şaşırtıcı analizinden önce sağlık sisteminde yazılan reçetelerin yalnızca %75'i eşdeğer ilaç içeriyordu; ancak şimdi Penn doktorları %98 oranında eşdeğer ilaç yazıyordu. Bunun sonucunda sigortacılardan hem primler hem de olumlu anlamda geri dönüşler gelmeye başladı.

Mitesh, 2014 yılında o gün Steve'in aklını başından alan devrim niteliğindeki değişimin arkasındaki sırrı paylaştı. Doktorların davranışlarını değiştiren şey yeni bir başlangıç veya vaktinde yapılan bir hatırlatma değildi. Mucizevi iyileşmenin ardında küçük, maliyetsiz bir sistem değişikliği vardı.

EN AZ DİRENÇ GÖSTEREN YOL

Penn'de neyin doğru gittiğini anlamak adına, kitapta henüz bahsetme şansı bulamadığım, değişim yolundaki bir diğer engeli ele alalım: tembellik.

Tembellik genelde üzerinde sıkı çalışarak aşmamız gereken bir kusur olarak görülür. Dünya çapında birçok kültürde -*Küçük Kırmızı Tavuk*'tan Ezop'un *Ağustos Böceği ve Karınca* masalına- tembelliğin yıkıma, çalışkanlığın refaha götüreceğini anlatan sayısız hikâye ve masal vardır.*

Elbette bu anlatılarda doğruluk payı vardır. İnsanın pasif kalıp akışa kendini kaptırarak en az dirençli yolu seçmesinin olumsuz yanları mevcuttur. Davranış değişikliğinin zor oluşunun ana sebeplerinden birisi budur. Akşamlarınızı Netflix izlemek yerine online bir diploma almak için geçirmeye ya da dışarıdan yemek sipariş etmek yerine taze yemekler pişirmeye karar verdiğinizde, tembelliğiniz ve tanıdık davranış kalıpları içinde olmanın rahatlığı aleyhinize bir etkide bulunabilir.

Fakat tembellik her zaman bir kusur değildir. Doğuştan gelen tembelliğimizi bir hata olarak görmek yerine, bunu avantajlı özelliklere sahip bir şey olarak görüyorum. Davranış değişikliği ile ilgili kesinlikle engel teşkil edebilmekle birlikte, aynı zamanda çok fazla zaman ve enerji kaybetmemizi de engelleyebilir. 1978 Nobel Ekonomi Ödülü sahibi Herbert Simon'ın ufuk açıcı eseri *Administrative Behavior* kitabında belirttiği üzere, dünyanın en iyi bilgisayar programlarının problemleri çözerken pahalı işlem gücünü olabildiğince az kullanmak için yaptığı şey, seçenekler ara-

* Eğer bu klasik hikâyelere aşina değilseniz, işte kısa bir özet: *Ağustosböceği ve Karınca* hikâyesinde, tasasız bir ağustosböceği günlerini şarkı söyleyip müzik yaparak geçirirken arkadaşı karınca kış için yiyecek depolamakla meşguldür ve ağustosböceğini de aynı şeyi yapması için uyarır, ancak başarısız olur. Sonunda kış geldiğinde ağustosböceğinin yiyecek hiçbir şeyi olmazken, karınca iyi beslenmiş bir şekilde yaşar. *Küçük Kırmızı Tavuk* hikâyesinde ise, bir tavuk buğday eker, hasat eder, öğütür ve sonunda ekmek yapar. Süreç boyunca arkadaşlarından yardım ister ancak hepsi bunu reddeder. Ancak ziyafet zamanı geldiğinde herkes yemeye heveslenir. Fakat tavuk, arkadaşlarına daha önce kendisine verdikleri cevabı vererek ekmeğin tadını tek başına çıkarır, onları ise aç bırakır.

sında en az dirençli olan yolu seçmektir. Tıpkı Google'ın Mountain View'daki lüks kampüsünün bedelini karşılayan algoritma gibi en iyi arama algoritmaları, her olasılıkla zaman kaybetmek yerine kestirmeler kullanacak şekilde hızla ve etkili bir biçimde işler. İnsanlar da aynı şekilde evrim geçirmiştir. Tuvaletimi tamir ettirmem lazım olduğunda Yelp'te iyi yorumlara sahip ilk tesisatçıyı arayacak kadar tembel olduğumdan ötürü, marjinal olarak belki de daha iyi olabilecek diğer sayısız alternatifi araştırmakla zaman kaybetmem. Yeni bilgisayarımda fabrika ayarlarından memnun olduğum için, ekran koruyucuları veya yazı tipi boyutları arasından seçimler yapmak zorunda kalmıyorum. Ve sabah rutinlerimi baştan düşünemeyecek kadar tembel olduğumdan, yine önce duş mu alsam yoksa dişlerimi mi fırçalasam, kahvaltıda ne yesem ya da ofise hangi yoldan gitsem diye düşünmek zorunda kalmıyorum. Tembellik avantajınıza olabilir, üstelik sadece verimlilik bakımından da değil. Doğru yönlendirildiğinde değişimi kolaylaştırabilir. Penn Medicine'da olan da tam olarak böyleydi.

AYARLA VE UNUT GİTSİN

Penn Medicine'ın mucizevi başarısının temeli insanların en az direnç gösterdiği yolu seçme eğilimlerine dayanmaktaydı. Rutin bir sistem güncellemesi sırasında Penn doktorlarının reçete göndermek için kullandığı yazılım üzerinde çalışan bir BT danışmanı, kullanıcı arayüzünde küçük bir değişiklik yaptı: Mevcut sisteme yeni bir onay kutusu ekledi. O andan itibaren, bir doktor bu kutuyu işaretlemediği sürece, yazdığı ilaç eczaneye eşdeğeri bir ilaç olarak gönderilecekti. Hepimiz gibi doktorlar da biraz tembel olma eğilimine sahip olduklarından kutuyu nadiren işaretliyorlardı: Toplamda işaretleyenler yalnızca %2'de kalmıştı. Bunun sonucunda eşdeğer ilaç yazımı %98'e fırladı.

Davranış bilimcileri, Penn Medicine'da yaşananları, BT danışmanının reçete sisteminin (yeni bir bilgisayarla gelen standart fabrika ayarları gibi) varsayılan ayarını, yani sistemin kimsenin farklı bir seçeneği aktif olarak seçmediği takdirde, sunduğu sonucu değiştirdiğini söyleyerek açıkladı. Varsayılan ayarlar akıllıca belirlenirse, -verimliliği seven zihinsel işletim sistemlerimiz sayesinde çoğumuzun memnuniyetle karşıladığı bir fırsat yakalarsınız ve- parmağınızı bile kıpırdatmanıza gerek kalmadan en iyi kararı vermiş olursunuz.

Mitesh ve meslektaşları yıllardır doktorlar istemediği sürece reçete arayüzünün eşdeğer ilaçları otomatik olarak sipariş edecek şekilde değiştirilmesi için lobi yapıyorlardı. Fakat son karar sürekli beklemedeydi. Varsayılan ayarlarının iyi oluşunun önemini bilen yalnız bir yazılım geliştiricisi, Penn Medicine'ın yazılım sisteminin zaten güncellenmesi gerektiğini düşünerek bu değişikliği yapma görevini üstlendi. Ve milyonlarca dolar kurtarıldı. Bu başarı o kadar büyük oldu ki Mitesh'e davranış bilimi temelli daha bilinçli sistem iyileştirmeleri yapması amacıyla yeni bir "Dürtme Birimi" kurması için izni verildi.

Dürtme, davranış bilimleri dünyasında bir hayli başvurulan bir terimdir. Davranış değişikliğini dürterek gerçekleştirmenin birçok farklı yolu olmasına rağmen bu terim genellikle varsayılan ayarları ya da durumları iyi belirlemenin eşanlamlısı olarak kullanılır çünkü insan tembelliğini iyilik için kullanan bu türden bir dürtünün ne kadar değerli olduğu defalarca kanıtlanmıştır. Mesela 2001 yılında yapılan son derece bilinen bir araştırma, bunun insanların tasarruf planlarına bir varsayılan öğe olarak dâhil edilmesinin, emeklilik için tasarruf yapmayı büyük ölçüde artırdığını ortaya koymuştur.* Onlarca yıl süren sonradan yapılan araştırma-

* Bu çalışma, 2006 yılında ABD'de yürürlüğe giren Emeklilik Koruma Yasası'nın çıkarılmasına katkıda bulunmuştur. Bu yasa, çalışanlarını otomatik

larda varsayılan ayarlarını akıllıca belirlemenin büyük kazançlar elde etmenin harika bir yolu olduğunu, artık ikna edici bir şekilde kanıtlama imkânı tanımıştır. Varsayılan ayarların gücünün farkında olanlar, birçoğumuzun doğalımızda parmağımızı kıpırdatmadığımızda bile en iyi sonucu elde edebileceğimiz sistemler tasarlayarak aşırı sersemleştirici ilaçların yazılmasının azaltılmasına, çocukların asitli içecek tüketiminin sınırlandırılmasına, grip aşısı oranlarının artırılmasına ve taksi yolculuklarında bahşişlerin yükseltilmesine yardımcı oldular ve bu sadece başlangıç...*

Ne yazık ki, "kur ve unut" sistemleri her davranış değişikliği sorununu çözemez. Bir eylemi *gerçekleştirmeniz*, özellikle de bunu tekrar tekrar yapmanız gerektiğinde, varsayılan unsurlara güvenmek zordur. Düzenli egzersiz yapmanızı, sağlıklı beslenmenizi, iş yerinde sosyal medyayı görmezden gelmenizi veya sınavlarınıza çalışmanızı sağlayacak, değiştirebileceğiniz türde bir varsayılan ayarı yoktur. Tekrarlanan kararlarla karşı karşıya kaldığımızda tembellikle başa çıkmak daha zorlaşır. Buzdolabında yalnızca sağlıklı yiyecekler bulundurmak veya tarayıcınızın ana sayfasını Facebook yerine *New York Times* olarak ayarlamak gibi bazı düzenli

---

olarak 401(k) birikim programlarına dâhil eden işverenlere vergi avantajları sağlamaktadır (Kamu Yasası 109–280 [2006]). 2003 yılında yapılan bir başka ünlü çalışma ise, vatandaşların varsayılan olarak organ bağışçısı olduğu (ancak kolayca vazgeçebildikleri) ülkelerde, kayıtlı bağışçı oranının, bunun tersi bir varsayılan seçeneğin bulunduğu ülkelere kıyasla altı kat daha yüksek olduğunu göstermiştir (Eric Johnson ve Daniel Goldstein, "Do Defaults Save Lives?" *Science* 302, no. 5649 [Kasım 2003]: 1338–39, DOI:10.1126/science.1091721).

* Araştırmalar, varsayılan seçeneklerin davranışlarımızı başka nedenlerle de etkileyebileceğini göstermektedir. İnsanlar, varsayılan seçeneğin önerilen ya da en popüler seçenek olduğunu varsayar ve bu seçeneği reddetmek çoğu zaman bir kayıp gibi hissedilebilir (Jon M. Jachimowicz vd., "When and Why Defaults Influence Decisions: A Meta-Analysis of Default Effects," Behavioural Public Policy 3, no. 2 [2019]: 159–86, DOI:10.1017/bpp.2018.43).

kararları teşvik eden mantıklı varsayılan ayarları yapabilirsiniz. Peki ya geri kalanı için ne yapabilirsiniz? Eylemsizlik sorunuyla karşılaştığınızda ve varsayılan unsurlardan birinin şalteri kapatılamadığında değişim mühendisliğini nasıl yapacaksınız?

ALIŞKANLIKLAR NASIL ÇALIŞIR

Stephen Kesting yanan depoda kayıp ekip arkadaşını ümitsizce ararken kalbi hızla atıyordu. İtfaiyeci olarak geçirdiği onca yılda gördüğü en büyük yangındı bu yaşadığı. Bina alevler içinde kalmadan önce kutular dolusu kâğıt mendil, kâğıt havlu ve binlerce kiloluk kâğıt rulolarına ev sahipliği yapıyordu. Şimdi her şey âdeta yangına çıra olmuştu.

Stephen'ın ekibi olay yerine geldiğinde yangın tehlikeli bir biçimde kontrolden çıkmıştı. Fakat binaya girmeden hemen önce işler daha da kötüleşti: Stephen podcast yayınıma konuk olduğunda, "İçerideki her şey domino taşları gibi yıkılmıştı," diye anlattı. Normal şartlar altında bu kadarı bile yeterince korkutucu olurdu, ancak ekibinden bir kişinin binanın içinde bir türlü bulunamaması gerçekten de dehşet verici bir şeydi.

Stephen'ın adrenalin seviyesi arttıkça refleksleri devreye girdi. Yaşadığı şey yoğun korku veya heyecanın davranışsal bir yan etkisidir, otomatik sistemlerinize daha fazla güvenmek ve her karar hakkında daha az derin düşünmek şeklinde gerçekleşir. Bu durumun oldukça görülür avantajları mevcuttur. Acil bir durum genellikle içsel hesap makinenizle hesap yapmanın veya artılarla eksileri tartmaya başlamanın zamanı değildir. Hızlı hareket etmeniz gerekir. Ancak bu durum bir yandan da iyi reflekslere ve alışkanlıklara sahip olmanın kritik önem taşıdığı anlamına da gelir. Alışkanlıklar bilinçli ya da değil, durmadan tekrarlayarak otomatikleştirdiğimiz davranış ve rutinlerdir. Bunlar esasen beynimizin varsayılan ayarlarıdır: Bilinç dışı işlem yaparken verdiğimiz tepkilerdir. Nörobilim araştırmaları, alışkanlıklar geliştikçe beynimizin muhakeme yeteneğimizin kullandığı kısımlarına (prefrontal korteks) giderek daha az, eylem ve motor kontrolden sorumlu kısımlarına (bazal gangliyonlar ve beyincik) ise giderek daha fazla güvendiğimizi ortaya koymuştur.*

İtfaiyeciler ve diğer acil müdahale ekipleri doğru şeyi fazla düşünmeden yapabilmek zorunda olduklarından, acil durumlar için pratik ve antrenman yapmak, kas hafızası oluşturmak ve akıllı kararları içgüdüsel tepkilere dönüştüren rutinler geliştirmek için inanılmaz derecede zaman harcarlar. İtfaiye akademisinde ve mesai sırasında, yangın alarmı çaldığında ağır teçhizatlarını giymek ve araçlarını yüklemek için gereken zamanı ve işin düşünce kısmını azaltmak için tatbikat ve alıştırma yaparlar. Arama ve kurtarma becerilerini uygulamaya döker, hortum hattının nasıl çekileceğini öğrenir ve oksijen maskesi arızalandığında ne yapacaklarının provasını önden yaparlar.

Stephen o korkunç depo yangınında kaybolan ekip arkadaşını ararken antrenmanlarda geliştirdiği alışkanlıklara güveniyordu. "Merhaba! Merhaba! İtfaiye! Kimse var mı?" diye seslenmişti, aynı eğitimlerdeki gibi. Ama bu işin kolay kısmıydı. "Zor kısmı ise," diye açıkladı, "insanlara seslenme sonrasında susmayı öğretmek ve bir sessizlik ânı yaratmak... Böylece bakabilir, dinleyebilir ve bir şeyler görebilir ya da duyabilirsiniz." Bu tür bir durumda doğal içgüdünüz bağırmaya devam etmektir, bu da etkili bir şekilde arama yapmanıza büyük ölçüde engel olur.

Neyse ki Stephen ve ekibi bu sessiz, olağan dışı duraklamayı doğal bir parçaları hâline getirene kadar pratik etmişlerdi. Bak-

---

* Charles Darwin'in klasik eseri *Türlerin Kökeni Üzerine* kitabında belirttiği üzere, içgüdüler ve alışkanlıklar arasındaki temel ayrım bunların kaynağıdır: İçgüdüler doğuştan gelir ancak alışkanlıklar sonradan öğrenilir.

mak ve dinlemek için her zamanki alışılmış duraklamaları sırasında çok önemli bir şey fark ettiler: enkazın arasından çıkan küçük bir eldiven parçası. Dinlemek ve etrafı taramak için duraksamak yerine bağırmaya devam etselerdi, enkaz altında kalan takım arkadaşları Rob'u asla bulamayacaklardı. Stephen, "Sanırım yere düşerken eli yarı dikey olarak sıkışmış," diye devam etti. Ekibi bina çökmeden saniyeler önce gömüldüğü yeri kazıp onu çıkarmayı ve güvenli bir yere sürüklemeyi başarmıştı.

Stephen ve itfaiye ekibi kahraman olarak görüldüler ve kesinlikle öyleler. Ancak Stephen kurtarma operasyonlarının başarısını kahramanca bir kararlılığa değil, kendisinin ve ekibinin varsayılan ilk tepkilerini güçlendirmeye ve acil bir durumda akıllıca yanıt vermelerini sağlamak için yaptıkları sayısız tatbikata bağlıyor. Fakat iyi alışkanlıklar kahraman kurtarışlarından daha fazlası için önemlidir. Otomatik pilotumuzun olumlu sonuçlar üretmesine ihtiyacımız olduğunda ve bir varsayılana güvenemediğimizde, en iyi seçenek yararlı bir alışkanlık geliştirmektir. İyi davranışları doğal bir parçamız gibi olana kadar sürekli tekrar etmek başarılı bir iş yürütmekten sağlıklı kalmaya kadar birçok şeyde faydalı olur.

Davranış bilimciler olarak alışkanlıklardan bahsederken, onları genellikle kestirme yollara benzetiriz. Eğer bir kahve tiryakisiyseniz, yeni bir kahve makinesini ilk kez kullandığınız zamanı hayal edin. Muhtemelen anlamak için tüm dikkatinizi vermeniz gerekti ve suyu tam olarak nereye dökeceğinizi ve kaç kaşık öğütülmüş kahveye ihtiyacınız olduğunu bulmanız biraz zaman aldı. Ancak bunu her sabah yapınca alışkanlık hâline geldi ve sabah kahvenizi hızlıca ve üzerine düşünmeden hazırlayabildiniz.

Kulağa ne kadar monoton gelirse gelsin, insanlar ve diğer hayvanlar üzerinde yapılan araştırmalar, alışkanlıkların tekrarlanan antrenmanlar sonucunda meydana geldiğini kanıtlamıştır. Alışkanlık geliştirme, itfaiyecilerin giyinme ya da durup yaşam belirtilerini tarama eğitiminden daha az amaç odaklıdır fakat sadece tanıdık değil içgüdüsel bir parçamız hâline gelene kadar daima aynı işlemin durmadan tekrarını içerir. Çoğu zaman (tırnak yeme, akıllı telefonu kontrol etme veya kahve yapma gibi) alışkanlıkları oluşturan tekrarlı eylemler bilinçsizce ya da düşünmeden gerçekleştirilir. İyi alışkanlıklar geliştirmek ya da kötü alışkanlıkları daha iyileriyle değiştirmek istiyorsanız, yüksek baskının olduğu bir ortamda en doğru hareketi yapabilmek amacıyla eğitim alan bir itfaiyeci gibi, bunları bilerek ve tekrar tekrar yapmanız faydalı olur.

Psikolog B. F. Skinner, yirminci yüzyılın ortalarında gerçekleştirdiği ve artık bir klasik olarak görülen deneylerinde, kemirgen ya da güvercinlere belli bir davranışta bulunmaları için (bir manivelaya dokunmak gibi) tekrarlanan fırsatlar ve arkasından tutarlı bir ödül (lezzetli ikramlar gibi) verildiğinde, alışkanlık hâline gelmiş bir reaksiyonun gelişeceğini ortaya koymuştur. Hayvanlar bu davranışı yapmayı öğreniyor ve ödüller kesildikten sonra bile aynı şeyi yapmaya devam ediyorlardı. Alışkanlıkların insanlarda da tıpkı kemirgen ve güvercinlerdeki gibi geliştiği ortaya çıktı. Ancak kemirgen ve güvercinlerin aksine, bizler iyi alışkanlıklara sahip olmak için kendi kendimizi bilerek eğitebilir ve başkalarının da eğitilmesine yardımcı olabiliriz. Tarif basit: Tutarlı ipuçlarına karşılık olarak bir eylemi ne kadar çok tekrarlarsak ve (övgü, rahatlama, zevk veya hatta doğrudan nakit para gibi) bir miktar ödül alırsak tepkilerimiz o kadar otomatik hâle gelir.

Aslında, B. F. Skinner'ın ünlü deneylerinden yarım yüzyıl sonra ekonomistler tarafından yürütülen çalışmalar, kemirgenler ve güvercinlerde işe yarayan aynı yaklaşımın, üniversite öğrencilerinin daha fazla egzersiz yapmasına yardımcı olmak için kullanılabileceğini ortaya koymuştur. Bunu kanıtlamak için yüzden fazla üniversite öğrencisini spor salonuna devam ettirmekle ilgili bir çalışmaya dâhil ettiler ve rastgele farklı gruplara ayırdılar. Bazı öğrencilere, bir bilgilendirme oturumuna ve takip eden iki toplantıya katılmaları, araştırmacıların spor salonuna devamlılıklarını takip etmelerine izin vermeleri ve bir sonraki ay en az bir kez spor salonunu ziyaret etmeleri hâlinde 175 dolar kazanacakları söylendi. Diğerlerine ise sadece bilgilendirme oturumuna ve sonraki toplantılara katılmaları, spor salonuna gelip gelmediklerinin takip edilmesine izin vermeleri ve önümüzdeki ay en az *sekiz* kez spor salonuna gitmeleri hâlinde yine 175 doların ödeneceği söylendi.

Şaşırtıcı olmayan bir şekilde, ödeme almak için sekiz kez spor salonunu ziyaret edecek olan öğrenciler o ay boyunca diğerlerinden daha fazla egzersiz yaptı. Ancak asıl ilginç olan ise ödemeler kesildikten sonra olanlardı. Alışılmadık derecede yüksek egzersiz içeren bir ayı yeni bitirmiş olan (sekiz kez spor yapmaları için 175 dolar teklif edilen) öğrenciler, artık hiç kimseye spor yapması için ödeme yapılmamasına rağmen sadece ayda bir kez spor salonu ziyareti yapmaları için ödeme yapılan diğer öğrencilerden çok daha sık spor salonuna gitmeye devam etmişlerdi. Hatta sekiz ziyaretlik grup üyeleri, yedi haftalık takip süreci boyunca diğer gruptaki öğrencilerden yaklaşık iki kat daha sık egzersiz yaptı.

Bu bulgu, Charles Duhigg'in *The Power of Habit* ve James Clear'ın *Atomic Habits* gibi çoksatan kitaplarda popüler hâle gelen basit ve *büyük ölçüde* doğru (bu ifadeye dikkat edin, bu bölümün ilerleyen kısımlarında benim bile ortaya çıkardığımda şaşırdığım sürpriz bir dönüşü açıklayacağım) bir alışkanlık geliştirme modelini desteklemektedir. Belirli bir davranış tutarlı bir şekilde birçok kez tekrarlandığında (veya pratik yapıldığında) ve herhangi bir olumlu geri bildirim bu davranışın uygulanmasına eşlik ettiğinde, davranış içgüdüsel hâle gelme eğiliminde olur. Sabahları kahve yapma örneğine tekrar dönecek olursak, tutarlı kahvaltı saatindeki mutfağınızı düşünelim. Ödül taze kahve; alışkanlık ise kendinize bir fincan kahve hazırlamak için gerekli hareketler bütünüdür. Ya da Duhigg'in üne kavuşturduğu bir örnekten yola çıkarsak, diş macunu endüstrisi diş fırçalama faaliyetini, insanların her sabah banyo lavabolarının önünde dururken yapmayı istedikleri ödüllendirici, nane kokulu bir tazelikle ilişkilendirerek, diş fırçalamayı akıllıca bir yöntemle alışkanlık hâline getirmiştir.

İyi alışkanlıkların güzelliği, "ayarlayıp unutabileceğiniz" varsayılan unsurlar gibi, doğuştan gelen tembelliğimizden yararlanmalarıdır.* Alışkanlıklar bir kez edinildikten sonra iyi davranışları otomatik pilota bağlar, böylece onları düşünmeden uygularız. Psikolog Brian Galla ve Angela Duckworth, çocuk ve yetişkinlerle yürüttükleri altı çalışmadan oluşan muazzam bir dizi çalışmada, olumlu alışkanlıkların, genellikle yanlış bir şekilde "öz-kontrol" olarak adlandırdığımız şeyin anahtarı olduğunu kanıtlamışlardır. Etrafımızda inanılmaz bir irade gücüne sahipmiş gibi görünen -her sabah beş kilometre koşan, işine odaklanan, okulda kitaplarına en çok gömülen ve genellikle doğru seçimler yapıyor gibi görünen- insanlar aslında onları cezbeden şeylere karşı direnmek için doğaüstü bir yeteneğe sahip değillerdir. Bunun yerine, iyi alışkanlıklar onları ilk seferde cezbedici şeylerle yüzleşmekten alıkoyar. Yanlış karar vermek akıllarından *geçmez* bile. Her gün spor salonuna giderler çünkü bu bir alışkanlıktır, her an avantajları ve dezavantajlarını dikkatlice değerlendirdikleri için gitmezler. Kahvaltıda *smoothie* alırlar çünkü bu rutinleridir, yağlı bir sosisli sandviç düşünüp iradeleriyle karşı çıkmaya karar verdikleri için değil.

* Kötü alışkanlıklarımız da benzer şekilde -istemeden- yıllar süren tekrar ve ödüllendirme yoluyla oluşur. Örneğin tırnak yeme veya diş gıcırdatma gibi kaygı kaynaklı tikler genellikle stresle başa çıkmak için bir kendini yatıştırma yöntemi olarak başlar; yeterince tekrar edildiklerinde ise kalıcı kötü alışkanlıklara dönüşürler. Otomattan alınan öğle yemeği, başlangıçta acil bir durum için hızlı bir çözüm olarak başlar, ancak yeterince sık tekrarlandığında düşünmeden yapılan bir rutine dönüşür

Ve her gece yatmadan önce diş ipi kullanırlar çünkü otomatik pilot onlara bunu yapmalarını söyler; o gün zaman ayırıp diş ipi kullanarak gelecekte diş eti hastalıklarını önlemeye bizzat karar verdikleri için değil.

İdeal bir dünyada, iyi kararları da otomatik pilota bağlayabilirsiniz. İyi bir alışkanlık hayatınıza başarılı bir şekilde yerleştiğinde akıllıca kararlar düşünmeden yapılır hâle gelir. İşte o zaman en az direnç gösteren yolu seçme eğiliminiz yolunuza engel olmak yerine, hedeflerinize ulaşmanıza yardımcı olur. Diş ipi kullanma ve sağlıklı beslenme gibi davranışları bir piyanist veya itfaiyeci gibi becerilerinizi geliştirecek şekilde düşünmemiş olabilirsiniz, ancak yapmanız gereken aslında tam da budur.

Ne yazık ki yeni alışkanlıklar edinmek göründüğü kadar basit bir şey değildir. Arzu edilen davranışlar için kendinizi ödüllendirmek ve doğru kararı vermek için irade gücünüze ihtiyaç kalmayana kadar aynı eylemi tekrar etmek bazen işe yarayan bir stratejidir. Ancak bu sistemin sadece çok öngörülebilir bir dünyada sorunsuz bir şekilde çalıştığını zor yoldan öğrendim ki maalesef çoğumuzun yaşadığı dünya böyle bir yer değil.

ELASTİK ALIŞKANLIKLAR

Google'ın şirket merkezi ziyaretimin yeni başlangıçlar konusundaki çalışmalarıma ilham vermesinden kısa bir süre sonra, teknoloji devinde çalışan arkadaşlarımı bir teklif için aradım. Google'ın çalışanlarının sağlıklı yaşam konusunda daha iyi alışkanlıklar edinmelerine yardımcı olmak ve özellikle de daha fazla çalışanı tesislerindeki spor salonlarını kullanmaya teşvik etmek istediğini biliyordum. Ben de uzun süredir birlikte çalıştığım Harvard Business School profesörü John Beshears ile birlikte yardımcı olabileceğini düşündüğümüz düşük maliyetli bir strateji önerdim.

John ve ben yüksek lisans öğrencisiyken, beni gelişmekte olan davranışsal ekonomi ve dürtüsellik kavramlarıyla buluşturan bir sınıfta tanıştık. Kısa sürede arkadaş ve sonrasında da ortak yazar olduk. John, çalışanların emeklilikleri için birikim yapmalarına yardımcı olacak, onlarda olduğu varsayılan unsurları kullanmanın faydaları üzerine yapılan araştırmaların çoğundan sorumlu, dünyaca ünlü bir ekonomist artık. Ama tıpkı benim gibi, o da insanların en az direnç gösterdiği yolu tercih etme eğilimlerinin, akıllı varsayılanlarla "kur ve unut" tarzı bir yaklaşım uygulanamayacak önemli günlük kararları iyileştirmek için nasıl kullanılabileceğini anlamaya heveslenmişti; teknoloji kullanımı, diyet, egzersiz, uyku, günlük harcamalar ve daha fazlası gibi seçimlerden söz ediyorum. İkimiz için de cevabın alışkanlıklarla ilgili olduğu aşikârdı. Ve Google'ın, çalışanlarının sağlıkla ilgili daha iyi alışkanlıklar edinmelerine yardımcı olmak istediğini -araştırmalar daha sağlıklı çalışanların daha mutlu ve verimli olduğunu göstermektedir- bildiğim için John ve ben şirketin, uzun vadeli alışkanlıkları daha etkili bir şekilde başlatma temelli fikrimizi test etmek için mükemmel bir ortam yaratabileceğini düşünüyorduk.

Fikrimiz insanların tutarlılığıyla alakalıydı.

Rachel ve Fernando isminde, düzenli bir şekilde egzersiz yapmak isteyen iki kişi hayal edelim.

Şimdi diyelim ki her ikisi de kalıcı egzersiz alışkanlıkları edinmeyi ümit ettikleri için kişisel antrenörlerle haftada üç kez olmak üzere, bir ay sürecek bir programa kaydoldular. Rachel ve Fernando hedeflerine doğru aynı adımı attıkları için başarı şansları aynı gibi gözükebilir.

Ama diyelim ki Rachel'ın antrenörü, Fernando'nun antrenöründen farklı bir felsefeye sahip olsun. Rachel'ın antrenörü egzersizi alışkanlık hâline getirmenin en iyi yolunun, sıkı bir rutine sahip olmak olduğunu düşünüyordur. Rachel'dan en sevdiği egzersiz saatini seçmesini ister ve ona her hafta üç gün o saatte buluşacaklarını söylesin. Eğitmen, "Rutin Rachel"a ay sonunda kalıcı bir alışkanlık edinmiş olacağını söylesin.

Fernando da Rachel gibi günlük ideal egzersiz saatini belirliyor ve kişisel antrenörüyle egzersiz planları yapıyor diyelim. Ancak antrenörü esnekliğin önemli olduğuna inanıyor ve haftada üç kez olduğu sürece, Fernando'nun tam olarak ne zaman egzersiz yaptığıyla çok fazla ilgilenmiyor. "Esnek Fernando"ya spor salonuna yaptığı ziyaretlerin zamanlamasını değiştirmenin, zorluklarla başa çıkmayı öğrenmesine ve antrenmanlarını çakışan başka işlerine göre planlamakta başarılı olmasına yardımcı olacağını söylüyor. Fernando'nun eğitmeni, bir ayın sonunda, haftada üç kez ve her fırsatta egzersiz yaparak kalıcı bir alışkanlık edineceğini ona garanti ediyor.

John ve ben ABD'nin lider üniversitelerindeki düzinelerce psikoloji profesörüne hangi hayali antrenörün daha iyi bir felsefeye sahip olduğunu sorduğumuzda belirgin bir fikir birliği söz konusuydu. Çoğu sıkı bir rutinle aynı saatte spor salonuna gitmenin, daha kalıcı egzersiz alışkanlıkları yaratacağını öngörüyordu. John ve ben de aynı şeyi düşünmüştük.

Bu yüzden her şeyi yanlış anladığımızı fark edince bir hayli şaşırmıştık.

John ve ben bu yanlış yönlendirilmiş öngörümüze durup dururken sahip olmamıştık. Daha önce bahsettiğim B. F. Skinner'ın kemirgenler ve güvercinlerle yaptığı koşullandırma deneyleri de dâhil olmak üzere, tutarlı rutinlerin kalıcı alışkanlıklar edinmek adına ne kadar önemli olduğunu gösteren birçok kanıt mevcuttur. Araştırmalar ayrıca insanların düzenli ilaç alma rutinleri olduğu zaman ilaçlarını tutarlı bir şekilde alma olasılıklarının çok daha yükseldiğini ve düzenli spor salonuna gidenlerin büyük çoğunluğunun günün belli bir saatinde egzersiz yaptığını ortaya koymaktadır.

Rutinlerin, alışkanlık hâline gelmiş davranışların önemini pekiştiren, patlamış mısır tüketimiyle ilgili gerçekten eğlenceli bir çalışma da mevcuttur. Alışkanlıklar uzmanı Wendy Wood, bir dizi kısa filmi izlemeleri ve değerlendirmeleri için yerel bir sinemada bazı sinemaseverleri görevlendirmiştir. Bu insanlar Wendy'nin onların film zevklerini incelediğine inandırıldılar ve sinemada kendilerine bedava patlamış mısır verildiğinde, bunun amacının zamanlarını ve fikirlerini paylaştıkları için bir teşekkür ödülü vermek olduğunu düşündüler.

Gerçekte ise çalışma patlamış mısırla ilgiliydi. Dağıtılan kutulardan bazılarında taze tereyağlı patlamış mısır vardı. Fakat araştırmaya katılanların bir diğer kısmına ise tüm gevrekliğini ve tereyağlı lezzetini kaybedene dek plastik ambalajlarda saklanmış bir haftalık patlamış mısır verildi. Şaşırtmayacak bir şekilde insanlar iyi ve kötü patlamış mısırı birbirinden ayırt etmekte zorlanmadı. Kötü şeyler evrensel olarak iğrenç olarak tanımlanıyordu. Genellikle sinemada patlamış mısır yemeyen insanlar da oldukça makul davranıyordu: Bayat patlamış mısırı kendi hâline bırakıyorlardı. Ancak taze atıştırmalıklar bulacak kadar şanslılarsa, onları mutlulukla mideye indiriyorlardı.

Asıl şaşırtıcı olan ise Wendy'nin, sinemada *her zaman* patlamış mısır yiyen katılımcıların, porsiyonlarının bayat ya da taze, tereyağlı olmasına bakmaksızın aynı miktarda yediklerini keşfetmesi oldu. Davranışları rasyonel yargılara değil, içgüdü ve alışkanlıklara dayanıyordu. Taze ya da bayat, aynı miktarda yediler çünkü otomatik pilot modundaydılar. Sinema salonu onlara patlamış mısır yeme zamanının geldiğini işaret ediyordu, bu sebepten hiç düşünmeden yediler.

Wendy'nin ekibi, alışkanlıkları ve düşünmeden yapılan davranışları tetikleyen ipuçları arasındaki bağlantıyı kesinleştirmek için deneyi farklı bir ortamda tekrarladılar, -sinemada film izletmek yerine- bir araştırma laboratuvarında müzik videoları gösterdiler ve sonuçlar farklı oldu. Bu defasında, sinemada her zaman patlamış mısır yiyen insanlar tıpkı patlamış mısır alışkanlığı olmayan sinemaseverler gibi davrandılar. Patlamış mısırla her zaman bildikleri şekilde karşılaşmadıkları için otomatik pilot devreye girip onları bir haftadır plastik torbalarda bayatlayan lastik benzeri şeyleri yemeye yönlendirmedi.

Wendy bana esasen sonuçlara hiç de şaşırmadığını söyledi. Alışkanlıklar üzerine çalıştığı kariyerinden biliyordu ki davranışları sürekli olarak aynı bağlamda tekrarlamak (mesela bir sinema salonunda bulunmak) ve (lezzetli patlamış mısır gibi) bir ödül almak, ödül artık var olmasa bile sonunda benzer ipuçlarına, iyi deneyimlenmiş şekillerde yanıt vermemize sebep olacaktır. Wendy, "Bu ipuçları diğer insanlar, içinde bulunduğunuz fiziksel ortam, hatta günün saati ya da az önce yaptığınız bir eylem bile olabilir," diyordu. "Tüm bu ipuçları, zihninizde verdiğiniz tepkiyle ilişkili hâle gelir."

Ve fareler üzerinde yapılan muazzam bir araştırma, bu alışkanlık modeli için benzer nitelikte kanıtlar ortaya koydu. Eroin bağımlılığı geliştiren farelerin, aşina oldukları enjeksiyon ortamında aşırı dozda uyuşturucu aldıklarında ve bu ortamın dışında aynı şeyi yaşadıklarında çok farklı tepki verdikleri ortaya çıktı. Tanımadıkları bir ortamda aşırı doz enjekte edilirlerse, ölme olasılıkları iki kat daha artmaktaydı. Peki bunun sebebi nedir? Fareler her zamanki ipuçlarıyla çevrili olduklarında, vücutları uyuşturucuya daha alışılmış bir şekilde tepki verir (yani oluşturdukları uyuşturucu toleransı onları korur), ancak yabancı bir ortamda vücutları yetersiz tepki verir ve bu da ölümcül olabilir. Bu araştırma biraz ürkütücü olsa da tanıdık bir ortamın memelilerin bildik uyaranlara tepki verme hâllerini nasıl etkilediğini bariz bir şekilde göstermektedir. Uyuşturuculardan patlamış mısır yemeye, ilaç almaya ya da egzersiz yapmaya, tanıdık ortamlarda daha alışılmış tepkiler veririz. Tanıdık olma hâli alışkanlıkları doğurur.*

Bunların hepsi John ve benim, insanlara sosyal medya kullanımı, uyku, egzersiz, ilaçlara bağlılık, ev ödevlerini tamamlama, itfaiyecilik veya ebeveynlik gibi konularda iyi alışkanlıklar edinmelerine yardımcı olmak istiyorsak, tutarlı, istikrarlı ve tanıdık rutinler oluşturabilmelerinin değerli olabileceğini düşünmemiz için yabana atılmayacak sebeplerimiz olduğunu ortaya koymaktadır. Rachel ve Fernando'ya geri dönersek; Rutin Rachel'ın her gün aynı saatte spor salonuna gitmesini teşvik eden antrenörünün, esnekliği ön planda tutan Esnek Fernando'nun antrenöründen daha kalıcı bir egzersiz alışkanlığı geliştirmeye yardımcı olacağına inanmak için her türlü nedenimiz vardı.

Google'daki dostlarımız, çalışanlarının kalıcı spor salonu alışkanlıkları edinmelerine yardımcı olma fikrini sevdiler ve teorimizi tesislerindeki spor salonlarında test etmemiz için bize yeşil ışık yaktılar.**

Yürüttüğümüz çalışmaya Amerika Birleşik Devletleri'nin dört bir yanındaki ofislerde çalışan iki bin beş yüzden fazla Google çalışanı katıldı. Onları teşvik eden şeylerde değişiklikler yaparak oynadığımız bir aylık süre boyunca ve sonrasında (bir aylık müdahalemizin varsa ne gibi kalıcı etkiler yarattığını görmek için) yaklaşık kırk hafta boyunca, katılımcıların tesis içi spor salonlarına gitme

* Bu, yeni başlangıçlar -alışılmış olandan kopan ve alışkanlıkları bozabilen anlar- fikriyle bağlantılıdır.

** Bu çalışmada sadece (eski) Google çalışanı Jessica Wisdom ile değil, aynı zamanda iki müthiş Wharton doktora öğrencisi Rob Mislavsky (şimdi Johns Hopkins'te profesör) ve Sunny Lee ile iş birliği yapma şansı bulduğumuz için şanslıydık.

oranlarını ölçtük. Çalışmamızın en önemli özelliği, spor salonu alışkanlıklarında ödüllendirmenin *kalıcı* değişimlerde anahtar bir rolü olup olmadığını görmek için geliştirdiğimiz bir test olmasıydı.

Şöyle yaptık: Bazı çalışanlara her gün aynı saatte egzersiz yaptıkları için ödeme yapılırken, diğerlerine herhangi bir saatte egzersiz yaptıkları için biraz daha az ödeme yapıldı.* Çalışmamızın biçimi, (sürekli olarak günün aynı saatinde egzersiz yapan kişiler olan) Rutin Rachel'lar gibi davranmaları için rastgele yönlendirdiğimiz kişileri (Rachel'larla aynı sayıda, ancak daha az tutarlı bir programla haftalık egzersiz yapan) Esnek Fernando'lar gibi davranmaya teşvik ettiklerimizle karşılaştırmamıza olanak tanıdı.

Veriler geldiğinde, sıkı ve düzenli bir rutinin gücünü destekleyen kanıtlar göreceğimizden oldukça emindik. Bu sebepten dolayı aslında her şeyi yanlış anladığımızı öğrenmek bizi çok şaşırtmıştı.

Mantığımızdaki hatayı açıklamadan önce, bize biraz hak vererek başlamama izin verin; *her şeyi* tersinden anladığımızdan söylemiyorum bunu elbette. Her gün aynı saatte egzersiz yaptıklarından ötürü ödüllendirdiğimiz çalışanlar, özellikle her zamanki planladıkları saatte egzersiz yaparak biraz daha sıkı bir alışkanlık oluşturdular. Egzersiz alışkanlıkları oluşturmaya yönelik bir aylık programımız sona erdiğinde, düzenli egzersiz yaptıkları için ödüllendirilen çalışanlar, canları istediği zaman egzersiz yaptıkları

* İnsanların sadece herhangi bir spor salonu ziyareti için mi yoksa sadece planlanan zamanlarda mı para kazanmalarını değil, aynı zamanda spor salonu ziyaretleri için ne kadar ödeme yaptığımızı da rastgele belirledik. Bazı insanlar spor salonu ziyaretleri için 3 dolar kazanırken, diğerleri 7 dolar kazandı. Beklediğimiz gibi, ne kadar çok ödeme yaparsak o kadar çok insan egzersiz yapıyordu. Çalışmamızın tasarımı hem insanların ne zaman egzersiz yaptıkları hem de ne kadar egzersiz yaptıkları konusunda farklılık yarattığından, bir ay süren müdahalemiz sırasında aynı sıklıkta (örneğin haftada iki kez) egzersiz yapmaya zorlanan, ancak rutinlerinde farklı derecelerde düzenlilik içeren iki çalışanı birbiriyle karşılaştırabildik.

için ödüllendirilen çalışanlara kıyasla spor salonuna normal zamanlarında biraz daha sık gitmeye devam ettiler.

Ancak asıl sürpriz, tutarlı bir saatte spor salonuna gitmeleri için teşvik ettiğimiz Google çalışanlarının (Rutin Rachel'lar) esasen sadece o saatte egzersiz yapma alışkanlığı edinmeleriydi. Onları yanlışlıkla esnek olmayan robotlara çevirmiştik, Rutin Rachel'ları "Bükülmez Rachel"lara dönüştürmüştük. Eğer spor salonuna her zamanki saatlerinde gidemezlerse, bu Bükülmez Rachel'ların deneyimiz esnasında ya da sonrasında spor salonuna gitmeleri pek mümkün olmuyordu. Fakat daha esnek bir programla egzersiz yaptıkları için ödüllendirdiğimiz çalışanlar hem çalışmamız boyunca hem de sonrasında, sadece en uygun olduğunu söyledikleri zamanda değil, *diğer* zamanlarda da çok daha fazla egzersiz yapmaya devam ettiler. Asıl planlarına uyamadıklarında bile spor salonuna nasıl gideceklerini çok net bir şekilde öğrenmişlerdi ve bu da genel olarak "daha sıkı" bir egzersiz alışkanlığı edinmelerini sağlamıştı.

Bu sonuçlar başlangıçta beni ve bunları sunduğum birçok akademik ve kurumsal dinleyiciyi şoke etmiş olsa da (seminerlerimde insanlara tahminleri konusunda anket yapmaktan ve ardından neredeyse herkesin yanıldığını ortaya çıkarmaktan zevk aldığımı söylemem lazım), bunun araştırma kariyerimde yaptığım en önemli keşiflerden biri olduğunu düşünüyorum.

Evet, istikrarlı rutinler oluşturmak alışkanlık edinmede anahtar rol oynar. Fakat mümkün olan "en kalıcı" alışkanlıkları oluşturmak istiyorsak, hayat bizi ters köşeye yatırdığında dahi esnek olabilmemiz için bu durumlarla nasıl başa çıkacağımızı da öğrenmemiz gerekir. Çok fazla bükülmezlik, iyi bir alışkanlığın düşmanıdır.

Günlük bir meditasyon rutini edinmeye çalıştığınızı hayal edin. İdeal olarak, meditasyon yapmak için örneğin öğle yemeğinden sonra ofisiniz gibi bir zaman ve yer belirlediğinizi düşünelim. Son bölümde konuştuğumuz gibi bir plan yapmak, eylemi takip etmeyi hatırlamanıza yardımcı olacaktır. Alışkanlıklar üzerine yapılan araştırmalar, aynı zamanda ve aynı yerde tekrar tekrar meditasyonlar yapmanın ve bunun için kendinizi ödüllendirmenin meditasyonu daha otomatik hâle getireceğini ortaya koymaktadır. Fakat bazen öğle yemeğinden hemen sonra ofisinizde meditasyon yapmak işe yaramayabilir. Belki bir müşterinizle öğle yemeği dışında bir toplantınız ya da öğle tatilinizde bir doktor randevunuz olabilir. John ile yaptığım araştırma gösteriyor ki hangi koşullar içerisinde olursanız olun, esnek olmanın ve bir şekilde meditasyon yapmanın bir yolunu bulabilirseniz ve bunu yaptığınız için kendinizi ödüllendirirseniz, meditasyon alışkanlığınız daha da güçlü bir hâle gelecektir. Rutinleriniz içinde esnekliği güçlendirerek otomatik pilotunuzu daha sağlam hâle getirebilirsiniz: Bunun sonucunda ise rutininiz, ideal olmayan koşullar altında bile meditasyon yapmak olacaktır. Genel olarak daha sıkı, daha kalıcı bir alışkanlık oluşturacaksınız.

John ile yaptığım araştırmanın sonuçları üzerinde daha fazla düşündükçe, bilinçaltı seviyesinde, iyi alışkanlıklar edinmek için esnekliğin önemini uzun zamandır aslında takdir ettiğimi fark etmiştim. Rekabetçi bir genç tenisçi olarak bu gizli öngörüyü günlük antrenman seanslarımda uyguladım. Kortta ters ve ön kol temelli hareketleri bir parçam hâline gelene kadar çalıştığımda, onları her defasında aynı şekilde tekrar etmedim. Elbette, ideal koşullar altında (top bana doğru geldiğinde ve hazırlıklı olmaya zamanım olduğunda) yüzlerce vuruş çeşidi çalıştım, ancak aynı zamanda farklı koşullar altında vuruşlarımı geliştirmek için büyük acılar çektim. Vuruşlarımı çeşitli koşullar altında çalışmam sayesinde, bir maç sırasında kendimi nerede bulursam bulayım topa rahatça vurmak âdeta bir parçam hâline geldi. Aynı dersin her alışkanlık için geçerli olduğu ortaya çıkmaktadır. Eğer sadece ideal ortamlarda pratik yaparsanız, kazanımınız daha farklı koşullarda geliştirilmiş bir alışkanlık kadar faydalı ya da güçlü olmayacaktır.

Bilinçli olarak iyi alışkanlıklar geliştirmek adına, davranışlarımızda olumlu değişiklikler yapmak için doğuştan gelen tembelliğimizi kullanabileceğimize inanıyorum. Fakat artık iyileşmiş bir davranışı otomatik pilota bağlamak için onu sadece tek ve belirli bir koşulda geliştiremeyeceğimizin farkındayım. Çok yönlü ve sağlam alışkanlıklar, koşullar ne olursa olsun en iyi kararı vermek için kendimizi eğittiğimizde ortaya çıkanlardır.

GECE VE GÜNDÜZ

Hepimiz Ben Franklin'i bir kurucu figür, filozof, bilim adamı, yazar, matbaacı ve belki de en çok uçurtması aracılığıyla elektriği ilk kullanan kişi olarak tanırız. Çalıştığım Pennsylvania Üniversitesinin kurucularından olduğu ve bir yandan da oldukça bilgili bir davranış bilimci olduğu için kendisine özellikle hayranlık duyarım.

Fakat Franklin gençliğinin son birkaç yılını Londra'da çapkın bir serseri olarak geçirmişti. Düşüncesizce para harcamış, yerel tavernalarda kendini şımartmış ve genel anlamda sefahate dalmıştı. Philadelphia'ya dönüş yolculuğu sırasında gemisinin şanssız akıntılara kapılıp yolculuğun birkaç haftadan iki aya uzaması üzerine, Franklin'in kendini toparlamak için bir plan yaptığını söylerler.

Tüm bu fazladan zaman, anlaşılan o ki genç Ben Franklin'in yeni bir başlangıç yapmaya karar vermesine yardımcı olmuştu. Üretken ve tatmin edici bir yaşam sağlayacağını düşündüğü bir dizi huyun sahibi olabilmek için dikkatli bir strateji geliştirdi. Doğru davranışı bir alışkanlığa dönüştürmek amacıyla, on üç farklı erdemi (öz denetim, sessizlik, düzen, kararlılık, tutumluluk, çalışkanlık, samimiyet, adalet, ölçülülük, temizlik, sükûnet, iffet ve alçak gönüllülük) sergilemedeki günlük başarısını veya başarısızlığını takip etmek amacıyla bir çizelge sistemi oluşturdu. Başarısızlıkları siyahla çizerek cezalandırır, başarıları ise güzel ve boş bir sayfayla ödüllendirirdi. Tarihin gösterdiği üzere nihayetinde (en hafif tabirle) kendi başına bir şeyler yapmayı başardı. Belki de bunda kısmen de olsa yaptığı çizelgelerin katkısı vardır.

Yaklaşık üç yüz yıl sonra, komedyen Jerry Seinfeld de benzer bir felsefeye güveniyordu. Çoğu espri genelde vasat olduğundan ve iyi bir espri üretmek için birçok deneme yapmak gerektiğinden, Seinfeld kendini her gün yeni bir espri üretmeye adamıştı ve Franklin'in yaptığı gibi kendi gelişimini takip ediyordu. Seinfeld'in sloganı şuydu: "Seriyi asla bozma."

Ben Franklin ve Jerry Seinfeld birçok nedenden ötürü ilginç vakalardır. Birincisi, her ikisi de alışkanlığın gücünü fark etmiş ve yeni alışkanlıklar yaratmak için eylemlerini tekrar etmeleri gerektiğini anlamışlardır.

İkincisi, her iki adam da çabalarını fanatikçe *takip ettiler*. Araştırmalar, egzersizlerinizi, esprilerinizi ve hatta erdemlerinizi bile sıkı sıkıya takip ederek davranışlarınızı değiştirme şansınızı arttıracağınızı göstermektedir. Bunun nedeni kısmen de olsa bir davranışı izlemenin, bir parçamız hâline gelene kadar onu yapmayı unutmamamıza yardımcı olmasıdır. Ayrıca bu, başarılarınızı kutlamak ve başarısızlıklarınızdan kendinizi sorumlu tutmak için de güzel bir yoldur. Başarılarınız ve başarısızlıklarınız gözünüzün önündeyken, hedeflediğiniz şeyi başardığınızda gurur duymamak ve olmadığında biraz da olsa utanmamak zordur.

Hem Ben Franklin hem de Jerry Seinfeld rutinlerindeki aksamalar konusunda çok endişeleniyordu. Son dönemde yapılan araştırmalar, alışkanlık hâline getirmeyi umduğumuz bir davranışta kısa bir es geçmeden daha fazlasının (spor salonuna gitmeyi bir kez değil de birden fazla kez ihmal etmek gibi) bir bedeli olabileceğini işaret etmektedir. Seinfeld'in "seriyi bozmama" mantığı bu bağlamda zekicedir. Bu, aynı zamanda yirmi sekiz haplık doğum kontrol paketlerinin arkasındaki mantığı açıklamaya da yardımcı olur. Bilimsel olarak konuşmak gerekirse, haplar sadece yirmi sekiz günlük âdet döngüsünün ilk yirmi bir gününde gereklidir. Bununla birlikte, çoğu doğum kontrol paketinde yirmi bir hormon hapının yanı sıra yedi şeker hapı da bulunur, böylece doğum kontrol hapı kullanan kişilerin kullanmayacakları hafta boyunca ilaç alma alışkanlıklarını sürdürmeleri sağlanır. Daha iyi bir doğum kontrol yöntemi (zona aşısı gibi ama geri dönüşümlü) tek seferlik bir dozu içerecek olsa da bir sonraki en iyi seçenek günlük dozdur. (RİA'lar -rahim içi araçlar- doğum kontrol aşısına en yakın yöntemdir ve özellikle güvenilirliklerine dair kanıtlar arttıkça, popülariteleri de büyük ölçüde artmıştır.)

Bu bölümden hatırlayacağınızı umduğum temel ders tam olarak budur. Doğuştan gelen tembelliğimizden kaynaklanan herhangi bir sorun için ideal çözüm, tek dozluk bir çözümdür; yani bir varsayılandır. Eğer "ayarlar ve unutursanız," yaratmaya çalıştığınız değişiklik her ne ise yapması bir hayli kolay olacaktır.*

* Penn Medicine, eşdeğer reçete yazma varsayılanının başarısından sonra bunu çabucak anladı ve benzer bir mantığı yine uygulayarak başka büyük kazançlar da elde etti. Mitesh'in kurduğu Dürtme Birimi, her reçetede verilen hap sayısını (normal otuz günlük doz yerine) onlu olarak varsayılan hâle getirerek, alışkanlık yaratan opioid reçetelerini yarı yarıya azalttı. (M. K. Delgado vd., "Association between Electronic Medical Record Implementation of Default Opioid Prescription Quantities and Prescribing Behavior in Two Emergency Departments," *Journal of General Internal Medicine* 33, no. 4 [2018]: 409–11, DOI:10.1007/s11606-017-4286-5). Ayrıca bu klinik içlerindeki en iyi uygulamayı varsayılan hâle getirerek, kalp hastalarının rehabilitasyona sevk oranını beş kattan fazla artırdı. (Srinath Adusumalli vd., "Abstract 19699: A Change in Cardiac Rehabilitation Referral Defaults From Opt-In to Opt-Out Increases Referral Rates among Patients with Ischemic Heart Disease," *Circulation* 136, no. suppl_ 1 [2017], DOI:10.1161/circ.136.suppl_ 1.19699)

Ne yazık ki genel anlamda tek seferlik çözümlere güvenemeyiz. Tembellik aleyhimize olduğunda ve varsayılan bir unsur kalıcı bir değişim yaratmayı başaramadığında -ve bizi rahatsız eden şeyi iyileştirmek için tek seferlik bir aşı yoksa- bir sonraki en iyi seçenek bir alışkanlık tasarlamaktır. Alışkanlık mühendisliği, her başarı için kendimizi ödüllendirirken, tanıdık ipuçlarına tutarlı bir karşılık vermek için tekrara veya antrenman gibi bir uygulamaya güvenme anlamına gelir.

Şınav çekmek veya meyve yemek gibi düzenli olarak yapmayı umduğumuz alışkanlıkları, sabah kahvesi içmek veya işe gitmek gibi zaten var olan alışkanlıklarla ilişkilendirerek, yeni alışkanlıkları eski alışkanlıkların üzerine ekleyebileceğimizi öne süren bazı ilgi çekici yeni araştırmalar mevcuttur. Yakın zamanda yapılan küçük ama umut verici bir çalışmada, diş ipi kullanma alışkanlığı edinmeye çalışan kişiler, dişlerini fırçalamadan önce değil de fırçaladıktan *sonra* diş ipi kullanmaları istendiğinde daha başarılı olmuşlardır. İpuçlarının gücü hakkında düşünürseniz, diş fırçasını kutusuna geri koymanın, insanları diş iplerini almaları için tetikleyen bir ipucu olduğunu fark edersiniz. Yeni alışkanlık eskisine eklenmiştir.

Bu stratejiyi ben kendim de kullandım. Yeni bir anne olarak hayatım spor salonuna gidemeyecek kadar yoğunlaşınca, yeni bir günlük egzersiz alışkanlığı geliştirmem gerektiğini biliyordum. Bu yüzden yedi dakikalık egzersizleri zaten başardığım için bunları sabah tuvalet rutinime ekledim ve nadiren es geçtim.

Alışkanlığa dönüştürmek istediğiniz yeni bir davranışı hayatınızda zaten var olan diğer alışkanlıklarla ilişkilendirmek, alışkanlık edinmenin önemli evrelerinde durumu takip etmeyi kolaylaştırır. Ayrıca performansımızı takip etmemiz ve başarı için kendimizi ödüllendirmemiz, serimizi sürdürme çabası göstermemiz ve karşılaştığımız engellerin gelişimimizi engellememesi için rutinlerimize esneklik kazandırmamıza da yardımcı olur.

Bu bilgileri göz önünde bulundurarak tembelliği tersine çevirmek mümkündür. En az direnç gösteren yol, o mükemmel sorumsuzluk, bir şeyleri değiştirmek istediğimizde işe yarar bir değere dönüşebilir.

Bölüm İpuçları

- Tembellik ya da en az direnç gösteren yolu takip etme eğilimi, değişimin önünde engel olabilir.
- Varsayılan ayarlar (Yeni bir bilgisayarla birlikte gelen standart fabrika ayarları gibi), bizzat başka bir seçenek seçmezseniz sonunda elde edeceğiniz sonuçtur. Varsayılan unsurları (Mesela tarayıcınızın ana sayfasını Facebook yerine iş e-postanıza ayarlamak gibi) akıllıca seçerseniz (sosyal medyada daha az zaman harcamak türünde bir) tembelliği, değişimi kolaylaştıran bir değere dönüştürebilirsiniz.
- Alışkanlıklar, davranışlarımız için varsayılan ayarlar gibi çalışır. İyi davranışları otomatik pilota bağlarlar. Bir eylemi bildik senaryolarda ne kadar fazla tekrarlar ve karşılığında bir miktar ödül alırsanız (övgü, rahatlama, zevk veya doğrudan nakit para gibi), bu durumlarda tepkileriniz de bir o kadar alışılmış ve otomatikleşmiş hâle gelir.
- Çok fazla bükülmezlik iyi bir alışkanlığın düşmanıdır. Rutinlerinizde esnekliğe izin vererek, otomatik pilotunuzu da esnek hâle getirebilirsiniz. Böylece ideal olmayan koşullar altında bile tutarlı bir şekilde tepki verdiğinizi göreceksiniz. Sonunda daha sağlam ve daha kalıcı alışkanlıklar edinmiş olacaksınız.
- Davranışlarınızın izini takip etmek alışkanlık oluşturmanızı kolaylaştırabilir. Bu, unutmamanıza yardımcı olur ve

başarılarınızı kutlayıp başarısızlıklarınızın sorumluluğunu almanızı sağlar.

- Seriler gerçekleştirmeyi hedefinize koyun. Alışkanlık hâline getirmeyi umduğunuz bir davranışta (örneğin, spor salonuna sadece bir kez gitmek yerine birden fazla kez gitmemek gibi) kısa bir kesintiden daha fazlasını yapmak, yeni bir alışkanlığın oluşumunu engelleyebilir veya mevcut bir alışkanlığı bozabilir.
- Yeni alışkanlıkları eski alışkanlıkların üzerine eklemek alışkanlık oluşumuna yardımcı olabilir. Düzenli olarak yapmaya başlamayı umduğunuz şeyi (şınav çekmek veya meyve yemek), zaten alışkanlıkla yaptığınız başka bir şeyle (sabah kahvesi içmek veya işe gitmek) ilişkilendirin.

BÖLÜM 6

ÖZ GÜVEN

2007'de doktora çalışmalarıma devam ederken danışmanım Max Bazerman'ın ofisine girdiğimde çökmüş omuzlarım ve kederli yüz ifadem ne kadar yıkıldığımı gösteriyordu. İki yıldır onun rehberliğinde hazırladığım bir makale, gönderdiğim dergiden her akademisyenin korkulu rüyası olan "Reddedildi" damgasıyla geri dönmüştü. Karara, odaklandığım alandaki üç uzmanın notları eşlik ediyor ve araştırmamdaki birçok hatayı öne çıkarıyordu. "Bunu asla yayınlatamayacağım," diye isyan etmiştim.

Max'in tavsiyesi için beklerken ofisini gözlemledim. Raflarında sıralanan eski dergilerde sıra dışı sayılabilecek bir şey yoktu fakat çok az akademisyen, Max'in duvarında asılı olan ve eski bir öğrencisinin ellinci doğum gününde ona hediye ettiği bir "aile ağacı" şeklindeki akademik soyun yerden tavana uzanan posteri gibi bir şey sergileyebilir. Max'in adı en üstte yer alıyor ve altındaki her bir dal, danışmanlık yaptığı düzinelerce dünya çapındaki akademisyenden her birini temsil ediyor, ardından onların akıl hocaları ve sonra da diğerlerinin akıl hocaları geliyordu. Bu akademik soy ağacında yer alan kişiler şu anda Harvard, Columbia, NYU, Stanford, Duke, Cornell, UCLA, Berkeley ve Northwestern gibi diğer prestijli okullarda kıdemli profesörler olarak görev yapmaktadır. (Erkeklerin egemen olduğu bir alanda, eski öğrencilerinin çoğunun kadın olması ise gerçekten de dikkat çekicidir.*) Bir gün Max'in çizelgesindeki başarılı eski öğrencilerin arasına gireceğimi ümit etsem de bu yeni başarısızlığın ağırlığı beni asla başaramayacağım konusunda şüpheye düşürmüştü.

Kendimi en kötüsüne hazırladım. Max'in taslağımı yırtıp atmamı ve baştan başlamamı önermesi ihtimal dâhilindeydi. Fakat sakin ve güven verici bir gülümsemeyle sandalyesine yaslandı.

Max her zamanki rahat ve gerçekçi üslubuyla çalışmamın güçlü olduğunu ve hiç şüphesiz bir gün yayınlanacağını söyledi. Yalnızca tekrar denemem gerekiyordu. "Önümüzdeki kırk sekiz saati eleştirilere karşılık verebilmek adına elinden gelen her şeyi yaparak geçir ve sonra başka bir dergiye gönder," diye ısrar etti. "Yapabileceğin en kötü şey, mevcut kötü haberi sindirmek olacaktır."

Biraz şaşırsam da son derece rahatlamış bir şekilde hemen işe dönmeyi kabul ettim. "Mükemmel!" dedi Max coşkulu bir tavırla.

İki yıl sonra Wharton'a yardımcı doçent pozisyonunda girdiğimde (makalemi başarıyla yayınlamıştım), bu moral verici konuşma uzak bir anı hâline gelmişti. Fakat öğrencilere başarılı bir şekilde danışmanlık yapmak aklımın bir köşesindeydi; kendi lisansüstü öğrencilerimin potansiyellerine ulaşmalarına yardımcı olabilmek için sabırsızlanıyordum. Ancak çok geçmeden bir engel belirmişti: İlk yılımın başlarında, sorumluluğumdaki birçok doktora öğrencisinin mutsuz ve sonucunda başarısız olduklarını keşfettim. Parlak tavsiyeler, etkileyici akademik referanslar ve yüksek umutlarla gelseler bile, yetenekli doktora öğrencilerinin çalışmalarına yönelik eleştirilerle karşılaşmaya başladıklarında genellikle moralleri bozuluyor ve birçoğu kendini toparlayamıyor-

---

* Max'in kapsayıcı akıl hocalığı akademide büyük bir efsanedir ve *The Person You Mean to Be: How Good People Fight Bias* kitabında önemli bir biçimde kendine yer bulmuştur.

du. Birkaç yıl geçince bu durumun akademide de bir hayli yaygın olduğunu öğrendim. Yeni açıklanan bir anket, önde gelen sosyal bilimler doktora programlarındaki öğrencilerin ortalama ruh sağlığı ölçümlerinin, ABD hapishanelerinde tutulan mahkûmlarınkine benzediğini gösteriyordu!

Bu meseleyi çözebilmek adına deneyimlerini sormak için Max'e ulaştım. Onun akıl hocalığı tekniklerini benimseyebilirsem, daha fazla Wharton öğrencisinin akademide parlamalarına yardımcı olabileceğime emindim. "İçimdeki bilgisayar bilimcisi, yıllar içinde yararlı bulduğunuz (ve gerçekten işe yaramadığını keşfettiğiniz) bazı algoritmalar veya 'temel kurallar' olduğunu varsayıyor" diye yazdım ona 2012 tarihli bir e-postada.

Max'in yanıtı klasik biçimde alçakgönüllüydü ama biraz da hayal kırıklığı yaratmıştı. Övgülerim için teşekkür ettikten sonra, bunun yersiz olduğunda ısrar etti. Doktora öğrencilerinin daha başarılı olmalarına nasıl yardımcı olabileceğine dair birkaç ipucu verse de mesajının ana vurgusu harika öğrencilerin onu bulduğu üzerineydi. "Çok zeki olanlardan muhteşem olanlara kadar her türde öğrencilerle çalıştım," diyordu. Max'e göre, kendisini bu kadar iyi gösteren şey danışmanlığının kalitesi değil, öğrencilerinin sahip oldukları kendi yetenekleriydi.

Eski danışmanımın doktora öğrencilerimin başarılı olmasına yardımcı olabilmem adına taklit edip kullanabileceğim hiçbir stratejisi olmadığına inanamadım, bu yüzden onun ipuçlarını bir araya getirdim ve en iyi uygulamalarının bir listesini oluşturmak için bunları benim gözlemlerimle toparlayıp tamamladım. Max e-postalara günler değil saatler içinde yanıt verir ve taslak makaleleri de hızlı bir şekilde okuyarak nasıl revize edileceği ve geliştirileceği konusunda değerli yorumlar sunardı. Tamam. Bunu ben de yapabilirdim. Öğrencilerinin araştırmaları hakkında birbirleriyle geri bildirimlerini paylaştıkları haftalık grup toplantıları düzenlerdi. Misafir öğretim üyeleri için öğrencilerin alandaki liderleri tanıyabilecekleri akşam yemeklerine ev sahipliği yapardı. Doktora semineri verir, önemli araştırmaları paylaşır ve bunların neden önemli olduğunu ayrıntılı olarak açıklardı. Bunlar da tamam. Belki de daha fazla doktora öğrencisini motive etmek ve hedeflerine ulaşmasına yardımcı olmak o kadar da zor bir şey değildi.

Fakat diğer doktora danışmanlarıyla daha fazla vakit geçirdikçe, birçok akademik danışmanın aynı yolu izlediklerini anladım. Yazdığım formül, Max'in öğrencilerinin neden bu kadar olağanüstü başarılı olduğunu ve ona neden alanımızdaki tüm önemli danışmanlık ödüllerini kazandırdığını açıklamaya yetmiyordu.

Ayrıca, harika öğrencilerin Max'i kendileri buldukları konusunda da şüphelerim vardı. Otuz yıllık kariyeri boyunca sadece iki öğrencisini geri çevirdiğini öğrendim ve kapısından giren neredeyse her akademisyen adayının, mükemmel bir koçluk olmadan başarısız olacakları bir alanda, başarılı olacak yetenek, güven ve cesarete sahip olmaları ihtimal dâhilinde değildi. Max'in reçetesinde bundan fazlasının olması gerekirdi.

BİRAZ TAVSİYE İSTER MİSİNİZ?

Bir aile toplantısında olduğunuzu hayal edin. Teyzeniz ve birkaç kuzeninizle hasret giderirken bir de bakıyorsunuz ki üç yaşındaki çocuğunuz başka bir çocuğun elinden oyuncağını kapıyor ve ardından oyun arkadaşının koluna vuruyor. Çocuğunuzu mola vermesi için gönderdikten sonra kuzeniniz Betty sizi kenara çekip "Bence bunu daha iyi halledebilirdin," diyor. Size çocukları disipline etme konusunda ders vermeye devam ediyor. Nasıl hissederdiniz? Büyük ihtimalle bu profesyonel tavsiye için pek de minnet duymazdınız. Muhtemelen moraliniz bozulur, sinirlenir ya da her ikisini birden hissederdiniz. Kimse kendisine ders verilmesinden hoşlanmaz.

Asıl ironik olan ise, hepimiz bu tür istenmeyen tavsiyeler almanın moral bozduğunu anlasak bile, çoğumuz bir noktada Kuzen Betty'nin senaryosunu izlemişizdir. Bir hedefe ulaşmak için mücadele eden birini gördüğümüzde tavsiye vermek yaygın bir davranıştır. İnsanların genellikle isteseler de istemeseler de aradıkları şeyin bir tür rehberlik olduğunu düşünürüz.

Birkaç yıl önce, bu formülü tersinden anladığımızı düşünen bir yüksek lisans öğrencisiyle tanıştım. Eski bir piyanist ve Ivy League mezunu olan Lauren Eskreis-Winkler, daima yüksek başarı sergileyen bir kişiydi ve yetenekli akranlarının çoğunun, hedeflerine ulaşmak için mücadele etmesini şaşkınlıkla izliyordu. Psikoloji alanında doktora öğrencisiyken, en iyi performans gösterenleri geri kalanımızdan ayıran şeyin ne olduğunu anlamak istedi ve bununla ilgili veriler toplamaya başladı. Daha fazla para biriktirmeye, kilo vermeye, öfkelerini kontrol etmeye ve iş bulmaya çabalayan Amerikalılarla bir anket yaptı. Ayrıca (konuşan bir ördeğin yer aldığı ilginç reklamlarıyla tanınan sigorta şirketi) Aflac'taki satış görevlilerinin yanı sıra Philadelphia, New Jersey ve hatta Makedonya'daki lise öğrencileriyle bile görüştü. Görüştüğü kişilerin hepsine onları işte, evde ve akademik uğraşlarında daha başarılı olmaları için neyin motive edebileceğini sordu.

Lauren verileri incelerken şaşırtıcı bir keşifte bulunmuştu: Konu daha başarılı olmak olunca, insanların bunu nasıl yapacaklarına dair çok sayıda iyi fikri vardı. Düşük performanslı satış elemanları, lise öğrencileri, iş arayan işsizler ve tasarruf etmekte zorlanan savurgan insanlar bile durumlarını iyileştirmek için hep akıllı stratejiler önerdiler. Öğrenciler ("ders çalışırken telefonunuzu kapatın" gibi) sıradan önerilerden ("çalışma kâğıdının altına şeker koyun, bitirdiğinizde yiyebilirsiniz" gibi) yaratıcı önerilere kadar türlü önerilerde bulundular. Para sorunu olan kişiler "kredi kartıyla ödeme yapmayın" tavsiyesinde bulundu. İş arayanlar özgeçmişlerimizi güncel tutmamızı ve her zaman yanımızda taşımamızı önerdi. Hemen hemen herkes sorunlarının üstesinden gelmek için ne yapması gerektiğini biliyordu fakat sadece bunu yapamıyorlardı.

Lauren, bu başarısızlığın sebebinin bilgi eksikliği değil, Stanford'lı efsanevi psikolog Al Bandura'nın "öz yeterlilik eksikliği" olarak adlandırdığı, kendinden şüphe etme davranışından kaynaklandığını düşünmeye başladı. Öz yeterlilik, bir kişinin kendi davranışlarını, motivasyonunu ve sosyal koşullarını kontrol etme kabiliyetine güvenidir. Önceki bölümlerde aşırı güven duyma kapasitemiz ve bunun hedeflerimize ulaşmamızı nasıl engelleyebileceği ihtimalinden söz etmiştim. Fakat bu, esasen tam tersi bir sorundur: Hedefe kilitlenen kişiler bazen güvensizlikle boğuşurlar. Öz yeterlilik eksikliği bizi en başta hedef belirlemekten dahi alıkoyabilir.

Kendi hayatınıza (veya tanıdığınız birinin hayatına) dair örnekleri ele alabilirsiniz. Sizin tam potansiyelinize ulaşamadığınız anlar, elinizdeki iş göz korkutucu göründüğü için gerçekleşiyordu. Belki uzun mesafe koşucusunuz ama 40 kilometre tamamlayacak kadar atletik olmadığınızı düşündüğünüz için maraton koşusu hiç denemediniz. Belki de insanların, sözlerine değer vermeyeceğini düşündüğü için toplantılarda konuşmayan bir iş arkadaşınız bile vardır.

Araştırmalar bu bariz gerçeği doğrulamaktadır: Değişim kapasitemize inanmadığımızda yeterince ilerleme kaydedemiyoruz. Bir araştırma, kilo vermeye çalışırken yeme ve egzersiz alışkanlıklarını değiştirme becerilerine fazla güven duyan kişilerin daha başarılı olduğunu göstermiştir. Bir başka araştırma da yine benzer bir biçimde, öz yeterliliği daha yüksek olan fen ve mühendislik bölümü öğrencilerinin daha yüksek notlar aldığını ve bölümlerini bırakma olasılıklarının diğerlerine göre daha düşük olduğunu ortaya koymuştur.

Elbette, bir sonraki Toni Morrison, Marie Curie veya Bill Gates olmak gibi bazı hedefler çoğu insan için gerçekten ulaşılacak hedefler değildir. Fakat birçoğumuz bir yabancı dil öğrenmek veya forma girmek gibi çok daha gerçekçi hedefler peşinde koşarken tökezleriz. Cesaretsizlik karşısında ilerleyebilmek için bize güven veren şeyin ne olduğunu ve bu güveni diğer insanlara nasıl aşılayabileceğimizi anlamak, değişime ve başkalarının da değişimine yardımcı olmayı ümit eden herkes için önemli olabilir.

Bunu fark etmek Lauren'a yaratıcı bir fikir verdi. Çoğu zaman insanların değişiminin önündeki engelin *cehalet* olduğunu düşünürüz ve bu yüzden bu boşluğu tamir etmek için tavsiyelerde bulunuruz. Peki ya sorun cehalet değil de *öz güven* ise ve bizim istenmeyen aklımız işleri daha iyi değil de tersine daha kötü hâle getiriyorsa?

Lauren bir psikolog olarak, insanların aslında kastedilen başka şeyler olsa bile, başkalarının eylemlerinden üstü kapalı mesajlar çıkarmada ne kadar hızlı olduklarını biliyordu. Tavsiye verirken istemeden de olsa insanlara kendi başlarına başarılı olamayacaklarını düşündüğümüz mesajını iletiyor olabileceğimizi fark etti. Onları o kadar umutsuz gördüğümüzü ima ederiz ki o iki dakikalık tavsiye, insanların kendi sorunlarını çözmeye çalışarak elde ettiklerinden daha değerli bir şey olacaktır sanki. Bu yüzden merak etti: Ya senaryoyu değiştirirsek?

Eğer tavsiye vermek öz güveni yok edebiliyorsa, o zaman bununla mücadele eden kişilerden tavsiye verilen olmaları yerine, danışman olmalarını istemek daha iyi bir yaklaşım olabilir. Bir insanı bilgeliğini paylaşmaya teşvik etmek, onun zeki, başkalarına yardım edebilen, iyi bir rol model ve başarılı bir insan olduğunu gösterir. O kişilere inandığımızı gösterir. Teorik olarak, insanlardan bir başkasına rehberlik edecek birkaç kelime yazmasını istemek, *kendi* hedeflerine ulaşmaları için güven verici bir etki yaratabilir.

Lauren, Amerikan halkı arasında yerine getirilmemiş hedeflerle ilgili anketler yaptı. Bazıları daha fazla tasarruf yapmayı, bazıları öfkelerini kontrol etmeyi, formda kalmayı, bazıları ise yeni işler bulmayı hedefliyordu. Zaman içinde iki şey buldu. İlk olarak, doğrudan sorulduğunda, çoğu insan tavsiye almanın tavsiye vermekten daha motive edici olacağını ileri sürdü, bu da neden hepimizin o kadar çok istenmeyen tavsiyeye maruz kaldığımızı açıklıyor. Fakat kontrollü deneyler kullanarak bu düşüncenin doğruluğunu incelediğinde yanlış olduğunu gördü. Tam da tahmin ettiği üzere, hedef peşindeki insanları tavsiyelerde *bulunmaya* teşvik etmek, onların aynı nitelikte tavsiyelerin *verildiği* durumlara göre daha fazla motive olmalarına yol açmıştı.

Elbette motivasyon, davranış değişikliğinden çok daha farklı bir şeydir. Lauren'ın fikrinin insanların hedeflerine ulaşmalarına yardımcı olmaması sahiden de mümkündü. Ancak daha büyük bir testi gerektirecek kadar umut verici görünüyordu. Bu yüzden 2018 kışında Lauren, Angela Duckworth ve Dena Gromet ile birlikte öğrencilerin akademik hedeflerine ulaşmalarına yardımcı olmayı amaçlayan büyük bir deney üzerinde çalıştım.

Deney günü, yeni okul döneminin başlamasından kısa bir süre sonra, Florida'daki yedi liseden yaklaşık iki bin öğrenci, öğretmenleriyle birlikte bir bilgisayar laboratuvarına gitti. İçlerinden kimisi birkaç kısa dijital anket doldurdu. Ancak diğerlerinden alışılmışın oldukça dışında bir şey yapmaları istendi. Tüm öğrenciler gibi bu öğrencilere de hayatları boyunca okulda derse odaklanmaları, sınavlardan önce daha fazla alıştırma yapmaları ve ödevlerini her zaman vaktinde teslim etmeleri gibi tavsiyeler verilmişti. Bugün farklı olacaktı. Bu defa tavsiye istenilen *onlardı*.

Bu şanslı öğrenci grubundan on dakikalık bir çevrimiçi anket aracılığıyla yaşıtlarına rehberlik etmeleri istendi. Onlara "Ertelemeyi bırakmanıza ne yardımcı olur?", "Odaklanarak çalışmak için nereye gidersiniz?" ve "Okulda daha başarılı olmayı uman birine ne gibi genel ipuçları verirsiniz?" benzeri sorular soruldu.

Anketleri tamamladıktan sonra öğrenciler akademik dönemin geri kalanında kendi hâllerine bırakıldı. Not verme döneminin sonunda, bize kendileri için en önemli olduğunu söyledikleri dersteki notlarını ve matematik notlarını inceledik (Angela'ya göre, çocuklar brokoli yemeyi matematik ödevlerini yapmaya tercih ettiklerini söylüyorlar!) Gördük ki stratejimiz işe yaramıştı. Sadece birkaç dakikalık tavsiyeler veren öğrenciler diğer öğrencilerden daha iyi performans göstermişti.

Açık konuşmak gerekirse, diğer çocuklara birkaç çalışma tavsiyesi vermek C notlarını A'ya taşımadı, ancak toplumun her kesiminden lise öğrencisinin performansını artırdı. Güçlü öğrenciler, zayıf öğrenciler, ücretsiz öğle yemeği programına dâhil öğrenciler ve daha varlıklı ailelerden gelen öğrencilerin hepsinde, akranlarına tavsiyelerde bulunduktan sonra küçük iyileşmeler görüldü.

Ve bir anekdot olarak, öğrencilerin tavsiye vermekten zevk duyduklarını gördük. Çalışmamızdaki lise öğrencileri, öğretmenlerine bugüne kadar hiç fikirlerinin sorulmadığını ve fikirlerini paylaşma şansı buldukları için çok mutlu olduklarını söylediler. "Bunu yakında tekrar yapabilir miyiz?" diye ümitle sordular.

Lauren tavsiye vermenin gücüne ilişkin araştırması üzerinde düşündükçe, aslında ne kadar anlamlı olduğunu daha iyi kavradı. Tavsiye vermelerini istemenin, insanlara kendilerinden daha fazlasının beklendiğini işaret ettiğini ve öz güvenlerini artırdığını anladı. Yaptığı görüşmeler temelinde, insanların üzerinde düşünecek vakitleri olmadığında bile, kendilerinin de normalde zorlandıkları hedeflerle nasıl daha iyi başa çıkabilecekleri konusunda yararlı fikirlere sahip olduklarını biliyordu. Düşük performans gösteren satıcılardan, vasat öğrencilerden ve diğer mücadele eden insanlardan bile iyi tavsiyeler alabileceğimizi hatırlayın.

Bu, başkalarına tavsiye vermenin bize yardım etme potansiyelinin önemli bir nedenidir. Bir diğeri de verdiğimiz tavsiyeleri kişisel deneyimlerimize göre şekillendirme eğiliminde olduğumuz gerçeğidir. Diyet önerileri sorulduğunda, bir vegan bitki bazlı ipuçları verecektir. Forma girmekle ilgili bir soru sorulduğunda, yoğun bir yönetici buna yönelik etkili bir egzersiz rejimi tavsiye edecektir. Kısacası birileri bizden rehberlik istediğinde, onlara *bizce* faydalı olan şeyleri yapmalarını söyleriz. Ve bu tavsiyeyi başkalarına söyledikten sonra kendimiz denemezsek bu defa ikiyüzlü hissederiz. Psikolojide "söylemek inanmaktır etkisi" diye bir durum vardır. Bilişsel uyumsuzluk sayesinde, bir başkasına bir şey söyledikten sonra buna kendinizin inanma olasılığı daha yüksektir.

Başarı için tavsiye vermenin almaktan daha önemli olabileceği fikri, efsanevi davulcu Mike Mangini 2019'da podcast programıma katıldığında bir kez daha anıldı. Mike bir yıldız olmak için ihtiyaç duyduğu öz güveni nasıl geliştirdiği hakkında konuştu. Şu anda dünyaca ünlü heavy metal grubu Dream Theater'ın baş davulcusu olan Mike'ın zirveye giden yolu hiç de kolay değildi. 1980'li yılları bir yazılım mühendisi olarak geceleri ve hafta sonları hiç durmadan bateri çalışarak, hedefine ulaşma konusunda ümidi az olsa da müzikte büyük bir kariyer elde edeceğini hayal ederek geçirmişti.

Derken bir şeyler değişti. Ortak çalışma alanını kullanan diğer bateristler beklenmedik bir şekilde Mike'ın kapısını çalmaya ve ondan kendilerine ders vermesini istemeye başladıklarında, onların istekleri Mike'a yeni bir güven kazandırdı. Eğer bu kadar çok insan onun özel bir yeteneği olduğunu düşünüyorsa belki de yetenekli birisiydi. Mike işinden istifa etti ve tüm zamanını bateri çalmaya adadı. Bugün artık alanındaki en tanınmış bateristlerden birisi. Başarısını tavsiye vermesinin istenmesiyle hiç de azımsanmayacak bir oranda ilişkilendiriyor.

Yine de aklınıza bir soru daha gelebilir: Ya hiç kimse sizden tavsiye vermenizi istemiyorsa? Başarılı olmanız sizin kontrolünüz dışındaki bir şeye, yani başkalarının isteklerine bağlıyken, Lauren'ın öngörüsünü kullanarak kendinize nasıl yardım edebilirsiniz?

İyi haber şu ki kendinize yardımcı olmak için de tavsiye vermenin gücünden yararlanmanız mümkün. Bunun bir yolu bir tavsiye kulübü kurmak olabilir: Üyelerinin düzenli olarak birbirlerine yardım için danıştığı bir grup insan. Bunun işe yaradığını biliyorum çünkü daha Lauren'ın araştırmasından haberim yokken bunu bizzat kendim yapmıştım.

2015 yılında Carnegie Mellon ekonomisti Linda Babcock'tan, kadınların, tatil partisini planlamak, toplantılarda not tutmak ve sonu gelmeyen komitelerde görev almak gibi düşük ölçekli ofis görevlerini üstlenme eğiliminde olduklarını öğrendim. (Bu durum tüm alan ve kültürler için geçerlidir.) Linda, kendisini bu kaderden kurtarmak için dört kadın meslektaşıyla birlikte bir tavsiye kulübü kurdu ve böylece iş hayatında daha fazla "hayır" demeleri için birbirine yardımcı oldular. Bu fikirden o kadar etkilendim ki iki üniversite arkadaşımdan -Modupe Akinola ve Dolly Chugh- benimle birlikte benzer bir kulübe katılmalarını istedim: İçimizden biri öğretim ve araştırma sorumluluklarımızın dışında zaman alan bir şey yapmaya çağrıldığında birbirimize böyle zor kararlar vermede yardımcı olmaya söz verdik. Şimdi ne zaman birimizden bir konuşma yapmamız, bir blog yazısı yazmamız ya da bir röportaj vermemiz istense, "Hayır" Kulübümüze ulaşıyor, bunun değip değmeyeceğini tartışıyor ve değmezse kibarca ama emin bir şekilde nasıl geri çevireceğimize dair birbirimize tavsiyelerde bulunuyoruz.

Kulüpten gelen tavsiyeler çok değerli. Ancak kendi verdiğim tavsiyelerden de büyük faydalar elde ettim. Meslektaşlarımın hayır deme zamanlamalarına yardımcı olmak, hayır demenin ne zaman doğru olduğuna kendi kendime karar verebileceğime dair inancımı artırdı, bu nedenle her geçen yıl sırtımı küçük kulübümüze daha az yaslıyorum. Ayrıca "söylemek inanmaktır" söyleminden de faydalandım. Bir başkasını kendi uzmanlık alanı dışındaki bir konuda bir konferans vererek değerli zamanını boşa harcamamasını söyledikten sonra benzer bir davete kendim evet desem kendimi komik hissederdim.

Sizinkine benzer hedeflere ulaşmak için mücadele eden dostlarınızla kendi kulüplerinizi kurmayı düşünebilirsiniz. Tavsiye verdikçe (eğer istenirse) ve aldıkça, birbirinizin güvenini artıracak ve kendi sorunlarınıza yardımcı olacak fikirleri yaratacaksınız. Bir başka basit öneri de bir zorlukla karşılaştığınızda tavsiye verme durumunu tersine çevirmektir. Kendinize şu soruyu sorun: "Bir arkadaşım ya da meslektaşım aynı sorunla mücadele ediyor olsaydı, ben ne tavsiye ederdim?" Bu bakış açısını benimsemek, aynı soruna daha büyük bir güven ve öngörü ile yaklaşmanıza yardım edebilir.

Eğer bir yöneticiyseniz, düşük performans gösteren çalışanları akıl hocalığı rollerine yerleştirmek mantıksızca gelebilir. Ancak bu, onların düşük performanslarını artırıcı bir etki yaratabilir. Adsız Alkolikler (AA) gibi kalıcı değişim sağlamamıza yardımcı olmak için tasarlanmış saygın programların üyelerinin birbirlerine akıl hocalığı yapmalarına teşvik edilmesi tesadüf değildir. Adsız Alkolikler'e üye olan kişiler bir başka üyeyi "sponsor" olarak alırlar, ancak sponsor sadece danışanın ayık kalmasına yardımcı olmak için orada değildir. Lauren'ın tavsiye verme ile alakalı yaptığı araştırma, bir sponsor olmanın öz güveninizi artırarak aynı zamanda *kendinizin* de ayık kalmanıza yardımcı olabileceğini göstermiştir. Sadece bu da değil; alkolden uzak durmanın en iyi yolu hakkında derinlemesine düşünmek, böylece bir başkasına rehberlik edebilmek ve hesap edebilmek, ayık kalma konusundaki kendi taahhüdünüzü de güçlendirecektir. Şirketlerdeki ve okullardaki akıl hocalığı programları da fazladan faydaları göz önünde bulundurularak tasarlanmış olsun ya da olmasın, yine aynı ikili amaca fayda eder.

Max Bazerman'ın doktora öğrencisiyken edindiğim tecrübeye dönüp baktığımda, onun başkalarına tavsiyede bulunmanın gücünü bilinçli olmasa bile, en azından sezgisel olarak anladığının farkına varıyorum. Elbette istendiğinde Max öğrencilerine açık ve doğrudan tavsiyelerde bulunuyor. Ancak bu tavsiyeler idareli bir şekilde sunuluyor ve tavsiyeleri (eğer size farkında olmayabileceğiniz bir fırsattan bahsetmiyorsa) nadiren istenmediğinde veriyor. Öğrencilere kendi önerilerini paylaşma şansını daha sık veriyor. Ve Max, daha kıdemli danışmanları da en yeni danışmanları gibi araştırmaları üzerinde çalışmaya şiddetle teşvik ediyor. Artık anlayacağınız üzere, ileri düzey doktora öğrencilerine de aslında yeni gelenler kadar yardım ediyor.

Lauren'dan akıl hocalığını iki yönlü bir yol olarak görünce, olumlu değişimi cesaretlendirmek için aslında yeni bir yolla donanmış olacağınızı öğrendim. Fakat öğrendiklerim bundan ibaret değildi. Ayrıca değişmeye çalışan insanlarla etkileşime girdiğimizde, ileteceğimiz mesajı düşünmenin *dolaylı olarak* ne kadar önemli olabileceğini de anlamama yardımcı oldu. Bu öngörü, istenmeden verilen tavsiyelerin neden sıklıkla eleştiri olarak algılandığını anlamasına yardım etmişti. Fakat başka bir araştırma bu öngörünün aslında görünenden daha da aydınlatıcı olduğunu ortaya çıkarmıştı.

BÜYÜK BEKLENTİLER

2004 yılının ortalarında bir gün, Boston ve Colorado'daki otellerdeki seksen dört kat görevlisi işlerine başladı ve günleri her zamanki gibi devam etti. Her kat görevlisi bir düzineden fazla odayı temizliyor, yataklardaki çarşafları çıkarıp yeni çarşaflarla değiştiriyor, yerleri süpürüyor, banyo lavabolarını, küvetleri, fayansları ve tuvaletleri fırçalıyor, havluları, sabunu ve şampuanı değiştiriyordu. Ancak o gün iş akışlarında küçük bir değişiklik yapıldı. Her zamanki görevlerini tamamladıktan sonra temizlik görevlilerinin kiloları, boyları ve tansiyonları ölçüldü ve hepsinden bir dizi anket doldurmaları istendi. Kat görevlileri, psikolog Alia Crum ve akıl hocası Ellen Langer tarafından yürütülen bir çalışmaya katılmışlardı.

Çalışmada gönüllü olan temizlik görevlileri, bunun sağlıkları ve refahlarıyla ilgili olduğunu bilseler de araştırmacıların teste tabii tuttukları fikrin tam olarak ne olduğunu bilmiyorlardı. Alia ve Ellen ise temizlik görevlilerinin sağlığı hakkında bilgi edinmeye çalışmıyordu yalnızca. Beklentilerimizin realitemizi nasıl şekillendirebileceğini de görmek istiyorlardı.

Araştırmacılar, çalışmaya katılan temizlik görevlilerinin yarısıyla çok önemli bir bilgiyi paylaştı. Bu grup, yaptıkları işin sağlık uzmanları tarafından tavsiye edilen günlük egzersiz miktarını karşılamaya yardım ettiğini öğrendi. Diğer gruba ise hiçbir bilgi verilmedi.

Alia ve Ellen dört hafta sonra süreci takip ettiklerinde, dikkate değer bir şey keşfettiler. Çalışmadaki temizlik görevlilerinin hiçbiri günlük rutinlerini değiştirmemiş olsalar dahi -iş dışında daha fazla egzersiz yapmıyorlar ya da ek odaları temizlemiyorlardı- işlerinin sağlığa faydalarını öğrenen çalışanlar ortalama iki kilo vermiş, kan basınçları düşmüş ve normalden daha fazla egzersiz yapmış gibi hissettiklerini söylemişlerdi. Bu sırada yaptıkları işin sağlıklarına faydası konusunda bilgilendirilmeyen temizlik görevlilerinin durumlarında en ufak bir değişiklik bile gözlenmemişti.

Çalışmadaki hiç kimse eski rutinlerini değiştirmezken nasıl oluyor da bir grubun sağlığında iyileşme gözlemlenirken diğer grupta aynısı olmuyordu? Cevap çok açık olsa da ince bir detay vardı: Kritik oranda bir şey *değişmişti*. İşlerinin sağlıklarına faydalarını öğrenen temizlik görevlilerinin bakış açıları değişmiş ve bu da işlerine karşı hissettiklerini ve yaklaşımlarını değiştirmişti. Yatak düzeltmeyi artık sadece bir angarya olarak değil, egzersiz olarak da *görmeye* başladılar. Pencereleri temizlemek gibi süpürmek de bir egzersiz olabiliyordu. Yaptıkları işin onları sağlıklı tutabileceğini bilmek, temizlik görevlilerinin işlerini algılama biçimlerini değiştirdi ve muhtemelen kalori yakmak için karşılarına çıkan fırsatlar heveslerini artırdı.

Araştırmanın temel bulgusu basit fakat derinlikliydi: Beklentilerimiz, alacağımız sonuçları şekillendirir.

Psikologların son elli yılda yaptığı en etkili keşiflerden birinin özetiydi âdeta: Bir şey hakkındaki *düşüncelerimiz,* o şeyin nasıl *olduğunu* etkiler. Artık işe yaramaz bir şeker hapını ilaç zannetmenin birçok rahatsızlığı hafiflettiğini, midenizdeki kelebekleri kaygıdansa heyecana yormanın sizi daha iyi bir konuşmacı yapacağını ve insanların bir sınavda başarılı olmanızı beklediğine inanmanızın alacağınız notu yükseltebileceğini biliyoruz.

Bunun nasıl mümkün olabileceğini merak ediyorsanız, Alia Crum gibi bilim insanlarının buna verecek pek çok yanıtı var. Olacaklarla ilgili beklentilerimizin aslında ne olacağını dört temel şekilde etkileyebileceğini gösterdiler. Birincisi, inançlarımız duygularımızı değiştirebilir. Olumlu beklentileriniz varsa, bu genellikle stresi hafifletmek ve kan basıncını düşürmek gibi bir dizi fizyolojik faydası olan olumlu duygular yaratır. Ve bu, daha sonra meydana gelecek durumlarda büyük bir fark yaratabilir.

İnandığımız şeyler aynı zamanda dikkatimizi de yönlendirebilir. Yukarıda anlatılan temizlik görevlilerini ele alalım. Yaptıkları işin egzersiz gibi olduğuna daha fazla dikkat etseydiler, uzun bir iş günü boyunca duydukları yorgunluklarını daha olumlu yorumlayarak daha az yorgun bir hâlde işlerine devam edebilirlerdi.

İnançların motivasyon seviyemizi değiştirebileceğine dair kanıtlar mevcuttur. Yine aynı temizlik görevlilerini düşünelim. İşlerini formlarını geliştirmek için bir fırsat olarak görmeye başladıklarında, aynı işi yaparken yüksek kalitede egzersiz yapma motivasyonları muhtemelen artmıştır.

Ve son olarak, inançlarımız -sadece duygularımız aracılığıyla değil, doğrudan da- fizyolojimizi etkileyebilir. Mesela, Alia ve birlikte çalıştığı farklı bir ekip, iki ayrı toplantıda aynı kişilere aynı *milkshake*'i verdiklerinde, onlara ilkinde yüksek yağlı, yüksek kalorili "zevkli" bir *milkshake* içtiklerini, ikinci seferinde ise düşük yağlı, düşük kalorili "mantıklı" bir *milkshake* içtiklerini söylediler ve dikkate değer bir şey keşfettiler. Çalışmaya katılanlar daha fazla kalori aldıklarını düşününce açlığı uyaran bir bağırsak peptitini daha az ürettiler. İnandıkları durum, vücutlarının aynı içeceğe verdiği fiziksel tepkiyi değiştirmişti.*

İnançlarımız duygularımızı, dikkatimizi, motivasyonumuzu ve fizyolojimizi değiştirerek deneyimlerimizi güçlü bir biçimde şekillendirebilir.

İnancımızın gücünü gösteren en sevdiğim hikâyelerden biri, Berkeley matematik doktora öğrencisi George Dantzig'in öyküsüdür. Öyküde George 1939 yılında istatistik dersine geç gelmiş ve kara tahtadaki iki matematik problemini ev ödevi sanmış. Bu yüzden o gece çözmek için onları kaydetmiş. Problemlerin her zamankinden daha zor olduğunu düşünmüş ama birkaç gün

* Sonrasında yapılan bir çalışma, stresi zayıflatıcı bir unsur olarak değil de güçlendirici unsur olarak tanımlamanın insanların stresli olaylara verdikleri fizyolojik tepkileri değiştirdiğini, strese verilen tepkileri hafifleten ve büyümeyi teşvik eden hormonların salgılanması ihtimalini artırdığını göstermiştir (Alia J. Crum vd., "The Role of Stress Mindset in Shaping Cognitive, Emotional, and Physiological Responses to Challenging and Threatening Stress," *Anxiety, Stress & Coping* 30, no. 4 [2017]: 379–95, DOI:10.1080/10615806.2016.1275585).

sonra cevaplarla birlikte sınıfa gelip bu kadar uzun sürdüğü için hocasından özür dilemiş. Kısa bir süre sonra profesör heyecanla George'un peşine düşmüş. Anlaşılan o ki George istatistik teorisindeki iki "çözülemez" açık problemi çözmüştü çünkü bunların, cevapları olan, zorlayıcı ev ödevleri olduğunu düşünmüştü.

George bu problemlerin dünyanın en iyi matematikçilerini şaşkına çevirdiğini bilseydi, kanıtları sunamayabilirdi. Geç kalması olağanüstü bir şey yapmasını sağladı. Bu da hayatının değişmesine yardım etti ve onu Stanford Üniversitesinde profesörlüğe ve diğer büyük keşiflerle dolu bir akademik kariyere götüren yolu açtı.

George bir çözüm bulması gerektiğine *inandığı* için bunu başardı. Alia ve Ellen'ın çalışmasındaki temizlik görevlileri, işlerini egzersiz olarak *gördükleri* için böyle davrandılar ve eylemleri sağlıkları için olumlu sonuçlar doğurdu. Davranış değişikliği söz konusu olduğunda yapabileceğimizi *düşündüğümüz* şey çok belirleyicidir.

Ve elbette inançlarımız öylece belirmezler. Çevremizdekilerden aldığımız geri bildirim ve güçlendirici destek, kendi yeteneklerimiz hakkındaki inancımızın şekillenmesinde kritik bir rol oynar.

Sanırım bu öngörü, Max Bazerman'ın akıl hocalığı algoritmasındaki -nasıl iyi bir akıl hocası olunabileceği meselesinde tavsiyesini istediğimde bahsettiği, ancak benim fark edemediğim- bir başka hayati unsuru anlamaya yardım edebilir.

Max, öğrencilerinin başarılı olmasına yardım eden özel bir hâli olmadığında ısrar etmişti. Özel olan *öğrencilerin* ta kendisiydi. E-posta aracılığıyla danışmanlık sırlarını sorduğumda, öğrencilerinin "çok zekiden mükemmele" çeşitlilik gösterdiğini söylemişti. Danışmanlığını yaptığı her öğrencinin olağanüstü yeteneklere sahip olduğuna dair sarsılmaz inancının, Max'in danışmanlık başarısının temelini oluşturduğunu artık anlıyorum.

Max'in öğrencileri, rekabetçi bir kariyerin kaçınılmaz karşılığı olan zorluklarla yüzleşmeye başladıklarında, Max'in onlara duyduğu güven sayesinde, doktora yapanların çoğunu rahatsız eden türden bir şüpheyle nadiren boğuşurlar. Ailemin sarsılmaz sevgisinin yanı sıra, yirmili yaşlarımda muhtemelen danışmanımın kaderimde başarı olduğuna inanması kadar beni güvende hissettiren başka bir şey yoktu. Max tüm öğrencilerine başarılı olacaklarını bildiğini çok iyi aşılıyordu. Ve işte sonuç; başardık.

O zamandan beri birçok büyük liderin, ekiplerindeki kişilerin büyüyüp kendilerini geliştireceklerine dair benzer bir inanca sahip olduğunu fark ettim. GE'de onlarca yıl elde edilen olağanüstü kârlılık grafiğine başkanlık eden efsanevi CEO Jack Welch, çalışanlarının liderlik becerilerini geliştirmesine olan bağlılığı ve gelişme kapasitelerine duyduğu inancıyla bilinirdi. Birçok ünlü antrenör de aynı mantıkla çalışır. Seattle Seahawks'ı 2014 Super Bowl'da zafere taşıyan Pete Carroll, oyuncularına çok çalışmaları ve daha iyi olmaları bakımından duyduğu güvenle çok seviliyor.

Ancak hedeflerimize ulaşmak için gereken şeylere sahip olduğumuza bizi ikna eden birinin her an yanımızda olması gibi bir durum imkânsızdır. Yine her zaman güvenilir bir taraftarın varlığının garantisini veremeyiz. O hâlde ne yapacağız? Yolumuzdaki engellerin kaçınılmaz eşlikçisi olan kendimizden şüphe duyma hissinin üstesinden nasıl gelebiliriz?

BAŞARISIZLIK SONRASI TOPARLANMA

Bir hedefin peşindeyken cesaretimiz kolayca kırılabilir. "Ne olacak sanki etkisi" diye adlandırılan bir araştırma, günlük diyet hedefini birkaç kalori ile kaçırmak gibi küçük başarısızlıkların bile davranışlarda aşağı yönlü bir yol açabileceğini göstermiştir. Eğer daha önce (mesela bir kahvaltı toplantısında ikram edilen çöreği midenize indirerek) sabahları günaha girdiyseniz ve bir kez hata yaptıktan sonra "Ne olacak sanki? Zaten hata yaptım, artık her şey bitti," dediyseniz neyi kastettiğimi anlarsınız. Küçük bir hata kendinize güveninizi sarsabilir ve asla başarılı olamayacağınıza sizi inandırabilir. Hedefleriniz ne kadar iddialıysa, küçük ama yıkıcı bir başarısızlık riski de o kadar yüksektir maalesef.

Wharton'daki meslektaşlarımdan Marissa Sharif'in, planları rayından çıktığında dahi "ne olacak sanki" etkisinden kurtulmak ve öz güvenini sağlayabilmek için kullandığı akıllıca bir yaklaşımı var.

Marissa, on yılı aşkın bir süredir, her gün koşu yapma gibi sağlıklı kalmasına ve hızlı tempolu kariyerinin stresiyle başa çıkmasına yardım eden iddialı bir hedefe sahip. Ancak uzun zamandır, kaçırdığı bir koşunun birden fazla es geçilmiş antrenmana kolayca dönüşebileceğini ve sonunda koşmayı tamamen bırakabileceğini fark ederek, "ne olacak sanki" etkisine dikkat çekiyor. Marissa böyle bir çözülmeden kaçınmak için akıllıca bir fikir bulmuştu. Her hafta kendine iki acil durum izni veriyor çünkü her zaman sabah spor ayakkabılarını bağlayacak motivasyon ya da koşula sahip olamayacağını biliyordu.* Geç bir akşam yemeği yiyebilir, bir konferans için yolda olabilir ya da sadece koşacak enerjisi olmayabilirdi. Eğer antrenman yapamazsa, (biraz bizim Esnek Fernando gibi) iki şansından birini kullanıyor ve bu esneklik onu yolunda tutuyordu.

Marissa işler kötü gitmediğinde bile ikinci şansı değerlendirme eğilimindeymiş gibi görünse de gerçekte tam tersi yönde

* Her ne kadar oyunun resmi kurallarına aykırı olsa da birçok sıradan golf oyuncusu ilk vuruşları başarısız olduğunda, vuruş cezası olmaksızın birbirlerinin ikinci bir atış yapmasına bazen izin verir. Cezasız ikinci deneme fikri o kadar popülerdir ki Magic'ten Pokemon'a kadar bir dizi popüler modern oyunun âdeta resmi bir bileşeni gibi olmuştur.

davranmaktadır. Çoğu hafta hiçbir ikinci şansı kullanmıyor. Sonradan önemli bir şey olur diye, haftanın başında belirlediği egzersiz programına her zaman sadık kaldığını ve çoğu zaman kendini yedi gün boyunca koşarken bulduğunu söylüyor.

Nihayetinde Marissa'nın aklına, küçük başarısızlıklarda kendinden şüphe etmekten vazgeçme yaklaşımını insanların daha fazla şey başarmaları için kullanılabileceği fikri gelmişti. Ne de olsa kendimize ara sıra tekrar etmeme izni verirsek, elimizde olmayan aksiliklerle karşılaştığımızda içimizde beliren güven krizlerinden kurtulabilirdik.

Stratejisinin derinliğini ve kapsamını test etmek isteyen Marissa ve bir iş arkadaşı, bir hafta boyunca her gün bir web sitesini ziyaret etmeleri ve (CAPTCHA'ları çözmek; internette "insan olduğunuzu kanıtlamak" için kullanılan testler gibi) otuz beş can sıkıcı görevi yapmaları için yüzlerce kişiye para ödenen bir çalışma hazırladı. Bu kişiler rastgele üç gruba ayrıldı. Bazıları haftanın her günü işlerini tamamlamak gibi zorlu bir hedefle karşı karşıyaydı. Diğerlerinden daha kolay bir hedef olan yedi günün sadece beşinde işlerini tamamlamaları istendi. Son olarak, üçüncü bir "ikinci şans" grubundan işlerini her gün tamamlamaları istendi fakat bu gruptakilerin acil durumlar için iki güne kadar mazeret bildirmelerine izin verildi. Katılan herkes, hedeflerine ulaşmayı başardıkları takdirde 5 dolar ikramiye alacaklarını biliyordu.

Acil durumlar için izin verme fırsatının değeri kanıtlanmıştı. İkinci şans grubundakilerin %53'ü hedeflerine ulaşırken, (nesnel olarak neredeyse aynı işi yapsalar da) kolay kategoridekilerin sadece %26'sı ve haftada yedi gün hedefi olan katılımcıların yalnızca %21'i hedeflerini gerçekleştirmeyi başardı.

Bu bulgular, acil durumlar için kendimize açık çek vermenin ne kadar önemli olduğunu vurgulamaktadır. Daha sağlıklı beslenmeyi amaçlayan pek çok programın benzer fikirleri içeriklerine dâhil etmesi, "hedef yastıkları" ve "hileli öğün" gibi öğelere yer vermesi şaşırtıcı değildir, böylece öz güvenimiz küçük hatalar yapıp demoralize olmaktan kurtulur.*

Bu fikir, önceki bölümde bahsi geçen elastik alışkanlıklara benzer geliyorsa normaldir. Acil durumlara izin vermek, aşırı sertliğin değişim girişimlerini törpülemesine engel olmanın bir başka yoludur. Egonuza bazen kaçınılmaz şekilde yaşanacak başarısızlıklardan etkilenmeyip kurtulma imkânı tanır.

Değişim yolunda kaçamayacağımız birtakım hayal kırıklıklarına hazırlıklı olmanın bir başka yolu da başarısızlığın ne anlama geldiğini doğru bir şekilde kavramaktan geçer. Başarısızlığı yorumlama şeklimizin, gelecekteki başarılarımızla epeyce ilgili olduğu ortaya çıkmıştır. Stanford'dan Carol Dweck bunu kanıtlayarak bir efsane olmuştu. Öğrenciler ve yetişkinlerle yaptığı düzinelerce çalışmada, zekâ da dâhil olmak üzere birtakım yeteneklerin sabit olmadığını ve çabanın, kişinin potansiyelini etkilediğine inanan türde bir "yetişkin zihniyetine" sahip olmanın, başarıyı getirdiğini göstermiştir. Başarı için değişmez bir sınırla doğduğumuzu düşünen bizler, başarısızlıklardan ders almayıp büyümek için çok az çaba sarf ederek kaderci bir yenilgi tuzağının kurbanı olabiliriz. Ancak kendimizi gelişme kapasitesine sahip kişiler olarak görürsek, aksilikler karşısında durmak yerine tersine daha fazla çaba sarf ederiz. Zorlukların nedenini araştırır, başarısızlıklardan ders çıkarır ve nihayetinde umduğumuzdan çok daha fazlasını başarırız.

---

* Mesela WW (eski adıyla Weight Watchers), yiyecekleri besin değerlerine göre derecelendirmek için bir akıllı puanlama sistemi kurmuştur. WW programını kullanan kişilere, sağlık hedeflerine bağlı olarak günde belirli sayıda akıllı puan verilir. Programı tasarlayanlar insanların mükemmel olmadıklarının farkındalar ve acil durumlar için kasıtlı olarak birkaç ekstra "hedef yastığı" esnekliği düşünmüşlerdir.

Ne mutlu ki doğuştan sahip olduğumuz zihin yapısına takılıp kalmak zorunda değiliz. Aksiliklerle karşılaştığımızda Marissa'nınki gibi zekice numaralarla kendimize sert davranmamızı engelleyebilir ve başarısızlığı yorumlama biçimimizi değiştirebiliriz.

Carol Dweck'in asistanı, Teksas Üniversitesi psikoloğu David Yeager, lise ve üniversite birinci sınıf öğrencilerine başarısızlığın bir öğrenme tecrübesi olabileceği ve sıkı çalışarak her alanda zekâmızı zenginleştirebileceğimizi öğretmek için iş ortaklarıyla birlikte çalıştı. Bir çalışmada, binlerce lise birinci sınıf öğrencisi bu cesaret verici haberi, büyümeci zihin yapısına nasıl sahip olunacağına dair hızlandırılmış bir kurs şeklinde aldı. Kursa katılmadan önce en kötü notları alanlar, o yılın ilerleyen dönemlerinde not ortalamalarında önemli iyileşmeler gördüler. Sadece bu da değil; gelişimci zihin yapısı kursunu almak üzere rastgele seçilen tüm öğrencilerin geçmiş akademik performanslarına bakılmaksızın, ileri matematik derslerine kaydolma olasılıkları daha yüksekti. Aksi durumda denemeye cesaret edemeyecek olan öğrenciler, karmaşık cebir ve geometri, trigonometri ve prekalkülüs problemleri ile boğuşuyor ve aksiliklere karşı en iyi tepkiyi verme konusundaki yeni anlayışları sayesinde kendilerini bir dizi fırsata hazır hâle getiriyorlardı.

Neyse ki başarısızlığı olumlu bir şekilde yeniden yorumlamayı öğrenebilecek kişiler öğrencilerden ibaret değildir. Büyüyen bir zihin yapısı geliştirmenin, öğrencilerin daha iyi varsayımsal iş kararları almalarına yardımcı olmaktan, İsrail ve Filistinlilerin birbirlerini ve çatışmalarını daha verimli bir şekilde çözme olasılıklarını görmelerini sağlamaya kadar bir dizi başka ortamda da yararlı olduğu kanıtlanmıştır.

Stanford'lı psikolog Claude Steele tarafından 1980'lerde başlatılan ilgili bir araştırma dizisi, kendini olumlamanın -bizi başarılı hissettiren veya gururlandıran kişisel deneyimlere odaklanmanın- tehditlere karşı dayanıklılığımızı artırabileceğini göstermiştir. Kendini olumlama egzersizleri, damgalanmış grupların karar kalitesini bile artırabilir.*

Büyük bir hedefin peşine düştüğümüzde hayal kırıklığı kaçınılmazdır. Ve cesaretimiz kırıldığında pes etmek cezbedici gelebilir. Bu nedenle, hata yapmaya izin vermek ve bunların güçlü bir performans çizgisini lekelemesini önlemek çok önemlidir. Ara sıra yaşanan başarısızlıklardan kurtulmaya hazırlanarak ve geçmişteki başarılara odaklanarak, kendimizden şüphe etme hissini alt edebilir, dayanıklılık oluşturabilir ve sadece yoldaki ilk engele çarpana kadar değil, değişimi yıllar boyunca kolaylaştırabiliriz.

ÖZ GÜVENİN ÖNEMİ

Davranış bilimi meraklıları bu kitabın tüm bir bölümünü öz güven gelişimine ayırmamı tuhaf bulabilirler. Ne de olsa bir tür olarak aşırı güvene -veya olduğumuzdan daha yetenekli, zeki ve iyi kalibre edilmiş olduğumuza inanma- eğilimimiz tüm insan önyargılarının en sağlam ve sorunlu olanlarından biridir ve insanlar sıklıkla bundan şikâyet etmektedir. Bu kitapta bile aynı sorundan yakındım! Davranışsal ekonominin kurucusu olarak anılan Nobel ödüllü Daniel Kahneman, sihirli bir dokunuşla ortadan kaldırabilmeyi en çok isteyeceği şeyin aşırı güven olduğunu söylemiştir.

Ancak, aşırı güven ne kadar sorunlu olsa da araştırmacılar çoğumuzun öz güveninin işlevinden kuşkulanıyor çünkü iddialı hedefler peşinde koşarken kendimize duyduğumuz inanç *kesinlikle* kritik düzeyde bir önem taşıyor. Evrimsel olarak konuşursak,

---

* Örneğin, araştırmalar yoksulların beceriksiz olarak damgalandığını ve geniş oranda saygısızlığa uğradığını, bunun da bilişsel performansın düşmesine yol açabileceğini göstermiştir. Kendini onaylama bu dezavantajları azaltmaya yardımcı olabilir.

biraz fazla güven daha iyi sonuçlar doğurabilir. Öz geçmişleri aynı olan ve her ikisi de ortalama becerilere sahip iki çalışan adayıyla mülakat yaparken, ortalama olmayı beklediğini ifade eden kişiyi mi yoksa mükemmel olmayı beklediğini söyleyen adayı mı işe alma olasılığınız daha yüksektir? Cevap çok açık. Hepimiz kendine güvenen kişiyi isteriz. Bu her zaman en akıllıca seçim olmasa da (kimse korkunç derecede ukala bir iş arkadaşına sahip olmak istemez), kısmen de olsa başarısızlık karşısında ayağa kalabileceği güvenini yayan bir kişiyi işe alırken içimizin daha rahat olacağını düşünüyorum.

Ancak *aşırı* öz güven, hedefleri olanlara yardımcı olabileceği gibi zarar da verebilirken, *yetersiz* öz güven sadece başarılara engel olabilir. Bu nedenle ele alınması bir hayli önemlidir. Çevremizdeki insanlardan aldığımız sinyaller neyin mümkün olabileceğine dair inançlarımızı şekillendirdiğinden etrafımızı potansiyelimize dair inançlarımızı güçlendirecek ve büyümemizi destekleyecek insanlarla doldurmaya özen göstermeliyiz. Başkalarının değişmesine yardımcı olmayı umarken de aynı şekilde destekleyici ve cesaret veren türde bir akıl hocalığı yapabilmemiz gerekir.

Lauren Eskreis-Winkler'ın çalışması, insanlara istemedikleri tavsiyelerde bulunarak (ki bu da gereken özelliklere sahip olmadıklarını düşündüğümüz anlamına gelir) başarı şanslarını baltalayabileceğimizi ve tavsiyelerini isteyerek (ki bu da onlara ve yeteneklerine olan güvenimizi ifade eder) başarı olasılıklarını artırabileceğimizi işaret etmektedir. Lauren'ın çalışması, hedeflerinizin peşinde koşarken kendinizi bir danışman yerine koymanın ne kadar yardımcı olabileceğini bize işaret ediyor.

Fakat tavsiyede bulunmak ya da tavsiye almak dışında, başkaları hakkında yargıda bulunduğumuzu ima etmenin farklı yolları da vardır. Bir toplantıda bir erkekten rakamları hesaplamasını ("erkekler matematikte daha iyidir"), bir kadından da not almasını ("kadınlar ofisteki ayak işlerinde daha iyidir") istemek gibi olumsuz klişelerle hareket ettiğimizde kimin başarılı olmak için gerekenlere sahip olduğunu düşündüğümüze dair mesajlar vermiş oluruz.

Araştırmalar ayrıca, insanlara iltifat etme şeklimizin bile öz güvenlerini artırabildiğini ya da düşürebildiğini göstermiştir. Birisi "doğal" bir yeteneği için övüldüğünde, başarısızlıkları kişiliğinin bir yansıması olarak yorumlayan ve yenilgiyi kabul eden sabit bir zihin yapısı bile değiştirilebilir. Öte yandan çalışkanlığı için övülen biri, çabanın sonuç verdiğini fark edecektir. Bu nedenle, çalışanınız bir dahaki sefere bir satış konuşması yaptığında "Harika bir sunumdu," demeyin. Bunun yerine, "Sunumlarının sürekli gelişmesi beni hayrete düşürüyor," deyin.

Bu küçük sinyaller aslında büyük bir fark yarattığından, değişimin peşinde koşarken güvenin ne kadar önemli olduğunu unutmamak çok mühimdir. Hiç kimse yol boyunca kimi aksiliklerle karşılaşmadan büyük bir atılım yapamaz; belirleyici faktör bunlara nasıl tepki verdiğimizdir. Etrafımızı destekçi unsurlarla çevreleyerek, kendimizi tavsiye verenlerin yerine koyarak, küçük başarısızlıklar için kendimizi rahat bırakarak ve aksiliklerin esasen büyümemize yardımcı olduğunu kabul ederek kendimizden duyduğumuz şüphelerin üstesinden gelebiliriz. Ne demişler: "İnanmak başarmanın yarısıdır."

Bölüm İpuçları

- Kendinizden şüphe etmeniz hedeflerinizde ilerlemenizi engelleyebilir ya da daha en başta hedef belirlemenizi önleyebilir.
- Biri talep etmeden insanlara tavsiye vermek onların güvenlerini sarsabilir. Ancak onlardan tavsiye vermelerini is-

temek öz güvenlerini artırır ve hedeflerine ulaşmak için farklı stratejiler düşünmelerine yardımcı olur. Tavsiye vermek aynı zamanda harekete geçmemize de yardımcı olabilir çünkü başkalarına yapmalarını tavsiye ettiğimiz şeyleri yapmamak bize de ikiyüzlülük gibi gelebilir.

- Benzer hedefler peşindeki arkadaşlarınızla veya meslektaşlarınızla tavsiye kulüpleri kurmayı veya birbirinize akıl hocalığı yapmayı düşünün. Başkalarına (istenilen) geri bildirimler vererek kendinize olan güveninizi artırabilir ve kendi hayatınızda ilerleyebilmek için faydalı fikirler oluşturabilirsiniz.
- Beklentileriniz gerçekliğinizi şekillendirir. Bu nedenle, insanlara potansiyellerine inandığınızı hissettirin ve etrafınızı size benzer şekilde olumlu sinyaller gönderen akıl hocalarıyla çevreleyin.
- İddialı hedefler (Her gün egzersiz yapmak gibi) belirleyin fakat hata yaptığınızda kendinize sınırlı sayıda (haftada iki gibi) acil durum izni verin. Bu strateji ara sıra aksiliklerle karşılaştığınızda bile kendinize güvenmenize ve yolunuza devam etmenize yardımcı olacaktır.
- Zekâ da dâhil olmak üzere yeteneklerin değişmez olmadığını ve çabanın bireyin potansiyelini etkilediğini kabul eden türde bir "yetişkin zihniyeti" benimsemek aksiliklerden kurtulmanıza yardımcı olabilir. Ayrıca diğer insanlara yetişkin zihniyetini benimsemeyi aşılayabilirsiniz.
- Sizi başarılı veya gururlu hissettiren bireysel tecrübelere odaklanın. Bu tür bir kendini olumlama sizi daha dirençli hâle getirir ve kendinize dair şüphelerinizi bastırmanıza yardım eder.

BÖLÜM 7

UYGUNLUK

Birçok üniversite birinci sınıf öğrencisi gibi Scott Carrell da 1991 yazında ABD Hava Kuvvetleri Akademisinin Colorado'daki kocaman kampüsüne ilk geldiğinde telaşlıydı. Lisede parlak bir öğrenciydi ve burada da parlayacağını umuyordu ama dünyanın en zorlu askeri akademilerinden birinde başarılı olmak için gereken özelliklere sahip olduğundan emin değildi.

Yine de Scott diğer birinci sınıf öğrencilerine (onlara askeri jargonda çömez anlamında "doolie" deniyordu) göre bir adım önde olduğunu düşünüyordu çünkü tek yumurta ikizi ona zor anlarında nasılsa yardımcı olacaktı. İkisinin atletizm sahalarında birbirlerini zorlayacaklarını, birlikte arkadaş edineceklerini ve birbirlerini akademinin ünlü zor derslerine hazırlayacaklarını hayal ediyordu. Ama bu hayaller çabucak yıkıldı. Kampüse vardıktan birkaç dakika sonra Scott ve kardeşi Rich, birinci sınıf dönemleri boyunca birlikte yaşayacakları, yemek yiyecekleri, egzersiz yapacakları ve ders çalışacakları otuz öğrenciden oluşan, başka filolara atandılar.

Yenilerin diğer filoların binalarına girmeleri ya da dersler veya atletizm dışında herhangi bir şey için kendi filolarından ayrılmaları yasak olduğu için Scott kardeşini nadiren görebiliyor ve bunun yerine kendisini gönderildiği izole sosyal çevreyle sınırlanmış hâlde buluyordu. Scott, "Kardeşimle konuşmak istediğimizde pazar günü kilisede buluşmamız ya da futbol antrenmanında koordine olmamız gerekirdi," diye anlattı.

Carrell kardeşler konuşabildiklerinde -genellikle kütüphanede önceden ayarlanmış görüşmeler esnasında- Scott cesaretinin biraz kırıldığını hissetmişti. Lisede daha iyi bir öğrenci olmasına rağmen ikizinin birdenbire akademik olarak kendisinden daha iyi performans gösterdiğini öğrendiğinde şaşırmıştı. "Onun fizik bölümü mezunu olmasını istiyorlardı," diyor. "*Bu nasıl mümkün olabilir*, diye düşündüm. *Ben kardeşimden daha zekiyim*."

Scott, ekonomi doktora programına girmeye hak kazanacak kadar başarılı oldu. Ancak yıllar sonra, akademik başarıyı neyin tetiklediğini araştıran bir ekonomist olarak, ikizinin ilk yılındaki parlayışını düşündü ve etrafındaki insanların etkisini merak etti. Akranların insanların kararları üzerindeki etkisiyle ilgili ekonomi ve psikoloji araştırmalarını okumaya başlamıştı ve özellikle de ekip bağlarının gücünü göz önüne alınca, akademideki akranlarının varlığının bu soruya cevap olup olmayacağını merak ediyordu.

SOSYAL NORMLARI NEDEN SÜNGER GİBİ EMERİZ?

Her şubat ayında bir gün, Wharton MBA öğrencilerime ders verdiğim hınca hınç dolu konferans salonu yirmili yaşlardaki coşkulu gençlerin tezahüratlarıyla yankılanır. Yetişkin kadın ve erkekler yerlerinden fırlar, Mardi Gras festivalindeymiş gibi bağırıp çağırırlar. Bense kampüs güvenliği bir şeylerin ters gittiğinden endişelenerek sınıfa gelecek mi diye hep merak ederim.

Fakat aslında ters giden bir şey yoktur. Öğrencilerim, bir gece önce gönderdiğim e-postada onlardan tam olarak istediğim şekilde karşılık veriyorlardır yalnızca. Her yıl sınıfıma kayıtlı üç kişi dışında herkese ulaşarak, ertesi günkü dersin başında slayt gösterisinde okulumuzun dekanının bir resmini göstereceğimi söylerim. E-postadaki talimatlar oldukça nettir. Fotoğrafı gördüklerinde coşkuyla alkışlamalarını isterim. Planım, e-listemde yer vermediğim üç öğrencinin, sınıfın geri kalanı dekanı alkışladığında nasıl tepki vereceğini görmektir. Şaşkınlıkla mı izleyecekler? Yoksa diğerlerine mi katılacaklar?

Muhtemelen ne olduğunu tahmin edebilirsiniz. Yıldan yıla bazı farklılıklar olsa da kobaylarımın çoğu bir süre bekler ve sonra sınıf arkadaşlarını takip ederek coşkuyla alkışlamaya başlar.

İyi hazırlanmış her hoca gibi, "özel" öğrencilerimin nerede oturduklarını dikkatlice not etmiş olurum ve herkes susunca onlardan birini çağırırım.

"Bize neden alkışladığını söyleyebilir misin?" diye sorarım. Bir anlık tereddütten sonra gelen yanıtlar, en az önceden ayarlanmış alkışlar kadar şaşmaz. Öğrencilerim genellikle, "Herkes alkışladığı için ben de alkışladım," diye cevap verir ve bu açıklamayı kabul edip yoluma devam edeceğimi ümit ederler.

Fakat öyle yapmam. Bunun yerine onları bir partiye kot pantolonla girdiklerinde herkesi resmi kıyafetler içinde bulurlarsa nasıl hissedeceklerini düşünmeye zorlarım. "Son derece rahatsız", "aşağılanmış" ve "küçük düşmüş" en yaygın cevaplardan bazıları olur genelde. Bu yanıtlar, öğrencilerin akranları alkışlamaya başladığında, aslında olması gerektiği hâlde sahip olmadıkları, alkışlamaya başlama uyarımı olmadan harekete geçmelerinin ilk nedenini vurguluyor: Kalabalıktan ayrı kalınca kendimizi uyumsuz hissederiz.

Daha sonra öğrencilerime ikinci bir soru sorarım: "Bir konferans salonunda olduğunuzu ve yangın çıkışına doğru koşan bir kalabalık gördüğünüzü hayal edin. Yapılacak en doğru şey nedir?"

Oybirliğiyle aynı cevap verilir: onları takip etmek! Fakat bu kez bahsi geçen sürü davranışının arkasındaki mantık farklıdır. Bu defa kimse uyum kaygısı taşımaz. Aksine, diğer insanların bizim gözden kaçırdığımız tehlikeli bir şeyi fark ettiğinden şüpheleniriz. Bazen, diğer insanların kararları değerli bilgileri yansıtır (Bu durumda, bu bir tehditle ilgili olabilir; benim alkışlama deneyimde ise öğrencilerin kaçırmış olabileceği okul haberleriyle ilgili bir şey olabilir.)

Toplumsal normlar bilinçli ya da bilinçsizce, sosyal rahatsızlık ya da yaptırımlarla karşılaşmamamız, hatta bunun yerine "uyum sağlamanın" keyfini çıkarabilmemiz için üzerimizde etrafa uyma baskısı yaratır ve genellikle (mesela bir tehditten kaçınmak gibi bir durumda) böyle davranmadığımızda elimize geçmeyecek faydaları nasıl alabileceğimize dair bilgiler de vermiş olurlar.

UC Davis ekonomisti Scott Carrell bu sosyal etki yasaları üzerine yapılan araştırmaları öğrendiğinde, bu çalışmaların ikiz kardeşinin ABD Hava Kuvvetleri Akademisinde öğrenci oldukları ilk zamanlarda akademik açıdan onu aniden nasıl geçebildiğini açıklayıp açıklayamayacağını merak etmişti.

Artık akademide sık sık misafir öğretim görevlisi olarak ders veren Scott, ekip atamalarının çömezlerin hayatları için ne kadar kritik olduğunu biliyordu; bir filo, bir askeri öğrencinin tüm sosyal evreni hâline gelirdi. Ayrıca filoların rastgele kura ile atandığını da biliyordu. Bu, mezun olduğu okulun istemeden de olsa sosyal etki üzerine doğal bir deney ortamı yarattığı anlamına geliyordu.

Bunun çömez günlerinden kalma o bilmeceyi çözüp çözemeyeceğini merak eden Scott, herhangi bir askeri öğrencinin bir anda hayatına rastgele giren insanlardan nasıl etkilenebileceğini araştırmak için aradığı ilhamı bulmuştu. Önemli kişilerle bir arada olmak kardeşinin notlarını yükseltmiş olabilir miydi? Sosyal etkinin gücü üzerine geçmişte yapılan araştırmalardan edindiği bilgiler, ekip arkadaşlarının akademik performansının bir çömezin notlarını, tıpkı benim MBA öğrencilerimin alkış deneyimde yaşıtlarını etkilemesi gibi etkileyebileceğine dair şüphe duymaya yöneltti. Birincisi, eğer ekipteki herkes çok çalışıyor ve iyi notlar alıyorsa siz de onlar gibi kitaplara gömülmeyip geride kalınca kendinizi uyumsuz hissedersiniz. İkincisi, öğrenci arkadaşlarınızın boş boş oturmanın olumsuz sonuçları olduğunu iyi bildiklerini fark edebilirsiniz.

Scott, yaşıt etkeniyle ilgili öngörüsünü test etmek için işbirlikçilerinden oluşan bir ekiple sayıları hesapladı ve akademideki birliklere rastgele atanan yaklaşık üç bin beş yüz acemi askere yönelik üç yıllık akademik verileri analiz etti. (Sözel SAT puanları akademik nitelik açısından belirleyici olarak kullanılmıştır.) Bir askerin filo ekibinin ortalama sözlü SAT puanındaki her 100 puanlık artış için, o askerin ilk yıl not ortalamasının 4.0 ölçeğinde 0.4 puan arttığını fark etmiştir. Bu, tüm notları A- olan ile B veya B+ olan öğrenci arasındaki farktır. Kura şansının akademiye kimin iyi başlayıp kimin başlayamayacağı üzerinde gerçek bir etkisi var gibiydi. Belki de bu durum ikizlerden birisinin erken başarısını açıklayabilirdi.

Scott'ın bulguları, büyük hedeflere ulaşmayı ümit ederken iyi arkadaşlarla beraber olmanın ne kadar önemli olduğunu ve yüksek başarı göstermeyen akranlara sahip olmanın ne kadar zararlı olabileceğini gösteriyor. Gitgide artan sayıda kanıt, birlikte vakit geçirdiğiniz insanların çoğu zaman siz hiç fark etmeden tüm hayatınız boyunca davranışlarınızı şekillendirdiğini işaret ediyor. Mesela bir çalışmada, akranlarınızın bir emeklilik tasarruf atölyesine katılmasının yayılmacı etkileri olduğu görülmüştür. Bunun sonucunda sadece onların tasarrufları artmakla kalmıyor, aynı zamanda kendiniz hiçbir atölyeye katılmamış olsanız bile, ileriki yıllarınız için tasarruf etme olasılığınız da bu kişilerle birlikte olmanızla alakalı olarak artıyor. Anneniz size çürük elmalarla takılmayı bırakıp iyi elmalarla vakit geçirmenizi öğütlerken doğru bir şey söylüyordu. Notlarımızdan kariyerimize ve finansal kararlarımıza kadar birçok şey en azından kısmen de olsa yaşıtlarımız tarafından şekillendirilir.

Scott 2006 yazında Hava Harp Okulunun üst düzey yöneticilerinden bir telefon aldı. Her yaz yedek görevdeyken ders vermek ve danışmanlık hizmeti sunmak için kurumu ziyaret eden sadık bir mezun olarak yönetimden sorular almaya alışkındı. Ancak bu kez hattın diğer tarafındaki ses alışılmadık derecede aciliyet yayıyordu.

Birinci sınıf öğrencileri zorlanıyordu. Notlar düşüyor ve okulu bırakma oranı artıyordu fakat nedenini ya da bu konuda ne yapılacağını bulamıyorlardı. Scott yardım edebilir miydi?

KOPYALA VE YAPIŞTIR

Her ne kadar Hava Harp Okulu bağ kurmak için alışılmadık derecede güçlü bir ortam sağlasa da üniversite her yerde öğrenciler için önemli bir sosyalleşme dönemidir. Birçok öğrenci gibi arkadaşım Kassie Brabaw da Syracuse Üniversitesinde birinci sınıf öğrencisiyken masraflarını karşılayabilmek için yurt danışmanı olarak çalışmaya başladığında bunu bizzat tecrübe etti. Danışman olarak derslerini yönetmekten oda arkadaşı kavgalarına ve ilk kez evden uzakta yaşamaya kadar, her konuda rehberliğe ihtiyaç duyan birinci sınıf öğrencilerine yardımcı olduğu müddetçe o yurtta ücretsiz olarak kalmasına olanak tanıyordu. Danışman olabilmek için Kassie'nin kendi birinci sınıf öğrencilerinden sorumlu olacak bir düzine diğer üst sınıf öğrencisiyle birlikte tüm gün süren eğitim seanslarında bir hafta geçirmesi gerekiyordu.

Şansa bakın ki Kassie'nin beş asistan arkadaşı vejetaryendi. Etsiz bir yaşam tarzı fikri uzun zamandır ilgisini çekiyor, sağlıklı ve erdemli bir şey gibi görünüyordu. Ama vejetaryen olabileceğine hiçbir zaman gerçekten inanmamıştı. Ailesi her öğünde et yiyor ve nadiren taze sebze alıyordu. Bu yüzden vejetaryenlik kulağa harika gelse de vejetaryenlerin gerçekte ne yediği hakkında aslında hiçbir fikri yoktu. Sadece salata, salata ve daha fazla salata mıydı? Böyle zannetmek sıkıcı geliyordu.

Ancak bir haftanın sonunda vejetaryen kişilerin kampüs yemekhanelerinde gayet lezzetli görünen yemekler hazırlayışlarını hayretle izledi. Beslenmeleri maruldan uzak ve çeşitlilik açısından boldu. Her sabah sebzeli omlet, öğle yemeğinde siyah fasulye çorbası ya da vejetaryen risotto yiyorlardı. Danışman grubuyla yemek için dışarı çıktığında, restoranlarda sipariş vermenin çocuk oyuncağı olduğunu keşfetmekten de çok memnun olmuştu Kassie. Tek sormaları gereken, "Bu çorbada tavuk suyu var mı?" sorusu oluyordu. Eğitim sona erdiğinde Kassie bu işi pekâlâ kendisinin de yapabileceğini fark etti.

Eğitim bittiğinde danışmanlık ekibindeki vejetaryenler için çok işe yarayan stratejileri -kahvaltıda lezzetli omletler, öğle yemeğinde çorbalar ve risottolar yemek gibi- kolayca taklit edebileceğini fark etti. Bir hafta boyunca etsiz yaşamaya karar verdi. O hafta daha sonra bir aya, o da dört yıla dönüştü. Yaptığı şeye bir isim vermese de yeni bir beceride ustalaşmak istediğimde benim de kullandığım bir stratejiyi kullanmıştı: "Kopyala ve yapıştır." Ulaşmak istediği bir hedefe zaten ulaşmış akranlarını izlemiş ve onların yöntemlerini taklit etmişti.

Sık sık birlikte çalıştığım Angela Duckworth ile ben de aynı yaklaşımı uyguluyoruz. Onun ofise yürürken iş görüşmelerini halletme stratejisini aynen kopyalayıp yapıştırdım ve o da benim önceden var olan şablonlardan e-posta hazırlama uygulamamı taklit etti.

Öğrencilere danışmanlık yaparken, "Bu derste başarılı olan arkadaşına nasıl çalıştığını sormayı düşündün mü?" gibi basit bir önerinin boş bakışlara yol açtığını görünce ikimiz de şaşırdık. Elbette *bazı* kopyalama ve yapıştırma işlemlerinin doğal olarak gerçekleştiğini biliyoruz. MBA öğrencilerim alkışlayan sınıf arkadaşlarını kopyalıyor. Ve Kassie vejetaryenlerle yakın bir çevrede vakit geçirirken yeme tarzını değiştirmek istediğinde onların yaklaşımını taklit edebileceğini ve etmesi gerektiğini fark ediyordu. Ancak Angela ve ben, pek çok insanın akranlarını bizzat taklit etme fırsatını asla fark etmediklerinden şüpheleniyorduk. Sonuçta Kassie yalnızca bir haftalığına vejetaryenlerle bir araya gelmiş ve bu onun hayatını değiştirmiş olsa da öncesinde onları *arayıp bulmak* aklına gelmemişti.

Bu durum, sosyal psikologlar Lee Ross, David Greene ve Pamela House'un ilk kez 1977 yılında "yanlış fikir birliği etkisi" olarak adlandırdıkları ünlü bir makalede işaret ettikleri bir şey sayesinde gerçekleşiyor olabilirdi. Makale, herkesin dünyayı bizim gördüğümüz gibi gördüğünü ve aynı şekilde tepki verdiğini varsayma yönündeki genel eğilime odaklanmaktaydı. Sabah programlarında tanıtılan yeni meyve suyu detoksunun saçma bir şey olduğunu düşünüyorsak diğer insanların da böyle düşündüğünü varsayarız. Eğer şehir hayatının ideal olduğunu düşünüyorsak, bizim gibi çoğu insanın da şehirlere taşınmayı arzuladığını farz ederiz ve eğer lezzetli vejetaryen yemeklerin nasıl yapılacağı konusunda bilgisizsek, diğer insanların da (vejetaryenlerin bile!) aynı derecede bilgisiz olduğunu düşünürüz. Elbette gerçek dünya hayallerimizdeki dünyadan çok daha çeşitlidir ve nesnel gerçeklik açısından inançlar, davranışlar ve bilgiler arasında devasa farklılıklar mevcuttur.

Birkaç yıl önce Angela ve ben daha fazla insanın hedeflerine ulaşması için şu iki şeye teşvik edilmelerinin işe yarayıp yaramayacağını sorguladık: (1) Muhtemelen gözden kaçırdıkları bilgi birikimleri olan kişileri arama ve (2) başkalarının becerilerini kasıtlı olarak kopyalayıp yapıştırma. Yaptıkları her şeyi zaten bildiğimizi varsaydığımız için diğer insanlardan ne kadar çok şey öğrenebileceğimizi bilmiyorsak, belki de sosyal bağlantılarımızı daha iyi kullanmak için biraz teşvik edilme işimize yarayabilir.

Wharton doktora öğrencisi Katie Mehr tarafından yürütülen iki çalışmada, insanları birbirlerinin en iyi yaşam tüyolarını kopyalayıp uygulamaya teşvik etmenin, sırasıyla daha fazla egzersiz yapmak isteyen yetişkinleri ve notlarını yükseltmek isteyen üniversite öğrencilerini hem daha fazla egzersiz yapmaya hem de derslere daha iyi hazırlanmaya teşvik ettiğini keşfettik. Bu, uygulanan strateji için küçük bir zaferdi.

Bir sonraki çalışmamız daha iddialı ve daha karmaşıktı. Egzersizlerini artırmak isteyen binden fazla katılımcı rastgele üç gruptan birine atandı: Yalnızca aktivitelerini nasıl artıracaklarını planlamaya teşvik edildikleri bir kontrol grubu, plan yaptıkları fakat aynı zamanda "kopyala ve yapıştır" stratejimizi kullanmaya teşvik edildikleri bir deney grubu ya da plan yaptıkları ve başkası tarafından elde edilen bilgileri ("egzersiz yaptığınız her saat için kendinize sosyal medyada on beş dakika ayırın" gibi) kopyalamaları için bir egzersiz numarası öğretilen bir deney grubu olmak üzere üçe ayrılmışlardı.

Önceki bulgularımızla tutarlı olacak şekilde, kopyalanacak yeni bir egzersiz artırıcı tekniğe sahip olmanın, tekniğin nereden geldiğine bakılmaksızın düz bir plan yapmaktan daha iyi sonuç verdiğini gördük. Ancak insanların kopyalayıp yapıştıracakları stratejileri *kendilerinin* bulması, stratejilerin başka birinden gelmesinden daha yararlı oldu. Verileri incelediğimizde kopyalayıp yapıştırmak için egzersiz hileleri aramanın insanları kendi yaşam tarzlarına en uygun ipuçlarını bulmaya yönlendirdiğini keşfettik. Dahası bilgi toplama konusunda daha aktif bir yaklaşım benimsemeleri, katılımcıların rol modelleriyle geçirdikleri süreyi artırarak iyi alışkanlıklara maruz kalma oranlarını yükseltti. Bu bulgular, insanların akranları tarafından kullanılan başarılı stratejileri *kasıtlı olarak* kopyalamaktan ne kazanacakları konusundaki şüphelerimizi hep beraber doğrulamıştı. Dolayısıyla eğer forma girmek istiyorsanız, ipucu kitapları muhakkak yardımcı olacaktır fakat fit akranlarınızla biraz zaman geçirip düşüncelerine dikkat ederseniz, muhtemelen bundan daha da iyisini yaparsınız.

Kendimizden emin olmadığımızda çevremizdeki insanların kapasitemizi ve öz güvenimizi artırmaya yardımcı olabilmesinin güçlü bir yolu, bize neyin mümkün olabileceğini göstermeleri olacaktır. Aslında çoğu zaman tavsiyeden çok gözlemden etkileniriz. Kassie, vejetaryen arkadaşlarının yemekhanede yemek hazırlayışlarını ve restoranlarda sipariş verişlerini izleyerek vejetaryenliğin kendisine yarayacak teknikleri öğrenebildi. Benzer şekilde çalışkan ekip arkadaşları sayesinde notları yükselen Hava Harp Okulu öğrencileri de muhtemelen akranlarına yetişebilmek için üzerlerinde bir baskı hissetmişlerdir. Ve bu baskı arttığında, en azından bazıları muhtemelen taklit edebilecekleri bazı çalışma stratejilerinin farkına varmıştır. Ancak yakın zamanda yaptığım bir araştırma, öğrencilerin başarılı ipuçlarını *bilinçli olarak* "kopyalayıp yapıştırmaları" hâlinde daha da fazla fayda sağlayabileceklerini gösteriyor. Sonuçta akranlarımızdan alabileceğimiz tüm bilgileri doğalında alıyor olsaydık, kopyalayıp yapıştırmaya yönelik dürtülerin hiçbir faydası olmazdı.

Ne mutlu ki kendinizi bilinçli şekilde kopyalayan bir kişiye dönüştürmek çok kolaydır. Bir dahaki sefere bir hedefinizde başarısız olduğunuzda, sorularınıza yüksek başarı göstererek cevaplar veren akranlarınıza bakın. Daha fazla uyumak istiyorsanız benzer bir yaşam tarzına sahip fakat iyi dinlenen bir arkadaşınız size yardımcı olabilir. İşe toplu taşımayla gitmek istiyorsanız sadece tren tarifelerine bakmakla yetinmeyin; arabayla gitmeyi bırakmış bir komşunuzla konuşun. Başarmak istediğiniz şeyi zaten başarmış olan kişiyi bulur ve taktiklerini kopyalayıp yapıştırırsanız, sosyal güçlerin sizi geçişim yoluyla etkilemesine izin vermekten çok daha hızlı ilerlemeniz mümkün olur.

DİĞER İNSANLARI SOSYAL NORMLARLA ETKİLEMEK

Eğer herhangi bir otelde kaldıysanız, muhtemelen banyoda su tasarrufuna yardımcı olması için havlularınızı yeniden kullanmanızı isteyen tabelalarla karşılaşmışsınızdır. Ancak siz de benim gibiyseniz, bu talebi ilk gördüğünüzde tereddüt etmiş olabilirsiniz. Böylesine yoğun kullanılan bir otel banyosunda kim bilir kaç çeşit et yiyen bakteri üreyebilir, değil mi? (İşin aslı hiç ama kafam oraya gider yine de.)

Havluları yeniden kullanma fikrinin bazı konuklara tuhaf gelebileceğini fark eden psikologlar Noah Goldstein, Bob Cialdini ve Vladas Griskevicius, daha fazla konuğu çevreci seçimler yapmaya ikna etmek için bir otelle ortaklık kurdu. Sosyal etkinin olumlu bir etki yaratacağını düşünüyorlardı. Nihayetinde insanlar havluları yeniden kullanmanın kulağa tuhaf geldiğini düşünüyorsa bunu normalleştirmek için aslında anormal olmadığını açıklamaktan daha iyi ne olabilirdi? Ancak araştırmacıların bir sorunu vardı. Otel misafirleri havlu kullanımı söz konusu olduğunda diğer misafirlerin ne yaptığını örnek alabilmek için onların ne yaptıklarını elbette göremiyordu. Bu sorunu çözmek için neyin normal olduğunu basitçe *tarif etmeye* karar verdiler. En azından teoride, insanlar başkalarının ne yaptığını izlemek yerine sadece okusalar bile sosyal normlar sayesinde davranışlar şekillendirilebilir diye düşünüyorlardı. Ancak bu teorinin gerçek bir teste ihtiyacı vardı.

Otel banyolarındaki eski tabelalar, cesurca ifadeler kullanan yenileriyle değiştirildi: "Çevreyi korumaya yardımcı olmak için diğer misafirlerinize katılın." Ayrıca misafirlerin %75'inin havlularını genellikle birden fazla kez kullandığı haberi paylaşıldı. Sonuçlar cesaret vericiydi; yeni tabelalar havluların tekrar kullanımında %18'lik bir artış sağladı. Ancak daha da etkileyici olanı, mesajda yapılan bir değişiklikle etkinin neredeyse iki katına çıkarılmasıydı. Müşterilere, *kendi* odalarında kalan çoğu misafirin havlularını yeniden kullandığı söylendiğinde, %33 oranında daha fazla kişi aynı şeyi yapmayı tercih etti. Bence araştırmanın en ilginç bulgusu buydu. Bu bulgu, yüzeysel şekillerde bile olsa koşulları bize benzeyen insanları taklit etmeye bilhassa hevesli olduğumuzu gösteriyor.

Facebook'ta yapılan bir oy kullanma deneyi bu eğilimle ilgili daha fazla kanıt sunuyordu. Dünyanın en büyük sosyal ağı, katılımı artırmak amacıyla rastgele seçilen ABD'li kullanıcılara birçok arkadaşlarının 2010 ara seçimlerinde oy kullandığını söyledi ve bu arkadaşlarının altısının fotoğrafını gösterdi. Herhangi bir arkadaşı görmeleri bile kullanıcıların sandığa gitme olasılığını artırırken *yakın* arkadaşlar gösterildiğinde aynı etki dört kata kadar çıkmıştı.

Bu çalışmalar, birine ne kadar yakın olursak ve onun durumu bizimkine ne kadar benzerse, davranışı doğrudan gözlemleme şansı olmadan sadece tarif edildiğinde bile onun davranışından etkilenme olasılığımızın bir o kadar yüksek olduğunu vurgulamaktadır.* Ayrıca aynı çalışmalar sosyal normları bir etkileme aracı olarak kullanmanın gücüne de değinmektedirler. Neyin tipik

* "Sosyal norm pazarlaması" şeklinde adlandırılan bir teknik olarak davranış değişikliğini teşvik etmek için normları tanımlamanın değeri tatmin edici bir şekilde ortaya çıkmıştır ve araştırmalar bunun havluların yeniden kullanımından vergi ödemelerine kadar birçok şeyi şekillendirebileceğini kanıtlamaktadır. (Organisation for Economic Co-operation and Development [OECD], "Behavioural Insights and Public Policy: Lessons from around

olduğunu tanımlamak, büyük kitlelerin davranışlarını daha iyi hâle getirmeleri için etkili bir yol olabilir.

Ancak bu taktiğin beraberinde getirdiği ciddi etik ikilemleri de aklımızdan çıkarmamalıyız. Sosyal normların etkisi üzerine yapılan ilk araştırmaların çoğu, bilim insanlarının Nazilerin soykırımda sıradan Almanları suç ortaklığına nasıl zorlayabildiklerini anlama isteklerinden kaynaklanıyordu. Bunu takip eden bulgular, sosyal baskının bizi ciddi anlamda ahlaksız şeyler yapmaya ikna etmek için de kullanılabileceğini kanıtlamıştır ki bu da haklı olarak durmanız gereken noktadır. Sosyal baskının potansiyel zorlayıcı gücüne karşı dikkatli olmak önemlidir.

Sosyal normların etkisini açıkladıktan sonra MBA öğrencilerime hep daha önce duydukları şeyleri hatırlatırım. Çoğumuz çocukluğumuzdan beri, "Ama herkes böyle yapıyor," demenin kötü davranışlar için bahane olmayacağını biliyoruz. Ancak buna rağmen sosyal baskı hâlâ zehirli bir etkiye sahip olabiliyor. Neyse ki bu baskıyı zayıflatmanın yolları var: Sosyal baskının zorlayıcı kullanımları, bizi harekete geçmeye zorlayan kişiyle yüz yüze olmadığımızda, düşünme şansımız olduğunda ve amaçladığımız eylemleri şüpheci bir arkadaşımızla değerlendirebilme şansı yakaladığımızda daha az etkili olabilmektedir. Bu sebeple rahatsız edici, etik dışı hissettiren bir şey yapmak için çoğunluğa katılmadan önce yavaşlamayı, baskı uygulayan kişiyle yüz yüze etkileşimlerden kaçınmayı ve kararları iyileştirmek için şeytanın avukatlığını yapan birisi ile (veya bu durumda aslında meleğin avukatlığını yaptığını da söyleyebiliriz) konuşmanızı öneririm.

Sosyal etki taktikleri tartışmasız bir şekilde kötü amaçlar için de kullanılabilse dahi, kötülük için daimî bir güç oldukları söylenemez ve çoğu zaman da değillerdir. Sosyal normlar insanlara

---

the World" [Paris: OECD Publishing, 2017], DOI:10.1787/978926 4270480-en).

yardım etmek için kullanıldığında ise davranışlarımızı daha iyiye doğru değiştirmede önemli bir rol oynayabilirler. Scott Carrell, Hava Kuvvetleri Akademisi öğrencilerinin akademik olarak zorlandıklarını ve yardımcı olabilme ihtimalini öğrendiğinde tam da bu vizyonla hayata yaklaşıyordu.

OLUMLU SOSYAL NORMLAR GERİ TEPİNCE

Scott, akademi yönetiminden birinci sınıf öğrencilerinin notlarındaki düşüşle ilgili o acil telefonu aldığında, ekip atamalarının yeni askerlerin performansı üzerindeki etkisini gösteren çalışmasını düşündü. Telefonu kapattıktan sonra oturdu ve ayrıntılı bir plan yazdı.

Akademi yönetimine ekip atamalarını rastgele yapmak yerine, sözlü SAT sınavında en kötü performans gösterenleri en iyilerle bilerek bir arada gruplandırmaları gerektiğini söyledi.* Daha çalışkan öğrencilerin yaratacağı etki diğer ekip arkadaşlarının notlarını yükseltecek ve projenin hiçbir maliyeti olmayacaktı.

Böyle bir vaatte bulunduğunda üst düzey yetkililerin Scott ve ekibine planlarında ilerlemeleri için yeşil ışık yakması ve Scott'ın çalışmasının değerini kanıtlayabilmesi için deneysel bir yaklaşıma izin vermesi şaşırtıcı olmamıştı. Muhtemelen dünyanın dört bir yanındaki diğer üniversiteler de bu başarının üzerine bir şeyler inşa edebileceklerdi.

2007 ve 2008 yıllarında Scott'ın ekibinin titiz yönetimi altında akademi yöneticileri, düşük performans gösteren bazı öğrencileri

---

* Scott'ın yaptığı hesaplamaların, son zamanlarda çömez notlarındaki düşüşün en olası sorumlusu olarak yeni ve daha zor bir kimya ders kitabını işaret ettiğini unutmayın. Ancak bu kitap artık akademi müfredatında yer aldığından, Scott kendi fikrini birinci sınıf öğrencilerinin akademik performansındaki düşüş eğilimini yok etmenin en iyi yolu olarak görüyordu.

yüksek performans gösteren öğrencilerle aynı birliğe yerleştirmişlerdi ve yüksek performans gösteren öğrencilerin çalışma alışkanlıklarının diğerlerine de geçmesi için ümitliydiler. (Orta halli öğrenciler diğer orta halli öğrencilerle aynı grupta bırakılmıştı.) Bir karşılaştırma noktası sağlamak adına bir dizi başka ekip ataması ise yine eski usulle, rastgele yapıldı. Deneyin sonunda Scott ve çalışma arkadaşları iki gruptaki öğrencilerin akademik performanslarını değerlendirdi.

Scott ne bulacağından o kadar emindi ki herhangi bir veri çıkmadan önce beklenen sonuçlarını açıklayan bir makalenin girişini bile hazırladı. Başarı öyküsünü paylaşmak ve dünyanın dört bir yanındaki okullara akademinin yeniliklerinden yararlanma şansı vermek için sabırsızlanıyordu. Bu yüzden öğrenci notlarına ilişkin rakamları ilk kez incelediğinde gerçekten de şaşkına döndü. Veri kaynağını ararken bir hata olmalı diye düşündü. "Uygulama ve kontrol gruplarını yanlışlıkla değiştirmiş olabilir misiniz?" diye sordu.

Fakat asıl hata Scott'ın tahminlerindeydi. Verilerin kapsamlı bir incelemesinden sonra iç karartıcı rakamlar doğrulanmıştı. İki yıl üst üste olmak üzere, yeni ekip atama algoritması öğrencilerin notlarına yardımcı olmak yerine *zarar veriyordu*. Özenle seçilmiş filolardaki başarılı öğrenciler, normal protokoller uyarınca akran gruplarına rastgele atanan diğer öğrencilere göre okulda daha kötü performans gösteriyordu. "Kahretsin!" diye düşündü Scott. Yeni filo atama sisteminin bir sonraki acemi sınıfı gelmeden önce iptal edilmesini sağlamak adına çılgın gibi bir sürü telefon görüşmesi yapmak zorunda kalmıştı.

Fakat deneyi sonlandırmak onun sadece ilk sorumluluğuydu; ikinci sorumluluğu ise deneyin ters tepme nedenini anlamaktı. Sonuçları anlamlandırmak adına öğrencilerle anket yapmaya ve daha fazla rakam hesaplamaya başladı. Sorunun netleşmesi uzun sürmemişti. Araştırmacıların beklediği gibi öğrenciler birbirleriyle kaynaşmak ve birbirlerini olumlu yönde etkilemek yerine, yüksek ve düşük performanslı öğrencilerden oluşan ekipler kendi aralarında ayrışmışlardı. Uç noktalardaki öğrenciler arasında sosyal bir köprü kuracak orta derece öğrenciler olmadığından ekipler kutuplaştı ve zorlanan öğrenciler bundan zarar gördü. Scott, pek çok kişinin denenmiş ve doğru bir etkileme taktiği olarak gördüğü bu yöntemde farkında olmadan ciddi bir zayıflık olduğunu ortaya koymuştu.

Meslektaşlarınızın, sınıf arkadaşlarınızın ve komşularınızın sürekli olarak sizi geride bıraktığı bir sosyal evren hayal edin. Günden güne daha az kazandığınızı, daha yavaş koştuğunuzu, daha kötü sınavlar geçirdiğinizi ve genel olarak yıldız akranlarınıza kıyasla daha az parıltılı kaldığınızı keşfediyorsunuz. Kulağa korkunç geliyor değil mi? Bunun sonucunda umutsuzluğa kapılabilir ve üstün başarı gösterenlerden uzak durmaya başlayabilirsiniz. Scott'ın ortaya çıkardığı durumu olağanüstü olarak nitelendirip yolumuza devam etmek rahatlatıcı olurdu, ancak kanıtlar bana aksini gösteriyordu.*

Büyük bir ABD imalat şirketinin çalışanlarının emeklilik birikimlerine yardımcı olmak için bir grup ekonomistle birlikte çalıştığımda dersimi almıştım. Ne mutlu ki çalışanların çoğu zaten yüksek oranda tasarruf yapıyordu. Fakat yine de endişelenmemiz gereken binlerce düşük tasarruflu ve hiç tasarruf yapmayan kişi vardı. Birçoğu hiçbir zaman aktif olarak birikim yapmayı reddetmemişti, sadece şirketin emeklilik tasarruf programına katılmamışlardı. Ve bu insanlar bize biraz sosyal baskı yapmak için iyi hedefler gibi göründü. Birikim yapmanın çok zor olduğunu düşünürlerse, iş arkadaşlarından kaç tanesinin bunu başardığını anlatarak onları karamsar fikirlerinden vazgeçirebileceğimizi var-

* Artan eşitsizliğin, marjinal kalan grupların kendilerini çok sık içinde bulduğu bir durum olduğunu belirtmek gerek.

saydık. Belki mesajımız sağlıklı anlamda bir suçluluk duygusu ve rekabet de üretebilecekti.

Ama Scott'ın planı gibi bizim planımız da geri tepmişti. Aslında, çifte darbe gibi oldu. İlk olarak bu kişilerin iş arkadaşlarının çoğunun tasarruf yaptığını bilmeleri, şirketin emeklilik programına kayıt oranlarını *düşürdü*. İkinci olarak (karşılaştırmalar için kullanılan yaş aralığının genişliğini rastgele ayarlayarak) bir çalışanın yaş grubundaki birikim sahiplerinin bildirilen oranını deneysel olarak %77'den %92'ye yükselttiğimizde kayıtlar düşme eğilimine girdi. Yani ilettiğimiz sosyal norm ne kadar güçlüyse, işler o kadar kötüye gitti. Bizim sonuçlarımızı açıklamak Scott'ınkinden biraz daha zor olsa da takip eden araştırmalara dayanarak en iyi tahminimiz şu olmuştu: Uygun bir emeklilik birikimi, zaman içinde biriktirdiğiniz bir şeydir. Sabır gerektirir. Sonuç olarak; disiplinli birikim sahipleriyle yapılan karşılaştırmalar, zaten geride kaldıklarından endişelenen insanlar için tam anlamıyla *yanlış* bir mesaj olabilir. Postalarımız muhtemelen insanların umutlarını daha da azalttı, onlara asla yetişemeyeceklerini hissettirdik! Sonuçlarımız bize daha önce tarif ettiğim "aman ne olacak sanki etkisi" hakkında düşündürdü. Araştırmalar, eğer başarısız olacaksanız insanların bunu büyük bir patlamayla da yapabileceklerini düşündüklerini gösteriyor. Bu fikirle paralel olarak, diğer kaç kişinin emeklilik için tasarruf yaptığını öğrendiklerinde en düşük gelirlilerin en yüksek dozda tepki verdiklerini gördük.

Bu çalışma ve Hava Kuvvetleri Akademisinin sosyal mühendislik girişimlerinin başarısızlığı bize önemli bir ders sunuyor. Sosyal etkinin işe yaraması için aşırı başarılılar ile desteğe ihtiyacı olanlar arasında çok keskin bir fark olmaması gerekir. Daha hızlı bir yüzücü olmayı umuyorsanız olimpiyat altın madalyalı Katie Ledecky'nin yanında çalışmaya başlamayın. Onun rutinlerini kopyalayıp yapıştırmayı düşünseniz bile, doğal yeteneğinizin sınırlarının, onun antrenman düzenini anlamanın faydalarını engelleyeceğini hissedebilirsiniz.

Benzer şekilde, ekibimin emeklilik tasarrufları üzerine yaptığı çalışma, başkalarının başarılarını anlatmanın ancak bize oldukça hızlı bir şekilde taklit edebileceğimiz bir şey gibi geldiğinde etkili bir motivasyon aracına dönüşebileceklerini göstermektedir. Bazı hedefler basit bir değişiklik gerektirir. Ancak hedeflerin çoğu daha karmaşıktır ve büyük, uzun süreli bir taahhüt gerektirir. Eğer çevreci olmak istiyorsanız, enerji kullanım alışkanlıklarınızı bir ay içinde değiştirmeniz ve bir verimlilik gurusu olmanız mümkündür. Daha aktif olmak istiyorsanız, günlük adım sayınızı bir günde değiştirebilirsiniz. Ancak 401 bin hedefine bir gecede ulaşamazsınız. Sürekli çaba gerektiren girişimlerde akranlarımızın *çok* gerisinde kaldığımızı bilmek şevkimizi kırabilir.

Sosyal etki taktikleri, emeklilik için daha fazla para biriktirmek gibi daha uzun vadeli veya soyut hedefler yerine oy vermek veya sosyal medyada daha az vakit geçirmek gibi somut, hemen ulaşılabilir hedeflere odaklandığında çok daha fazla değer katabilir. Neyse ki uzun vadeli hedefleri kısa vadede daha ulaşılabilir kılmanın bir yolu var. Bu kitabın üçüncü bölümünde, büyük hedefleri daha küçük alt bileşenlere ayırmanın önemine ilişkin araştırmaları paylaştım; mesela insanları ayda 150 dolar yerine günde 5 dolar tasarruf etmeye veya yılda 200 saat yerine haftada dört saat gönüllü olmaya teşvik etmek gibi. Büyük hedefleri parçalara ayırmak, yapılabilir gibi görünen hedeflerle ulaşılması imkânsız gibi görünen hedefler arasındaki uçurumu kapatmaya yardımcı olabilir ve sosyal etki taktiklerinin geri tepmesini önleyebilir. Tekrarlanan sosyal norm mesajlarının davranışları bir, iki ya da üç kez değil, yıllar boyunca değiştirdiği kanıtlandığından, küçük, somut değişiklikleri teşvik etmek uzun vadede büyük bir fark yaratabilir.

SİZİ UYURKEN GÖRÜR

Sosyal normların belki de en rahatsız edici özelliklerinden biri sınıfta yaptığım alkış deneyinde ortaya çıkmıştı. Bu da normların davranışınızı değiştirmeniz için yarattığı baskıdır çünkü bu sayede izlendiğinizi ve yargılandığınızı fark edersiniz. Bu baskı kulağa oldukça zararlı gelse de -ki öyle olabilir- olumlu davranış değişikliği yaratma potansiyeline de sahiptir.

İzlendiğimizi hissetmenin davranışlarımızı nasıl değiştirdiğini anlamak için, 2006 yılında günün birinde yirmi bin Michigan sakininin posta kutularında garip bir mektup bulduğunda neler olduğunu hayal edin.

Mektuplar ilk bakışta yaklaşan ön seçimlerde oy kullanmaları için siyasetçilerden gelen bir başka rica mektubuna benziyordu. Ancak yakından incelendiğinde içeriğin şaşırtıcı derecede kişisel olduğunu gördüler. Her bir alıcı, oy kullandıkları ve atladıkları son seçimlerin bir listesinin yanı sıra komşularının her birinin katılım kararlarına ilişkin bir rapor da bulmuştu. Mektuplar sadece kişisel oy kullanma kayıtlarını göstermekle kalmıyor, aynı zamanda seçim gününden hemen sonra topluluktaki herkese güncellenmiş verileri yayınlama sözü veriyordu. Verilen mesaj neydi? Oy verin ya da kötü bir vatandaş olarak komşularınıza ifşa olun!

Hangi politikacının böylesine agresif bir posta gönderecek kadar çılgın olabileceğini merak edebilirsiniz ve şüphenizde haklı olabilirsiniz. Ancak bu mesaj bir adaydan gelmedi; siyaset bilimciler Alan Gerber, Donald Green ve Christopher Larimer'in seçmen katılımını artırmak için maliyeti az stratejileri test ettikleri bir deneyin parçasıydı.

Araştırmacılar, eyaletteki nitelikli seçmenlerin kamuya açık listelerinden 180.000'den fazla adres derleyip insanlara yaklaşan seçimleri hatırlatmak için dört farklı posta taslağı hazırlamıştı.

Bazı seçmen adaylarına hiçbir posta gönderilmemiş, bazılarına ise genel seçim hatırlatıcıları gönderilmişti. Bu gruplar, karşılaştırma için bir temel oluşturmaları amacıyla çalışmaya dâhil edildiler. Geri kalan haneler, seçim gününde sandığa gitmeleri için çeşitli derecelerde sosyal baskıya maruz bırakıldılar. Belirli bir mahalledeki herkesin oy verme geçmişini ortaya çıkaran bir posta bu mesajların en uç noktası olmuştu. Başka bir postada ise aynı evde yaşayan herkesin oy kullanma geçmişi listelenirken, üçüncüsünde araştırmacıların bir çalışma yürüttüğü ve oy kullanıp kullanmadığınızı kontrol edecekleri açıklanmıştı yalnızca.

Bu deneyi ilk duyduğumda, bana daha çok Büyük Birader'i anımsattığı için bir an inanamadım. Ancak insanları kamuoyu önünde utandırmanın ahlaki açıdan ne kadar şüpheli olduğundan bahsetmeden önce, bu sosyal baskı kampanyasının nasıl işlediğini anlatmama izin verin. Çünkü sonuçlar hayret vericiydi.

Basit bir hatırlatma katılım oranını neredeyse %2 artırırken (ki bu düşük katılımlı ya da yakın geçen bir seçimde önemli bir orandır), takip ile ilgili postalar %2,6 puanlık bir artışa yol açmıştır. Ancak insanlar tanıdıkları insanlara karşı sorumlu tutulduklarında asıl hareketlilik başlamıştı. Birlikte yaşadıkları herkesin oy kullanıp kullanmadıklarını öğreneceği konusunda uyarılanlar arasında katılım %4,9 oranında artmıştır. Komşularına ihbar edilme fikri ortaya atıldığında ise işler iyice çığırından çıktı. Mahalledeki herkese oy verme kayıtlarını göstermeyi vadeden mektup, katılım oranında %8.1'lik bir artış sağladı. Bildiğim kadarıyla, başka hiçbir mektup kampanyası oy verme oranında bu kadar büyük bir artış sağlamamıştı.

Noel yaklaşırken çocuklarınızın iyi davranışlarını motive etmek için Noel Baba'nın efsanevi her şeyi bilme özelliğini kullandıysanız (ya da ebeveynleriniz bu taktiği sizin üzerinizde kullandıysa), bu türde bir sosyal sorumluluk tarzı ve gücü size oldukça tanıdık gelebilir. Bing Crosby'den Frank Sinatra'ya ve Mariah Carey'ye kadar birçok şarkıcının bizi uyardığı gibi, "O, sizin kötü mü yoksa iyi mi olduğunuzu bilir, bu yüzden Tanrı aşkına iyi olun!" En azından benim evimde, Noel Baba'nın neler yaptıklarını izlediği ve gördüklerini beğenmezse hediyeleri geri alabileceği tehdidi harikalar yaratıyor. Oğlum aralık ayında her zaman en iyi davranışlarını sergiler. Ancak ebeveynlerin çocuklarına karşı kullandıkları disiplin taktikleri, daha az asimetrik güç yapılarına sahip ortamlar için genellikle uygun değildir. Bu da beni bu çalışmayı ilk öğrendiğimde hissettiğim inançsızlığa geri götürüyor.

Görünüşe göre endişelerimde haklıymışım. Oldukça etkili olmakla birlikte, bu deney ciddi şekilde geri tepti (bir muhabirin, postaları göndermekten sorumlu kişiyi pusuya düşürmek için postaların iade adresinde yazılı kutunun başında günlerce kamp kurduğu söyleniyor), bu da muhtemelen neden benzer türde bir mektup almadığınızı açıklamaya yardımcı oluyor.

Ancak eksikliklerine rağmen bu çalışmayı muazzam buluyorum çünkü sosyal hesap verebilirlik mekanizmasının davranışlarımızı önemli ölçüde değiştirebileceğini kanıtlıyor. Sosyal hesap verebilirliği bir taahhüt aracına dönüştürerek kendinize yardımcı olmak için kolayca kullanabilirsiniz. Örneğin iş arkadaşlarınıza bu bahar mali müşavirlik sınavına girmeyi planladığınızı söyler ve girmediğiniz takdirde haberlerinin olacağından emin olursanız, hesap verebilirliğin faydalarından geri tepme riski olmadan yararlanmış olursunuz. Ayrıca bir arkadaşınızdan spor salonu arkadaşınız olmasını isteyebilirsiniz, böylece bir antrenman seansını atladığınızda ikiniz de sorumlu olursunuz. Bu durum antrenmanları daha eğlenceli hâle getirme gibi bir avantaja da sahiptir.*

---

* Meslektaşlarım ve ben, bir arkadaşla beraber yapılan her spor salonu ziyareti için insanlara 1 dolar ödemenin, koşulsuz olarak yapılan her spor salonu ziyareti için insanlara 1 dolar ödemeye kıyasla egzersizi %37 daha fazla ar-

Yine de hesap verebilirliği başkalarını teşvik etmek için açık bir araç olarak kullanmak istiyorsanız, bu tür taktiklerin yaratabileceği öfkeyi de aklınızda tutmalısınız. Birini başkalarının incelemesine maruz bırakmakla tehdit etmek, haklı bir nedenden ötürü sizi derhâl düşman sınıfına sokabilir. Bununla birlikte ayrıntılara biraz dikkat ederek sosyal baskı zararsız bir şekilde de *kullanılabilir.* 2013 yılında Kaliforniya'da yapılan bir deney bu durumu ortaya koymaktadır.

Amaç, ev sahiplerinin enerji talebinin en yüksek olduğu (yani herkesin klimasını çalıştırdığı en sıcak) günlerde hizmet kesintilerini kabul etmelerini gerektiren bir yeşil enerji girişimine kayıt oranlarını artırmaktı. Görünen nedenlerden dolayı zor bir hedefti ancak araştırma ekibinin akıllıca bir planı vardı. Bazı mahallelerde ev sahiplerinin kayıt kararlarını komşularıyla paylaşmak yerine, ev sahiplerinin haberi kendilerinin yaymasına izin verdiler ve herkesin kimin kaydolduğunu (veya kaydolmadığını) görebilmesi için halka açık ilan panoları kurdular. Diğer mahallelerde, ilan panoları sadece anonim kimlik numaraları altında kayıtlara izin verdi (böylece komşular kendilerinden önce kaç kişinin kaydolduğunu bilecek, ancak kim olduğunu bilmeyeceklerdi).

Arada görülür farklar olmuştu. İnsanlar halka açık bir ilan panosuna isimlerini yazdırdıklarında, yeşil enerji programının popülaritesi üç katına çıktı. Ancak en önemlisi, burada herhangi bir geri tepme yaşanmadı: Kayıt isteğe bağlı olduğundan kimse ifşa ediliyormuş gibi hissetmedi. Aksine, kamuya açık bir şekilde kaydolmak muhtemelen bazılarına övünme fırsatı gibi geldi. Psikoloji benzerdi -her şey kamuya hesap verebilirlikle ilgilidir- ancak

---

tırdığını kanıtladık. Ortak egzersizlerle bağlantılı ödemeler, hesap verebilirliği ve keyfi artırmıştı (Rachel Gershon, Cynthia Cryder, and Katherine L. Milkman, "Friends with Health Benefits: A Field Experiment" 2021).

yapılan ifşaat bir gösteriş ihtimali gibi hissettirdiğinde insanlar bambaşka tepkiler vermekteydiler.*

Çoğumuz dostlarımıza, komşularımıza ve iş arkadaşlarımıza iyi, çalışkan ve başarılı insanlar gibi görünmek isteriz. Dolayısıyla eylemlerimiz görünür olduğunda "doğru" olanı yapmak için güçlü bir çekim ve iyi itibarımızı zedeleyecek "yanlış" seçimi yapmaktan güçlü bir caydırıcılık duygusu söz konusu olur. Geri tepmeye neden olmadan bu içgüdüleri kullanmak için insanlara övgü kazanma veya vazgeçme şansı vermek en iyisi olacaktır.

Genel olarak, başkalarını daha iyi davranışlar yönünde teşvik etmeyi ümit ediyorsanız, insanların övülme sevgisini kendi yararınıza kullanabileceğiniz ortadadır. Mesela araştırmalar hayırsever hediyelerimiz başkalarına duyurulduğunda bağış yapma olasılığımızın daha yüksek olduğunu açığa çıkarmıştır. Dolayısıyla bağış topluyorsanız, insanların cömertliklerini duyurmalarını sağlayacak bir yol bulun. Ve daha fazla çalışanın işyeri eğitimlerine ya da akıl hocalığı programlarına katılmasını sağlamayı umuyorsanız,

* Birisi bizi yanlış davranışlarımızdan dolayı azarladığında bu, bilim insanlarının "görev" olarak adlandırdığı bir eylemdir; ancak iyi davranışlarımıza dikkat çekmediklerinde, bu bir "ihmaldir". Ve araştırmalar, ihmallerin bizi görevlerden çok daha az rahatsız ettiğini gösteriyor (birinin sizi azarlamasının, mükemmelliğinize dikkat çekmemesine kıyasla ne kadar kötü hissettirdiğini düşünün). Araştırmacılar bir yeşil enerji programı için halka açık kayıtlar yayınladıklarında (genelde iyi bir davranış olarak kabul edilir, en azından Kaliforniya'da öyledir), yarattıkları hesap verebilirlik bir ihmal şeklinde geldi. Kaydolmayanlar halkın övgüsünü kazanma şansını kaçırdı, ancak komşular listede adı olmayan birinin kaydolmadığı sonucunu çıkarmak zorunda olduğu için, yeşil enerjiyi kabul etmemenin kınanması açıktan olamazdı. Öte yandan, oy kullanmayanları komşularına açık bir şekilde ifşa etmek bir suç eylemidir ve bir yandan da bu nedenle birçok kişiyi çileden çıkarmıştır (Mark Spranca, Elisa Minsk, and Jonathan Baron, "Omission and Commission in Judgment and Choice," Journal of Experimental Social Psychology 27, no. 1 [1991]: 76–105, DOI:10.1016/0022-1031(91)90011-T).

herkese açık kayıt listeleri yayınlamayı aklınızdan geçirin. "Doğru" olanı yapmak için sosyal bir baskı oluşacaktır ve liste büyüdükçe sosyal normlar da sizin lehinize çalışacaktır; kaydolmanın *havalı* bir şey olduğu daha iyi anlaşılacaktır.

SOSYAL GÜÇLERİ İYİLİK İÇİN KULLANMAK

Sosyal güçler, davranış değişikliğinin etkili itici güçleri olabilir ve aynı durumdaki birçok kişinin yapmayı başardığı şeyleri öne çıkarıp kendimizden şüphe duyma hâlinin üstesinden gelmemize yardımcı olabilir. Peki ya iyi bir davranış o kadar da popüler değilse? Ya işyerinizdeki çoğu insan geri dönüşüm yapmıyorsa, akranlarına akıl hocalığı yapmıyorsa, güvenlik protokollerine uymuyorsa ya da onlara (ve kendinize) daha tutarlı bir şekilde yapmaları için yardım etmek istediğiniz şey her ne ise onu yapmıyorsa?

Tüm umutlar henüz kaybolmuş sayılmaz. Araştırmalar gösteriyor ki bir davranış geniş çapta popüler olmaktan ziyade sadece yükselme eğilimindeyse, bu eğilim hakkında bilgi paylaşmak insanları kazanmaya yardım edebilir.* Meslektaşlarınızın sadece %20'sinin yeni bir bilgisayar programlama eğitim kampına kaydolduğu-

---

* Bir çalışmada, bir kafenin yüzlerce müşterisi üç gruba ayrılmıştır. Bazılarına Amerikalıların %30'unun et tüketimini sınırlamak için çabaladığı bilgisi verildi. Diğerleri ise Amerikalıların %30'unun son beş yıl içinde et tüketimini sınırlamaya başladığını öğrendi (bu, artış eğilimine işaret ediyor). Son gruba ise Amerika'daki et yeme normları hakkında hiçbir bilgi verilmedi. Et yememedeki artış eğilimini öğrenen müşterilerin vejetaryen bir öğle yemeği sipariş etme olasılığı, et yeme hakkında hiçbir bilgi verilmeyenlere göre iki kat daha fazlaydı. Ayrıca trend bilgisi, esasen çoğunluğun et tüketimini sınırlamadığı yönündeki bilindik normu paylaşmaktan çok daha iyi sonuç vermiştir (Gregg Sparkman ve Gregory M. Walton, "Dynamic Norms Promote Sustainable Behavior, Even If It Is Counternormative," *Psychological Science* 28, no. 11 [2017]: 1663–74, DOI:10.1177/0956797617719950).

nu öğrenirseniz tereddüt edebilirsiniz, ancak geçen yıldan bu yana kayıtların iki katına çıktığını keşfederseniz, farklı bir bakış açısına sahip olursunuz. Yükseliş eğilimi insanlara bu norm dışı davranışın eninde sonunda "herkesin" yaptığı bir şey hâline geleceğini söyler.

Sosyal güçlerle diğer insanların hedeflerine yardımcı olmaya odaklanmış olsam da bu strateji kendiniz için de kullanabileceğiniz güçlü bir araç hâline gelebilir. Eğer maraton koşmayı planlıyorsanız bitiş çizgisini geçmenin nasıl bir şey olduğunu bilen insanlarla birlikte antrenman yapmaya çalışın. Onlarla koşu seansları planlayın ve FitBit üzerinden bağlantı kurun. Bu sayede istatistiklerinizi görebilir ve yavaş bir hafta geçirirseniz sizi uyarabilirler. Ve onlar için işe yarayan şeyleri kopyalayıp yapıştırabilmeniz için rehberliklerini talep ettiğinizden de emin olmanız gerekir.

Bu dediklerim roket bilimi olmasa da yeterince takdir edilmeyen bir bilim dalı gibi görünüyor. Bilerek ya da bilmeyerek birçoğumuz sosyal güçlerden faydalanırız. Başarılı bir vejetaryen olmak için arkadaşlarının beslenme alışkanlıklarını taklit eden Kassie'ye ya da Hava Kuvvetleri Akademisinde yüksek başarı gösteren akranlarının çalışma alışkanlıklarının farkında olmadan ne kadar etkilediğini öğrenen Scott'a sorabilirsiniz. Sosyal güçlerin etkisini doğru bir şekilde yönlendirirseniz beceri kapasitenizi ve öz güveninizi artırabilir, meslektaşlarınıza ve arkadaşlarınıza aynı şeyi nasıl yapacaklarını gösterirken de daha fazlasını başarabilirsiniz.

Bölüm İpuçları

- Kendinizden şüphe duyduğunuzda veya nasıl ilerleyeceğiniz konusunda bir belirsizlik yaşadığınızda çevrenizdeki insanların size neyin mümkün olduğunu göstermesi kapasitenizi ve güveninizi artırmaya yardımcı olabilecekleri güçlü bir yoldur.

- Kararlarınız yaşıtlarınızın standartlarından büyük ölçüde etkilenir, bu yüzden büyük hedeflere ulaşmayı umduğunuzda iyi bir arkadaş desteği önemlidir ve az başarılı akranlara sahip olmak size zarar verebilir.
- Sadece hangi davranışın (istenilen bir davranış olduğunu farz ederek) genel olduğunu tanımlamak, diğer insanların davranışlarını daha iyi hâle getirmek için etkili bir yöntem olabilir.
- Birine ne kadar yakınsanız ve durumu sizin durumunuza ne kadar benziyorsa, onun davranışlarından etkilenme olasılığınız o kadar yüksek olur.
- Yaşıtlarınızın etkileri kendiliğinden bir süreçle üzerinizde iz bıraksa da olumlu akran etkilerini bilinçli olarak güçlendirebilirsiniz. Bunu, ulaşmayı amaçladığınız şeye zaten ulaşmış akranlarınızı gözlemleyerek ve onların yöntemlerini kopyalayıp yapıştırarak da yapabilirsiniz.
- Benzer koşullarda olduğumuz kişilerin onayını kazanmayı önemsediğinizden ötürü, diğer insanlar tarafından izlendiğinizi hissetmek davranışlarınızı değiştirecektir.
- Geri tepmesine fırsat kalmadan değişimi teşvik etmek amacıyla akran görünürlüğünü kullanmak adına, istenmeyen davranışları kişileri başkalarının önünde utandırmak için değil, onlara yine başkalarının önünde övgü kazanma (veya vazgeçme) şansı vermek için kullanın.
- Eğer bir davranış mevcut bir norm değil de yalnızca popülaritesi artan bir davranışsa, bu artışla alakalı bilgi paylaşmak başkalarının davranışlarını değiştirebilir.
- Akranlarınızın başarıları size ulaşılamaz geliyorsa, sosyal normları izlemek ya da bunları öğrenmek sizi değişim için cesaretlendirmekten ziyade tam tersi bir etki yaratabilir.

- Sosyal baskı insanları zorlamak, baskılamak için de kullanılabilir. Bu nedenle arkadaşlarınızı, ailenizi veya iş arkadaşlarınızı etkilemek için sosyal normları kullanmadan önce buna karşılık gelecek ahlaksal sorumluluğunuzu da ciddiye alın.
- Birinin sinirinizi bozacak şekilde sosyal baskı uyguladığını fark ederseniz sakinleşin ve o kişiyle yüz yüze etkileşimden kaçının. Kararlarınızı iyileştirmek ve baskı kurbanı olmaktan kaçınmak adına size rehberlik edebilecek kişilerle konuşun.

BÖLÜM 8

İYİ YÖNDE DEĞİŞİM

2018'in sonlarında Angela Duckworth ve araştırma ekibimizle, ikimizin de şimdiye kadar başlattığı en iddialı davranış değişikliği çalışmasının ilk sonuçlarıyla alakalı bir toplantı yaptık.

"Bu projeye başarılı der misiniz?" diye sormuştu ekiptekilerden birisi.

Angela, "Asla," derken ben aynı anda, "Kesinlikle," demiştim.

Herkes güldü.

Anlaşmazlığımızın geçerli bir sebebi vardı. Spor salonu zinciri 24 Hour Fitness ile daha fazla üyeyi düzenli spor salonu müdavimi hâline getirmek amacıyla büyük bir deney gerçekleştirmiştik. Amerikalıların yaklaşık yarısı yeterince egzersiz yapmıyordu (spor salonu üyeliği olan Amerikalılar bile) ve daha fazla fiziksel aktiviteyi teşvik etmek için ucuz bir yol bulabileceğimizi ümit ediyorduk.

Ancak devasa çalışmamız tam da planlandığı gibi sonuç vermedi.

On binlerce 24 Hour Fitness üyesi programa katılmak için kayıt yaptırmıştı. Egzersizlerini artırmayı amaçlayan dört haftalık ücretsiz bir dijital programa katılmaktan heyecan duyuyor gibi gözüküyorlardı. Fakat bizim en çok önemsediğimiz şey kimin kaydolduğu ya da orada olmaktan ne kadar mutlu oldukları değil, programımızın ne kadar iyi çalıştığıydı. İşte tartışmaya açık olan nokta burasıydı.

Ben iyi habere odaklanmıştım. Planlamanın önemi, hatırlatmalar, eğlence, sosyal normlar ve tekrarlanan ödüller gibi ilkeler üzerine inşa edilerek teste tabi tuttuğumuz elliden fazla fikrin çoğu, hemen başarıya ulaşmıştı. Neredeyse sıfır maliyetle, insanlar programımız içindeyken spor salonuna katılım oranını yükseltmenin birçok yaratıcı yolunu bulmuştuk nihayetinde.

Kulağa başarılı gibi geliyor değil mi? En azından ben öyle düşünüyordum.

Kötü haber, programımız sona erdikten sonra ne olduğuna baktığımız zaman ortaya çıktı. Test ettiğimiz fikirlerin neredeyse hiçbirinin kalıcılığı mümkün olmadı. Dürüst konuşmak gerekirse, çalışmamız tekrarlama ve ödüllendirme yoluyla insanların bir ay boyunca fazladan spor salonu ziyareti gerçekleştirmeleri oranını belki dörtte biri ila üçte biri kadar alışkanlığa dönüştürdüğünü gösterdi. Fakat insanların davranışlarını yıllarca değiştirebilecek egzersizlere yönlendirmek için devrim niteliğinde, maliyetsiz birkaç tane teknik keşfetmeyi gerçekten istiyorduk. Ama bulamadık. Angela tam da bu yüzden başarısız olduğumuzu düşünüyordu.

Kısa vadede elde ettiğimiz başarıdan memnun olmakla birlikte, Angela'nın kalıcı faydalar sağlayacak daha fazla müdahale yolu bulamadığımız için duyduğu hayal kırıklığını paylaşıyordum. İnsanların düzenli egzersiz yapmaya çalışırken karşılaştıkları (egzersizleri sevimsiz bulma, atalet ve unutma gibi) en önemli içsel engelleri dikkatlice teşhis etmiş ve bunların çoğunu doğrudan ele almıştık. Bu yüzden neyin yanlış gittiğini anlayamıyordum. Dünyanın en başarılı uygulamalı davranışsal ekonomi araştırma gruplarından birinin kurucularından, başarılı ekonomist ve tıp doktoru arkadaşım Kevin Volpp'u şaşkınlıkla aradım.

Kevin'ın bakış açısını bilmek istedim. Davranış değişikliğini *kalıcı* hâle getirmede bu denli başarısız olma sebebimizin ne olduğunu düşünüyordu?

Kevin şu unutulmaz ifadeyi kullanmıştı: "Birine diyabet teşhisi koyduğumuzda, ona bir ay boyunca insülin verip sonra da insülini keserek iyileşmesini beklemeyiz." Tıpta doktorlar kronik hastalıkların ömür boyu tedavi gerektirdiğini kabul ederler. Davranış değişikliği neden bundan farklı bir şey olacaktı ki?

Alnıma şaplak atasım geldi. Kevin'ın ne demek istediği o kadar açıktı ki bunu dile getirmeye ihtiyaç duyduğum için bile utandım. Benimki de dâhil olmak üzere yapılan araştırma üstüne araştırma bize dönüştürücü davranış değişikliğinin, bir kızarıklığı tedavi etmekten ziyade kronik bir hastalığı tedavi etmeye benzediğini göstermiştir. Üzerine küçük bir merhem sürüp sonsuza kadar iyileşmiş olmasını bekleyemezsiniz. Bu kitapta anlattığım değişimin önündeki içsel engeller -günaha girme, unutkanlık, öz güven eksikliği ve tembellik gibi engeller- kronik bir hastalığın semptomları gibidir. Onları "tedavi etmeye" başladıktan sonra hemen öylece ortadan kaybolmazlar. Bunlar insan doğasında var olan şeylerdir ve sürekli tetikte olmayı gerektirir.

Bunu özellikle iyi bir şekilde gösteren bir başka deney, Opower adlı bir kuruluştan ev enerji raporları alan on binlerce haneyi içeriyordu. Aylık ya da üç aylık raporlarda Opower, enerji verimsizliği olan ev sahiplerine komşularına kıyasla ne kadar enerji kullandıklarını söylüyordu. Sosyal normların etkisi düşünüldüğünde, Opower'ın milyonlarca müşterisini sadece mahalle standartlarına uymadıklarını göstererek, çok düşük bir maliyetle enerji tasarrufu yapmaya âdeta zorladığını öğrenmek pek de şaşırtıcı olmamalı.

Opower'ın en etkileyici bulduğum çalışması ise, insanların bu raporları almadıkları zaman evlerindeki enerji kullanım alışkanlıklarının nasıl değiştiğini eskiye oranla karşılaştırması olmuştu.

Rastgele seçilen bir grubun iki yıl sonra ev enerji güncellemeleri raporları kesildiğinde, Opower'ın postalarını hiç almayan hanelere göre yine de daha az enerji kullanmaya devam ettikleri ortaya çıktı. Ancak raporları almaya *devam eden* kişiler kadar enerji tasarrufu yapmadılar. İki yıllık Opower mesajlarından sonra tamamen kesildiğinde, hanelerin tasarrufları yılda %10 ila 20 oranında azaldı. Ve bu, yeni bir alışkanlığa bağlı kalınan *iki yılın* sonunda gerçekleşti. Raporları sadece bir ay boyunca almış olsalardı ne kadar az düşüş olacağını hayal edin. İşte Angela ve benim karşılaştığımız durum tam olarak buydu.

24 Hour Fitness ile yaptığımız çalışmada olduğu gibi bu araştırma da davranış değişikliğini kolaylaştırmak için yaptığımız çalışmaların genellikle kalıcı olumlu faydaları olduğunu ortaya çıkarmıştır. Fakat çabalarımız durduğunda kendimizin ve başkalarının eski hâllerinin tekrar etmeye başladığını görmeyi beklemeliyiz (ve ne kadar erken durursak, o kadar fazla eskiye dönüş olacaktır).

Değişimi teşvik etme çabaları bittiğinde bardağın boş ve dolu kısmını görürüz. Ben kalıcı değişimin mümkün olduğuna inanan bardağın yarısının dolu olduğu bakış açısını tercih ediyorum. Önemli olan tıpkı Kevin'ın da söylediği üzere, değişimi geçici değil kronik bir sorun olarak ele almaktır.

Değişim yolculuğunuzda karşılaştığınız içsel engelleri aşmak için bu kitaptaki araçları kullanırken, bunları bir ya da iki kez, bir ay ya da bir iki yıl için değil, kalıcı olarak kullanmanız gerekeceğini bilin. Ya da en azından, en başta başarmayı hedeflediğiniz şeyi artık başarmaktan vazgeçene kadar uygulamayı deneyebilirsiniz.

Eskiden beri tanıdığım öğrencim Karen Herrera, değişimin önündeki engeller içsel şeylerse, başarının anahtarının bu engelleri özel çözümlerle aşmak ve değişimi geçici değil kronik bir sorun olarak ele almak olduğunu çok iyi biliyor artık. Üniversite hayatındaki yeni başlangıcını daha sağlıklı bir insan olmak adına kullanmak için kampüse geldi ve bir beslenme uzmanıyla birlikte, kendisini hiç olmadığı kadar mutlu ve sağlıklı hissetmesine yardımcı olacak bir bakış açısını başarıyla geliştirebildi. Yolculuğuna başladıktan yıllar sonra bile hâlâ aynı diyetisyenle düzenli olarak bir araya geliyor (bu da hesap verebilirlik sağlıyor), sağlıklı öğünler için planlar yapıyor, egzersizlerini takvimine işliyor, bir uygulama üzerinden kalori takibi yapıyor ve öğrencileri ücretsiz pizza veya çöreklerle cezbeden kampüs etkinliklerine gitmeden önce sağlıklı yiyeceklerle beslenmek, arkadaşlarıyla dışarıda yemek yemeden önce mekânların menülerinden sağlıklı seçenekleri önceden seçmek ve tatlı ihtiyacını, sevmeye başladığı meyve smoothie'leri ve yoğurtla karşılamak gibi baştan çıkarıcı şeylere direnmek amacıyla uyguladığı birtakım özel stratejilere güveniyor. Formda kalmak Karen için zaman içinde giderek daha kolay hâle geldi. Sağlıklı olmanın önündeki engelleri aşmak için bir dizi güvenilir, bilim temelli tekniğe sürekli yaslanarak değişiminin kalıcı olmasına olanak tanıdı.

Karen gibi ben de içsel engeller karşısında değişimi sürdürmenin başlatmaktan çok daha kolay olduğunu fark ettim. Yıllarca bu kitaptaki stratejileri kullanarak kendi hayatımda başarılı bir şekilde değişimler sağladım. Egzersizi eğlenceli hâle getirerek formda kalmak, kendime olan güvenimi ve hırsımı artırmak için bana inanan ve rol model olan arkadaşlarım ve meslektaşlarımla kendimi çevrelemek, yeni zorlukların üstesinden gelmek için yeni başlangıçlardan yararlanmak (ev sahibi olduğum gün başladığım bu kitabı yazmak gibi) ve vazgeçmemek için ipuçlarına dayalı planlar yapmak bunların bazı örnekleri.

En iyi sonuçları ise Brad Gilbert'ın Andre Agassi'ye değişimin anahtarının rakibinizi anlamak olduğu üzerine olduğunu anlattığı öğretisi üzerine inşa ettiğimde elde ettim. Her şeye uyan tek bir strateji, sizi, yolunuza çıkan şeylere özel saldırılar üretmek kadar ileriye götürmez. Bu oyun planında ustalaştıktan sonra rotayı korumak genellikle sizin için işe yarayan taktiklere bağlı kalmak kadar basittir.

Elbette değişimin önündeki engeller kimi zaman farklılaşabilir. Tıpkı teniste rakibinizin maçın ortasında yeni bir stratejiye geçip sizi işe yarayan mevcut stratejiyi yeniden düşünmeye zorlaması gibi, sizin de zaman zaman değişime yaklaşımınızı revize etmeniz gerekebilir. Kendi girişimlerini başlatan öğrenciler genellikle bana başlangıçta zorlanarak ya da düşük bir öz güvenle gelirler, ancak daha sonra aslında zaten yolda olduklarını ve gerekenlere sahip olduklarına inandıklarını, fakat yapılacaklarının bir angarya hâline geldiğini keşfederler. Siz de duvara toslamış gibi hissederseniz ilerlemenizi neyin engellediği sorusunu tekrar düşünün. Engellerin değiştiğini ve yeni bir oyun planına ihtiyacınız olduğunu görebilirsiniz. Doktorlar, hastaların tedavi planlarının genellikle zaman içinde yeniden gözden geçirilmesi gerektiğini bilirler; değişimin kendisi de benzer bir mantıkla işler.

Elbette bazen değişime odaklanırsınız ve yaklaşımınızı düzenlemenize ve kitaptaki (kelimenin tam anlamıyla *bu* kitaptaki) her numarayı denemenize rağmen, olmak istediğiniz yere hâlâ gelmediğinizi görürsünüz. Diyelim ki bir spor salonu alışkanlığı başlatmayı umuyordunuz ancak bunu bir türlü beceremediniz. Belirli bir hedef yolunda bocalıyorsanız kendinizi mutsuz etmek yerine bazen geri adım atmanın, yeniden değerlendirmenin ve büyük resmi düşünmenin zamanı gelmiş olabilir.

Hedeflerin birçoğu daha büyük bir amaç için sadece bir araçtır. Spor salonuna gitmek, forma girmenin yalnızca bir yoludur. Kondisyonunuzu geliştirmek daha büyük bir hedefse bunu başarmanın başka yolları da mevcuttur. İş yerinde bir yürüyüş masası kullanabilir, bir basketbol takımına katılabilir, öğle tatilinize tempolu bir yürüyüş ekleyebilir, işe gidiş geliş saatinizi değiştirebilir veya bir uygulama ile evde egzersiz yapabilirsiniz. Belki spor salonunda çalışmak sizin için sağlığa giden en iyi yol değildir, fakat alternatif bir yol başarıya ulaşmanızı sağlayabilir.

Toplayabileceğiniz tüm numaraları kullanarak bir hedefe ulaşmak için gerçekten çabalayıp hâlâ sonuç alamıyorsanız, o sonuca ulaşmak için yeni yollar düşünmenin ve kendinize yeni bir başlangıç çizmenin zamanı gelmiştir. Karşılaştığınız engeller yalnızca size özel çözümler gerektirmekle kalmaz; güçlü ve zayıf yönlerinizi kabul eden ve bunlara uyan size *özel hedeflere* de ihtiyacınız olduğunu gösterir. Acı noktaları her insan için farklıdır; bir kişi için angarya gibi gelen bir hedef bir başkası için zevk olabilir ve *Mary Poppins*'ten biliyoruz ki keyif aldığınız bir yol bulmak mucizeler yaratabilir.

Size ve koşullarınıza uygun özel bir yaklaşım olduğu sürece değişim elinizin altındadır. Bu kitabın kendi yolunuzun her adımında size rehberlik edebilmesini ümit ediyorum. Kanıtlar ve deneyimlerimiz gösteriyor ki karşılaştığınız iç engelleri tespit edip başarılı olmanızı sağlayacak özel çözümleri *tutarlı bir şekilde* uygularsanız, bulunduğunuz noktadan olmak istediğiniz yere ulaşmanız hiç de zor değil.

TEŞEKKÜR

Bu projeye başladığımda geniş bir kitleye kitap yazmanın ne anlama geldiğine dair en ufak bir fikrim bile yoktu. Bana destek olan sabırlı, bağışlayıcı ve cömert bir grup insana yalnızca tavsiyelerini değil vakitlerini de ayırdıkları için çok minnettarım.

Öncelikle ve en önemlisi, her bir bölümü defalarca okuyan, her saat başı kitapla ilgili fikirlerimi dinleyen ve bu süreçte pandemi ebeveynliği ile ev işlerinin adil olmayan derecede büyük bir kısmını üstlenen harika eşim Cullen Blake'e çok teşekkür ederim. Bu kitap senin tükenmeyen desteğin ve cömertliğin olmasaydı var olamazdı Cullen. Günlük hayatımızda bana her an verdiğin ilhamdan bahsetmiyorum bile (sen tanıdığım en iyi problem çözücü insansın).

Ayrıca bana her zaman sevgiyle destek olan ve çocuk bakımına ve hatta çok daha fazlasına yardımcı olmak için Philadelphia'ya taşınan en büyük destekçilerim anne ve babam Ray ve Bev Milkman'a da teşekkür ederim. Size minnettarım. Ve itiraf etmem gerekir ki yıllar önce beni rekabetçi tenise yönlendirmenizin o kadar da çılgınca bir fikir olmadığını şimdi daha iyi anlıyorum. Bu süreç bana hayat hakkında kesinlikle bir iki şey öğretti.

Sevgili enerjik oğlum Cormac Blake, bu kitap için duyduğun heyecandan ötürü teşekkür ederim. Kitabın yazım sürecinin ortalarındayken, anaokulu öğretmenlerin sınıfında yeni bir akım başlattığını söylediklerinde kalbim gururla doldu; üç ve dört yaşındaki arkadaşlarını tıpkı annen gibi kitap yazmaya teşvik etmiştin. Her ne kadar kitap için önerdiğin başlığı kullanmamış olsam da (çünkü *Büyük Delaware* konunun biraz dışında kalıyordu), yine de bu sayfalar düşündüğünden çok daha fazla şekilde aslında senin tarafından şekillendirildi.

Menajerim Rafe Sagalyn bu macerada bana muazzam bir rehber oldu. Öngörülerin, bilgeliğin ve takıntılarıma gösterdiğin sabır için sana minnettarım. Özellikle Niki Papadopoulos ve Portfolio'daki harika ekiple (Adrian Zackheim, Kimberly Meilun, Regina Andreoni, Amanda Lang, Tara Gilbride, Stefanie Brody, Jarrod Taylor ve Brian Lemus) tanışmama yardımcı olduğun için teşekkür ederim. Bundan daha olağanüstü bir editör veya yayınevi ekibi isteyemezdim doğrusu. Niki, bir bölümü doğru bir anlatı yapısıyla nasıl şekillendireceğimi sabırla öğrettiğin ve derinlere inmem gereken yerleri gösterdiğin için teşekkür ederim. Sağladığın rehberlik ve destek paha biçilemezdi.

Angela Duckworth, yalnızca bu kitabın her kelimesini okuyup müthiş katkılarda bulunmakla yetinmedi. Aynı zamanda beni akademik kariyerimdeki en heyecan verici yolculuğa çıkararak bu kitabı yazmama vesile oldu. Bu sayfalardaki birçok fikir, sohbetlerimiz esnasında şekillendi Angela. Bu entelektüel yolculuktaki ortaklığın, verdiğin ilhamın ve sürekli desteğin için sana minnettarım.

İlk kez kitap yazan biri olarak bu süreç tam anlamıyla bir ekip işiydi. Hemen hemen iki yıl boyunca kitap asistanım olarak çalışan ve bu eseri düzyazısından bibliyografyasına kadar her anlamda geliştirmeme yardımcı olan Kassie Brabaw'a bilhassa minnettarım. Kassie, karşıma çıktığın için çok şanslıydım. Bu kitabı olabilecek en iyi hâle getirebilmem için harcadığın zaman ve enerji için sonsuz teşekkürler. Ayrıca, kitabın bazı bölümlerini (ve bazı durumlarda tamamını) okuyarak yapıcı editoryal yorumlarını benden esirgemeyen Gareth Cook, Kate Rodemann, Jamie Ryerson, Katie Shonk, Mike Hernan ve Andy Cassel'a teşekkür ederim. Son olarak ise taslağın son hâlini dikkatlice gözden geçirerek yazım hatalarını tespit eden öğrenci araştırma asistanlarım Meghan Chung, Karen Herrera, Michelle Huang ve Ilyssa Reyes'e de teşekkürlerimi sunarım.

Ayrıca kitabın ilk taslağını okuyarak eşsiz geri bildirimlerde bulunmak için zaman harcayan cömert arkadaşlarıma, aileme ve meslektaşlarıma derin bir minnettarlık duyuyorum. Bazılarını zaten teşekkürlerimle anmış olsam da (Cullen, Angela, annem ve babam), Modupe Akinola, Max Bazerman, Rachel Bernard, Dolly Chugh, Annie Duke, Linnea Gandhi, Guy Kawasaki, Sendhil Mullainathan ve Aria Woodley'ye katkıları için ayrıca teşekkür ederim. Ayrıca başlıklar, alt başlıklar ve kapak tasarımlarıyla ilgili fikirleriyle bana destek olan dostum Nathaniel Pincus-Roth'a da çok minnettarım.

Davranış değişimi üzerine yürüttüğüm çalışmalardan hiçbiri, *Behavior Change for Good Initiative*'de geçmişten günümüze görev alan o müthiş araştırma ekibinin yardımı olmadan gerçekleşemezdi. Dena Gromet, Joseph Kay, Tim Lee, Yeji Park, Heather Graci, Aneesh Rai, Lauri Bonacorsi, Hung Ho ve Pepi Pandiloski'ye sonsuz teşekkürler. Ayrıca, bu kitaba destek olan harika araştırma asistanları Graelin Mandel, Canyon Kornicker ve Yunzi Lu'ya da minnettarım.

Sunuculuğunu yaptığım *Choiceology* podcast ekibinde yer alan herkese teşekkür ederim. Kitap teslim tarihime uyum sağlamak için kayıtları ertelememe karşı gösterdiğiniz sabır, davranış değişimi hakkında onlarca harika hikâye bulmanız (birçoğu bu kitabın sayfalarına da girdi) ve bilimi nasıl daha etkili bir şekilde anlatacağımı öğretmeniz benim için çok ama çok değerliydi.

Pacific Content'ten yapımcı Andy Sheppard'a büyük bir teşekkür borçluyum. Ayrıca, *Pacific Content*'ten Annie Rueter'a ve *Charles Schwab*'dan Patrick Ricci, Matt Bucher, Mark Riepe ve Tami Dorsey'ye de teşekkür ederim. Sizinle çalışmak benim için büyük bir şanstı!

Bu kitabı yazmama yol açan çalışmalara katkıda bulunan harika akademik işbirlikçilerime de teşekkür etmeden geçemem. Özellikle Max Bazerman'a (gerçekten dünyanın en iyi danışmanı), John Beshears'a (bana iyi bir bilim insanı ve işbirlikçi olmayı, ayrıca bir ekonomist gibi düşünmeyi öğretmiştir), beni "dürtme" ve özgürlükçü paternalizm kavramlarıyla tanıştıran ve Angela ile tanışmama vesile olan Todd Rogers'a, ilk öğrencim ve kariyerime yeni bir başlangıç yapmamı sağlayan ışığım Hengchen Dai'ye, Dolly Chugh ve Modupe Akinola'ya (kardeşlerim ve Hayır Kulübü; sizlerin desteği olmasaydı nasıl hayatta kalırdım?) teşekkür ederim. Ayrıca, bu kitabı yazarken, her gün bilim aracılığıyla dünyayı daha iyi bir yer hâline getirmek için gösterdikleri enerji ve bağlılıkla ilham kaynağı olan olağanüstü öğrencilerim Edward Chang, Aneesh Rai ve Erika Kirgios'a da teşekkür ederim. Ve bu sayfalarda çalışmaları yer bulan değerli iş birlikçilerim Shlomo Benartzi, Colin Camerer, Gretchen Chapman, James Choi, Bob Cialdini, Cindy Cryder, Lauren Eskreis-Winkler, Amanda Geiser, Rachel Gershon, James Gross, Samantha Horn, Alexa Hubbard, Steven Jones, Tim Kautz, Joowon Klusowski, Ariella Kristal, Rahul Ladhania, David Laibson, Sunny Lee, George Loewenstein, Jens Ludwig, Brigitte Madrian, David Mao, Katie Mehr, Barbara Mellers, Julia Minson, Rob Mislavsky, Sendhil Mullainathan, Pepi Pandiloski, Jason Riis, Silvia Saccardo, Marissa Sharif, Jann Spiess, Gaurav Suri, Joachim Talloen, Jamie Taxer, Yaacov Trope, Lyle Ungar, Kevin Volpp, Ashley Whillans ve Jonathan Zinman'a da teşekkür ederim.

Bu kitapta araştırmaları yer alan ve söylediklerimde herhangi bir yanlışlık olup olmadığını kontrol eden müthiş bilim insanlarına da teşekkür ederim. İlham verici çalışmalarınız ve ayırdığınız zamanınız için minnettarım. Liste, Dan Ariely, John Austin, Linda Babcock, Scott Carrell, Gary Charness, Alia Crum, Ayelet Fishbach, Jana Gallus, Alan Gerber, Uri Gneezy, Noah Goldstein, Peter Gollwitzer, Kirabo Jackson, Dean Karlan, Julia Minson, Ethan Mollick, Mitesh Patel, Marissa Sharif, Stephen Spiller, Kevin Werbach, Wendy Wood, David Yeager ve Erez Yoeli'den oluşmaktadır.

Bu kitapta hikâyelerini anlatmama müsaade eden öğrencilere, arkadaşlara ve liderlere de minnettarım. Judy Chevalier, Jordan Goldberg, Karen Herrera, Steve Honeywell, Bob Pass, Prashant Srivastava, Prasad Setty ve Nick Winter'a teşekkür ederim.

Son olarak, bu kitabı yazmam için beni cesaretlendiren ve *Portfolio*'da mutlu bir yuva bulmasına yardımcı olan konuşma menajerim David Lavin'e büyük bir teşekkür borçluyum.

NOTLAR

GİRİŞ

profesyonel olduğunda: Andre Agassi, *Open: An Autobiography* (New York:Vintage Books, 2009), 101.

fakat 1994 yılında: McCarton Ackerman, "Andre Agassi: From Rebel to Philosopher," ATP Tour, 9 Temmuz 2020, erişim tarihi 31 Ağustos 2020, www.atptour.com/en/news/atp-heritage-agassi-no-1-fedex-atp-rankings.

kışkırtıcı kampanyasındaki: Steve Tignor, "1989: Image Is Everything, Andre Agassi's Infamous Ad," Tennis.com, 30 Ağustos 2015, erişim 1 Ekim 2020, www.tennis.com/pro-game/2015/08/image-everything -andre-agassis-infamous-ad/55425.

ilk turda duman atmış: Agassi, *Open*, 172.

üçüncü turda hezimete: Agassi, *Open*, 117.

inmeye devam etmişti: Andre Agassi Rankings History, ATP Tour, erişim 31 Ağustos 2020, www.atptour.com/en/players/andre-agassi /a092/rankings-history.

on yıllık antrenörü: Andre Agassi Rankings History, ATP Tour, erişim 31 Ağustos 2020, www.atptour.com/en/players/andre-agassi /a092/rankings-history.

Agassi haberi gazetesini okurken: Agassi, *Open*, 179.

akşam yemeği yerken buldu: Agassi, *Open*, 185.

artık otuz iki yaşında olan: Brad Gilbert Rankings History, ATP Tour, erişim 31 Ağustos 2020, www.atptour.com/en/players/brad-gilbert /g016/rankings-history.

dördüncü sıraya kadar yükselmişti: Gilbert Rankings History, ATP Tour.

yaklaşımını detaylandırmıştı: Brad Gilbert, *Winning Ugly* (New York: Fireside, 1993).

kitabı okuduktan sonra: Agassi, *Open*, 185.

konuşmalarını başlatmıştı: Agassi, 186.

babasından öğrenmişti: Jen Vafidis, "Andre Agassi: Remembering Tennis Legend's Golden Olympic Moment," *Rolling Stone*, 27 Temmuz 2016, erişim 31 Ağustos 2020, www.rollingstone.com/culture/culture-sports/andre-agassi-remembering-tennis-legends-golden-olympic-moment-248765.

daha sert vur diye bağırmıştı: Agassi, *Open*, 28.

kendini düşünmeyi bırak: Agassi, *Open*, 187.

rakibini ölçmedeki müthiş yeteneği: "Winning Ugly: Mental Warfare in Tennis— Tales from Tour and Lessons from the Master," *Publishers Weekly*, Haziran 1993, erişim 1 Ekim 2020, www.publishersweekly.com/978-1-55972-169-1.

başarılı olmaya çalışmak yerine: Agassi, *Open*, 187.

işte adamımız: Agassi, *Open*, 187.

birkaç ay sonra: Robin Finn, "U.S. Open '94; The New Agassi Style Now Has Substance," *New York Times*, 12 Eylül 1994, erişim 31 Ağustos 2020, www.nytimes.com/1994/09/12/sports/us-open-94-the-new-agassi-style-now-has-substance.html.

550.000 dolarlık büyük bir ödül vardı: "U.S. Open Prize Money Progression," ESPN, 11 Temmuz 2012, erişim 31 Ağustos 2020, www.espn.com/espn /wire/_/section/tennis/id/8157332.

dünya dördüncüsü Michael Stitch'ti: Finn, "U.S. Open '94."

nihayetinde beraberlik oldu: Agassi, *Open*, 196.

sağ eline yüklen: Agassi, 196.

derecesiz olarak kazanan ilk kişiydi: Finn, "U.S. Open '94."

dürtme hareketinin: Richard H. Thaler ve Cass R. Sunstein, "Libertarian Paternalism," *American Economic Review* 93, no. 2 (2003): 175–79, DOI:10.1257/000282803321947001.

ölümlerin yaklaşık yüzde kırkı: Steven A. Schroeder, "We Can Do Better— Improving the Health of the American People," *New England Journal of Medicine* 357, no. 12 (2007): 1221–28, DOI:10.1056/NEJMsa 073350.

onlarca kişiyle iş birliği yapma şansına: Behavior Change for Good Initiative, "Creating Enduring Behavior Change," Wharton School, University of Pennsylvania, erişim 3 Şubat 2020. https://bcfg.wharton.upenn.edu.

ortak çalışmalarımız: David S. Yeager, Paul Hanselman, Gregory M. Walton, Jared S. Murray, Robert Crosnoe, Chandra Muller, Elizabeth Tipton vd., "A National Experiment Reveals Where a Growth Mindset Improves Achievement," *Nature* 573, no. 7774 (2019): 364–69, DOI:10.1038/s41586-019-1466-y.

kesme üzerine medikal pratikler: Daniella Meeker, Tara K. Knight, Mark W. Friedberg, Jeffrey A. Linder, Noah J. Goldstein, Craig R. Fox, Alan Rothfeld, Guillermo Diaz, ve Jason N. Doctor, "Nudging Guideline-Concordant Antibiotic Prescribing: A Randomized Clinical Trial," *JAMA Internal Medicine* 174, no. 3 (2014): 425–31, DOI: 10.1001/jamainternmed.2013.14191.

gönüllü çalışma: Aneesh Rai, Marissa Sharif, Edward Chang, Katherine L. Milkman ve Angela Duckworth, "The Benefits of Specificity and Flexibility on Goal-Directed Behavior over Time" (makale, 2020).

farklı programlara kaydını artırma: John Beshears, Hengchen Dai, Katherine L. Milkman ve Shlomo Benartzi, "Using Fresh Starts to Nudge Increased Retirement Savings" (makale, 2020).

alışkanlıklar başlatacak: John Beshears, Hae Nim Lee, Katherine L. Milkman, Robert Mislavsky ve Jessica Wisdom, "Creating Exercise Habits: The Trade-Off between Flexibility and Routinization," *Management Science* (Ekim 2020), https://doi.org/10.1287/mnsc.2020.3706.

beslenme düzenlerini geliştirmelerine: John Beshears, Hae Nim Lee, Katherine L. Milkman, Robert Mislavsky ve Jessica

Wisdom, "Creating Exercise Habits: The Trade-Off between Flexibility and Routinization," *Management Science* (Ekim 2020), https://doi.org/10.1287/mnsc .2020.3706.

denge sağlamalarına: Hal E. Hershfield, Stephen Shu ve Shlomo Benartzi, "Temporal Reframing and Participation in a Savings Program: A Field Experiment," *Marketing Science* 39, no. 6 (2020): 1033–1201, https://doi.org/10.1287/mksc.2019.1177.

oy kullanmaya gitmelerine: David W. Nickerson ve Todd Rogers. "Do You Have a Voting Plan?: Implementation Intentions, Voter Turnout, and Organic Plan Making," *Psychological Science* 21, no. 2 (2010): 194–99, DOI:10.1177/0956797609359326.

Agassi'nin sürpriz zaferinden: Agassi Rankings History, ATP Tour.

bir numarası unvanını: John Berkok, "On This Day: Andre Agassi Takes over Top Spot for the First Time in 1995," Tennis.com, 10 Nisan 2020, erişim 30 Eylül 2020, www.tennis.com/pro-game/2020/04/on-this-day-andre-agassi-reaches-world-no-1-first-time-1995-25th-anniversary/88332.

BÖLÜM 1: BAŞLANGIÇ

ciro elde etmişti: Google Inc., Form 10-K, 31 Aralık 2011'de sona eren mali yıl (26 Ocak 26 2012), erişim 31 Mart 2020, www.sec.gov/Archives/edgar/data/1288776/000119312512025336/d260164d10k.htm#toc260164_8.

üretimini geliştirmeye: Shai Bernstein, Timothy McQuade ve Richard Townsend, "Do Household Wealth Shocks Affect Productivity? Evidence from Innovative Workers During the Great Recession," *National Bureau of Economic Research*, makale w24011 (Kasım 2017), DOI:10.3386/w24011.

sağlık ve finansal güvenliklerini: Timothy Gubler, Ian Larkin ve Lamar Pierce, "Doing Well by Making Well: The Impact of Corporate Wellness Programs on Employee Productivity,"

Management Science 64, no. 11 (Kasım 2018): 4967–87, DOI:10.1287/mnsc.2017.2883.

Prasad Setty, Wharton mezunu: Prasad Setty, yazarla söyleşi, Google PiLab Araştırma Zirvesi, Mountain View, California, 11 Mayıs 2012.

on binlerce bebek: GBD 2013, Mortality and Causes of Death Collaborators, "Global, Regional, and National Age–Sex Specific All-Cause and Cause-Specific Mortality for 240 Causes of Death, 1990–2013: A Systematic Analysis for the Global Burden of Disease Study 2013," *The Lancet* 385, no. 9963 (Ocak 2015): 117–71, DOI:10.1016/s0140-6736(14)61682-2.

ABÖS "Infant Mortality," Centers for Disease Control and Prevention, son görüntüleme 27 Mart 2019, erişim 9 Temmuz 2020, www.cdc.gov/reproductivehealth/maternalinfanthealth/infantmortality.htm.

keşfettiler: Marian Willinger, Howard J. Hoffman ve Robert B. Hartford, "Infant Sleep Position and Risk for Sudden Infant Death Syndrome: Report of Meeting Held January 13 and 14, 1994, National Institutes of Health, Bethesda, MD," Pediatrics 93, no. 5 (1994): 814–819.

Amerika Birleşik Devletleri Hükümeti: Felicia L. Trachtenberg, Elisabeth A. Haas, Hannah C. Kinney, Christina Stanley ve Henry F. Krous, "Risk Factor Changes for Sudden Infant Death Syndrome after Initiation of Back-to-Sleep Campaign," *Pediatrics* 129, no. 4 (Mart 2012): 630–38, DOI:10.1542/peds.2011-1419.

kalori değerinin belirtilmesi: Bryan Bollinger, Phillip Leslie ve Alan Sorensen, "Calorie Posting in Chain Restaurants," *American Economic Journal*: Economic Policy 3, no. 1 (Şubat 2011): 91–128, DOI:10.1257/pol.3.1.91.

Amerikalıları yıllık grip aşısına ikna etmek için: Centers for Disease Control and Prevention, "CDC's Advisory Committee on Immunization Practices (ACIP) Recommends Universal

Annual Influenza Vaccination," erişim 17 Mayıs 2019, www.cdc.gov/media/pressrel/2010/r100224.htm.

%43'e: Centers for Disease Control and Prevention, "Flu Vaccination Coverage, United States, 2016-17 Influenza Season," erişim 17 Mayıs 2019, www.cdc.gov/flu/fluvaxview/coverage-1617estimates.htm.

%39 olan: Katherine M. Harris, Jürgen Maurer, Lori Uscher-Pines, Arthur L. Kellermann ve Nicole Lurie, "Seasonal Flu Vaccination: Why Don't More Americans Get It?" RAND Corporation, 2011, erişim 17 Mayıs 2019, www.rand.org/pubs/research_briefs/RB9572.html.

1993 ve 2010 yılları arasında: Amerikan Pediatri Akademisi, "Reducing Sudden Infant Death with 'Back to Sleep,'" erişim 17 Mayıs 2019, www.aap.org/en-us/advocacy-and-policy/aap-health-initiatives/7-great-achievements/Pages/Reducing-Sudden-Infant-Death-with-Back-to-.aspx.

Scott Harrison'ı ele alalım: Scott Harrison, *Thirst* (New York: Crown Publishing, 2018), 49–53.

bir devamlılık olarak görmek yerine: Michael S. Shum, "The Role of Temporal Landmarks in Autobiographical Memory Processes," *Psychological Bulletin* 124, no. 3 (Kasım 1998): 423–42, DOI:10.1037/0033-2909.124.3.423.

etiketler kullandığımızda: Christopher J. Bryan, Gregory M. Walton, Todd Rogers ve Carol S. Dweck, "Motivating Voter Turnout by Invoking the Self," *PNAS* 108, no. 31 (Ağustos 2011): 12653–56, DOI:10.1073 /pnas.1103343108.

havuççu: Susan A. Gelman ve Gail D. Heyman, "Carrot-Eaters and Creature-Believers: The Effects of Lexicalization on Children's Inferences about Social Categories," *Psychological Science* 10, no. 6 (1999): 489–93, DOI:10.1111/1467-9280.00194.

Shakespeare okuru: Gregory M. Walton ve Mahzarin R. Banaji, "Being What You Say: The Effect of Essentialist Linguistic Labels on Preferences," *Social Cognition* 22, no. 2 (2004): 193–213, DOI:10.1521/soco.22.2.193.35463.

Ray yaşamının: Katy Milkman, "A Clean Slate," *Choiceology*, 7 Ocak 2019, erişim 20 Aralık 2019, www.schwab.com/resource-center/insights/content/choiceology-season-2-episode-5.

her yıl 1 Ocak'ta: John C. Norcross, Marci S. Mrykalo ve Matthew D. Blagys, "'Auld lang Syne': Success Predictors, Change Processes, and Self-Reported Outcomes of New Year's Resolvers and Nonresolvers," *Journal of Clinical Psychology* 58, no. 4 (Nisan 2002): 397–405, DOI:10.1002/jclp.1151.

bilgi topladık: Hengchen Dai, Katherine L. Milkman ve Jason Riis, "The Fresh Start Effect: Temporal Landmarks Motivate Aspirational Behavior," *Management Science* 60, no. 10 (Haziran 2014): 1–20, DOI:10.1287/mnsc.2014.1901.

insanlar geçmiş hatalarından uzaklaşmış: Hengchen Dai, Katherine L. Milkman ve Jason Riis, "Put Your Imperfections behind You: Temporal Landmarks Spur Goal Initiation When They Signal New Beginnings," *Psychological Science* 26, no. 12 (Kasım 2015): 1927–36, DOI: 10.1177/0956797615605818.

yeni başlangıçlar: Hengchen Dai, Katherine L. Milkman ve Jason Riis, "Put Your Imperfections behind You: Temporal Landmarks Spur Goal Initiation When They Signal New Beginnings," *Psychological Science* 26, no. 12 (Kasım 2015): 1927–36, DOI: 10.1177/0956797615605818.

kafesteki gorillere bakıp: Bob Pass, yazarla telefon konuşması, 31 Ocak 2020.

iki psikolog anket yapmıştı: Todd F. Heatherton ve Patricia A. Nichols, "Personal Accounts of Successful Versus Failed Attempts at Life Change," *Personality and Social Psychology Bulletin* 20, no. 6 (Aralık 1994): 664–75, DOI:10.1177/0146167294206005.

Londra Metrosu grevi: Shaun Larcom, Ferdinand Rauch ve Tim Willems, "The Benefits of Forced Experimentation: Striking

Evidence from the London Underground Network," Quarterly Journal of Economics 132, no. 4 (Kasım 2017): 2019–55, DOI:10.1093 /qje/qjx020.

Teksas transfer öğrencileri: Wendy Wood, Leona Tam ve Melissa Guerrero-Witt, "Changing Circumstances, Disrupting Habits," *Journal of Personality and Social Psychology* 88, no. 6 (Haziran 2005): 918–33, DOI: 10.1037/0022-3514.88.6.918.

Hengchen Jason ve ben: Dai vd., "The Fresh Start Effect," 1–20.

analiz ettiğinde: Hengchen Dai, "A Double-Edged Sword: How and Why Resetting Performance Metrics Affects Motivation," *Organizational Behavior and Human Decision Processes* 148 (Eylül 2018): 12–29, DOI:10.1016/j.obhdp.2018.06.002.

pasör Orlando Cabrera: Orlando Cabrera istatistikleri, ESPN, erişim 8 Haziran 2020, www.espn.com/mlb/player/stats/_/id/3739/orlando-cabrera.

Jarrod Saltalamacchia: Jarrod Saltalamacchia istatistikleri, ESPN, erişim 8 Şubat 2020, www.espn.com/mlb/player/stats/_/id/28663/jarrod-saltalamacchia.

insanları görevlendirdi deneyimlerinde: Hengchen Dai, "A Double-Edged Sword," 12–29.

tatil aralarının negatif etkide bulunduğu: Daniel Acland ve Matthew R. Levy, "Naivete, Projection Bias, and Habit Formation in Gym Attendance," *Management Science* 61, no. 1 (Ocak 2015): 146–160, DOI:10.1287/mnsc.2014.2091.

devam ettiremediler: Katherine L. Milkman, Julia A. Minson ve Kevin G. M. Volpp, "Holding the Hunger Games Hostage at the Gym: An Evaluation of Temptation Bundling," *Management Science* 60, no. 2 (Kasım 2013): 283–99, DOI:10.1287/mnsc.2013.1784.

geçmiş çalışmalar göstermişti ki: Richard H. Thaler ve Shlomo Benartzi, "Save More Tomorrow™: Using Behavioral Economics to Increase Employee Saving," *Journal of Political Economy* 112, no. S1 (2004): S164–S187, DOI:10.1086/380085.

Hengchen ve ben: John Beshears, Katherine Milkman, Hengchen Dai ve Shlomo Benartzi, "Using Fresh Starts to Nudge Increased Retirement Savings" (makale, 2020).

20 Mart'ı tanımladık: Dai vd., "Put Your Imperfections behind You," 1927–36.

bir diğer çalışmada 14 Mayıs'ı: Dai vd., "Put Your Imperfections behind You," 1927–36.

takip eden araştırmalar: Marie Hennecke ve Benjamin Converse, "Next Week, Next Month, Next Year: How Perceived Temporal Boundaries Affect Initiation Expectations," *Social Psychological and Personality Science* 8, no. 8 (Mart 2017): 918–26, DOI:10.1177/1948550617691099.

takvimler: Mariya Davydenko ve Johanna Peetz, "Does It Matter If a Week Starts on Monday or Sunday? How Calendar Format Can Boost Goal Motivation," *Journal of Experimental Social Psychology* 82 (2019): 231–37, DOI:10.1016/j.jesp.2019.02.005.

emeklilik planları: Kathleen Craig ve Forbes Finance Council, "The State of Savings in America," Forbes, 10 Şubat 2020, erişim 2 Ekim 2020, www.forbes.com/sites/forbesfinance council/2020/02/10/the-state-of-savings-in-america/#48a61 d5d48fb.

etiketlenmiş taze başlangıçların: Beshears vd., "Using Fresh Starts."

Google programcıları çalışanların: Prasad Setty, yazarla e-posta görüşmesi, 1 Temmuz 2019.

ayarlayan vakıflardan: Laszlo Bock, yazarla Humu webinar'da söyleşi, 15 Temmuz 2020.

Amerikalıların yeni yıl hedeflerinin üçte biri: Tara Parker-Pope, "Will Your Resolutions Last Until February?" Well (blog), *New York Times*, 31 Aralık 2007, erişim 28 Eylül 2020, http://well.blogs.nytimes.com/2007/12/31/will-your-resolutions-last-to-february.

oyunda değilsen: Eric Spitznagel, "David Hasselhoff: The Interview," *Men's Health*, 17 May 2012, erişim 25 Haziran 2020, www.menshealth.com/trending-news/a19555092/david-hasselhoff-interview.

BÖLÜM 2: DÜRTÜSELLİK

yaklaşık yüz bin yolcu: Stockholm Regional Council, "AB Storstockholms Lokaltrafik SL och Länet 2018," erişim 6 Ekim 2020, www.sll.se/globalassets/2.-kollektivtrafik/fakta-om-sl-och-lanet/sl_och_lanet_2018.pdf.

yerleştirme öncesi görüntüler: Rolighetsteorin, "Piano Stairs—TheFun Theory.com,"YouTube videosu, 1:47, 7 Ekim 2009, www.youtube.com/watch?time_continue=6&v= 2lXh2n0aPyw.

göstermektedir: Rolighetsteorin, "Piano Stairs."

fark yaratacağını bilerek: Dena M. Bravata, Crystal Smith-Spangler, Vandana Sundaram, Allison L. Gienger, Nancy Lin, Robyn Lewis, Christopher D. Stave, Ingram Olkin ve John R. Sirard, "Using Pedometers to Increase Physical Activity and Improve Health: A Systematic Review," *Journal of the American Medical Association* 298, no. 19 (2007): 2296–2304.

ekonomistler bu eğilime: Ted O'Donoghue ve Matthew Rabin, "Present Bias: Lessons Learned and to Be Learned," *American Economic Review* 105, no. 5 (2015): 273–79, DOI:10.1257/aer.p20151085.

Disney klasiği Mary Poppins: Mary Poppins, yönetmen Robert Stevenson (1964; Burbank, CA: Buena Vista Distribution Company, 1980),VHS.

Disney ünlü söz yazarları: Jasper Rees, "A Spoonful of Sugar: Robert Sherman, 1925–2012, The Arts Desk," son güncelleme 6 Mart 2012, erişim 23 Temmuz 2019, www.theartsdesk.com/film/spoonful-sugar-robert-sherman-1925-2012.

yanıt verenlerin üçte ikisinden fazlası: Kaitlin Woolley ve Ayelet Fishbach, "For the Fun of It: Harnessing Immediate Rewards to Increase Persistence in Long-Term Goals," *Journal of Consumer Research* 42, no. 6 (2016): 952–66, DOI:10.1093/jcr/ucv098.

bu yüzden birçoğumuz: Stefano DellaVigna ve Ulrike Malmendier, "Paying Not to Go to the Gym," *American Economic Review* 96, no. 3 (2006): 694–719, DOI:10.1257/aer.96.3.694.

online derslere kaydoluruz: Justin Reich ve José Ruipérez-Valiente, "The MOOC Pivot," *Science* 363, no. 6423 (2019): 130–31, DOI:10.1126/science.aav7958.

aile boyu cipslerden: Klaus Wertenbroch, "Consumption Self-Control by Rationing Purchase Quantities of Virtue and Vice," *Marketing Science* 17, no. 4 (1998): 317–37, DOI:10.1287/mksc.17.4.317.

Ayelet ve Kaitlin katılımcıları: Woolley ve Fishbach, "For the Fun of It," 952–66.

ısrar ederek: Woolley ve Fishbach, "For the Fun of It," 952–66.

her ne kadar yetişkinler: Cinzia R. De Luca, Stephen J. Wood, Vicki Anderson, Jo-Anne Buchanan, Tina M. Proffitt, Kate Mahony ve Christos Pantelis, "Normative Data from the Cantab. I: Development of Executive Function over the Lifespan," *Journal of Clinical and Experimental Neuropsychology* 25, no. 2 (2010): 242–54, DOI:10.1076 /jcen.25.2.242.13639.

tam da beklediğimiz gibi: Katherine L. Milkman, Julia A. Minson ve Kevin G. M. Volpp, "Holding the Hunger Games Hostage at the Gym: An Evaluation of Temptation Bundling," *Management Science* 60, no. 2 (Kasım 2013): 283–99, DOI:10.1287/mnsc.2013.1784.

Audible ve: Erika L. Kirgios, Graelin H. Mandel, Yeji Park, Katherine L. Milkman, Dena Gromet, Joseph Kay ve Angela L. Duckworth, "Teaching Temptation Bundling to Boost Exercise: A Field Experiment," *Organizational Behavior and Human Decision Processes* (makale, 2020).

birçok öğretmeni şaşırtacak şekilde: Woolley ve Fishbach, "For the Fun of It," 952–66.

gönüllü çabalarına: Jana Gallus, yazarla telefon konuşması, 17 Mayıs 2019.

karşılık alan gönüllülerin: Jana Gallus, "Fostering Public Good Contributions with Symbolic Awards: A Large-Scale Natural Field Experiment at Wikipedia," *Management Science* 63, no. 12, (2017): 3999–4015, DOI:10.1287/mnsc.2016.2540.

oyunlaştırma denen: Kevin Werbach, yazarla konuşması, Philadelphia, 25 Haziran 2019.

bir teknoloji holdingi olan Cisco: Katie Gibbs Masters, "5 Tips to Becoming a 'Savvy' Social Media Marketer," Cisco Blogs, 22 Nisan 2013, erişim 30 Mart 2020, https://blogs.cisco.com/socialmedia/5-tips-to-becoming-a-savvy-social-media-marketer.

Microsoft da dil çevrimi doğrulama: Oliver Chiang, "When Playing Videogames at Work Makes Dollars and Sense," *Forbes*, 9 Ağustos 2010, www.forbes.com/2010/08/09/microsoft-workplace-training-technology-videogames.html#2f408a176b85.

SAP satış performanslarına göre: "Examples of Gamification in the Workplace," Racoon Gang, 19 Nisan 2018, https://raccoongang.com/blog/examples-gamification-workplace.

Ethan ve Nancy profesyonel: Ethan R. Mollick ve Nancy Rothbard, "Mandatory Fun: Consent, Gamification and the Impact of Games at Work," Wharton School Research Paper Series, SSRN (30 Eylül 2014), https://papers.ssrn.com/sol3/papers.cfm?abstract_id =2277103.

Ethan ve Nancy oyunun satış performanslarını: Ethan Mollick, yazarla sohbet, Philadelphia, 20 Haziran 2019.

ölçmek için tasarlanmıştı: Johan Huizinga, *Homo Ludens: A Study of the Play-Element in Culture* (New York: Roy Publishers, 1950), 10.

sihirli çember: Katie Selen ve Eric Zimmerman, *Rules of Play: Game Design Fundamentals* (Cambridge, MA: MIT Press, 2003), 94.

deneyimlerini göz önünde bulundurun: Katy Milkman, "A Spoonful of Sugar," *Choiceology*, 25 Mayıs 2020, erişim 5 Ekim 2020, www.schwab.com/resource-center/insights/content/choiceology-season-5-episode-6.

on iki haftalık programı: Mitesh Patel vd., "Effect of a Game-Based Intervention Designed to Enhance Social Incentives to Increase Physical Activity Among Families," *JAMA Internal Medicine* 177, no. 11 (2017): 1586–93, DOI:10.1001/jamainternmed.2017.3458.

teknoloji şirketi Asana'yı düşünün: Taylor Lorenz, "How Asana Built the Best Company Culture in Tech," Fast Company, son düzenleme 29 Mart 2017, erişim 23 Temmuz 2019, www.fastcompany.com/3069240/how-asana-built-the-best-company-culture-in-tech.

Farmer's Dog: "These are the 18 Coolest Companies to Work for in NYC," *Uncubed*, erişim 23 Temmuz 2019, https://uncubed.com/daily/these-are-the-coolest-companies-to-work-for-in-nyc.

sanal mutlu saatler: Roy Maurer, "Virtual Happy Hours Help Co-Workers, Industry Peers Stay Connected," *Society for Human Resource Management*, 6 Nisan 2020, erişim 24 Haziran 2020, www.shrm.org/hr-today/news/hr-news/pages/virtual-happy-hours-help-coworkers-stay-connected.aspx.

BÖLÜM 3: ERTELEME

Omar Andaya: Nava Ashraf, Dean S. Karlan, Wesley Yin ve Marc Shotland, "Evaluating Microsavings Programs: Green Bank of the Philippines (A)," *Harvard Business School Case* no. 909-062 (Haziran 2009, gözden geçirilme Şubat 2014), www.hbs.edu/faculty/Pages/item.aspx?num=37449.

hiç birikimi olmadığı: Pew Trusts, "What Resources Do Families Have for Financial Emergencies?" Pew Trusts, 18 Kasım 2015, erişim 26 Temmuz 2019, www.pewtrusts.org/en/research-andanalysis/issue-briefs/2015/11/emergency-savings-what-resources-do-families-have-for-financial-emergencies.

ailelerin %41'inin: Pew Trusts, "What Resources Do Families Have?"

açlık sınırının altında: Ulusal İstatistik Koordinasyon Kurulu, Nüfus Gelir ve İstihdam Bölümü ile Sağlık, Eğitim ve Sosyal Refah Bölümü, Filipinler Yoksulluk İstatistikleri (Makati City, Filipinler: 2000), https://psa.gov.ph/sites/default/files/1997%20 Phil ippine%20Poverty%20Statistics.pdf.

oldukça heyecanlıydı: Dean Karlan, yazarla e-posta görüşmesi, 7 May 2020.

müşterilerine birikimlerini: Ashraf vd., "Evaluating Microsavings Programs."

kışkırtıcı etkinlikleri: Dan Ariely, *Predictably Irrational: The Hidden Forces That Shape Our Decisions* (New York: HarperCollins Publishers, 2008), 141.

Dan ve Klaus: Dan Ariely ve Klaus Wertenbroch, "Procrastination, Deadlines ve Performance: Self-Control by Precommitment," *Psychological Science* 13, no. 3 (2002): 219–24, DOI:10.1111/1467-9280.00441.

Filipinler'de Nava: Nava Ashraf, Dean Karlan ve Wesley Yin, "Tying Odysseus to the Mast: Evidence from a Commitment Savings Product in the Philippines," *Quarterly Journal of Economics* 121, no. 2 (2006): 635–72, DOI:10.1162/qjec.2006.121.2.635.

romanına odaklanarak: Adèle Hugo ve Charles E. Wilbour, *Victor Hugo, by a Witness of His Life* (New York: Carleton, 1864), 156.

1955 yılında Robert Strotz isimli: Robert Henry Strotz, "Myopia and Inconsistency in Dynamic Utility Maximization," *Review of Economic Studies* 23, no. 3 (1955): 165–80, DOI:10.1007/978-1-349-15492-0_10.

fark etmişti: Richard H. Thaler ve Hersh M. Shefrin, "An Economic Theory of Self-Control," *Journal of Political Economy* 89, no. 2 (1981): 392–406, DOI:10.1086/260971.

taahhüt aygıtları adını verdiler: Thomas Schelling, *Strategies of Commitment and Other Essays* (Cambridge, MA: Harvard University Press, 2006).

daha büyük bir hedef için: Todd Rogers, Katherine L. Milkman ve Kevin G. Volpp, "Commitment Devices: Using Initiatives to Change Behavior," *Journal of the American Medical Association* 311, no. 20 (2014): 2065–66, DOI:10.1001/jama.2014.3485.

sınırlayan uygulamalar: Moment app, "Moment: Less Phone, More Real Life," Apple, https://inthemoment.io.

listesine yazdırmak: Ryan Ocello, "Self-Exclusion List Violations Remain a Small but Persistent Problem for PA Land-Based Casinos," *Penn Bets*, 14 Şubat 2018, erişim 26 Temmuz 2019, www.pennbets.com/mohegan-sun-pa-self-exclusion-violations.

sunan ekonomistler: Ashraf, Karlan ve Yin, "Tying Odysseus to the Mast," 635–72.

sonuçlar geldiğinde: Dean Karlan, yazarla e-posta görüşmesi, 15 Şubat 2020.

Dan ve Klaus bunu öğrenmek için: Dan Ariely ve Klaus Wertenbroch, "Procrastination, Deadlines, and Performance: Self-Control by Precommitment," *Psychological Science* 13, no. 3 (2002): 219–24, DOI:10.1111/1467-9280.00441.

benimsemeyeceğini: Katherine L. Milkman, Julia A. Minson ve Kevin G. M. Volpp, "Holding the Hunger Games Hostage at the Gym: An Evaluation of Temptation Bundling," *Management Science* 60, no. 2 (Kasım 2013): 283–99, DOI:10.1287/mnsc.2013.1784.

bu soru: Jordan Goldberg, Wharton School, University of Pennsylvania dersinden, 21 Şubat 2019.

stickK sitesinin kurucularından birisidir: "Biography: Jordan Goldberg," Expert Word/Author Index, stickK, erişim 7 Ekim 2020, www.stickk.com /blogs/author?authorId=31&category=expertWord.

Nick Winter ile konuştum: Nick Winter, yazarla telefon görüşmesi, 15 Temmuz 2019.

2012'de: Nick Winter, "The Motivation Hacker," nickwinter.net, 6 Nisan 2013, erişim 12 Aralık 2019, www.nickwinter.net/the-motivation-hacker.

bir kitap yazdı: Motivasyon Korsanı: Nick Winter, *The Motivation Hacker* (kendisi yayımladı, 2013).

iki bin sigara içicisi: Xavier Giné, Dean Karlan ve Jonathan Zinman, "Put Your Money Where Your Butt Is: A Commitment Contract for Smoking Cessation," *American Economic Journal: Applied Economics* 2, no. 4 (2010): 213–35, DOI:10.1257/app.2.4.213.

benzer nakit taahhüt aygıtları: Heather Royer, Mark Stehr ve Justin Sydnor, "Incentives, Commitments, and Habit Formation in Exercise: Evidence from a Field Experiment with Workers at a Fortune 500 Company," *American Economic Journal: Applied Economics* 7, no. 3 (2015): 51–84, DOI:10.1257/app.20130327.

daha fazla kilo vermeleri: Leslie K. John, George Loewenstein, Andrea B. Troxel, Laurie Norton, Jennifer E. Fassbender ve Kevin G. Volpp, "Financial Incentives for Extended Weight Loss: A Randomized, Controlled Trial," *Journal of General Internal Medicine* 26, no. 6 (2011): 621–26, DOI:10.1007/s11606-010-1628-y.

sağlıklı yiyecekler almalarına: Janet Schwartz, Daniel Mochon, Lauren Wyper, Josiase Maroba, Deepak Patel ve Dan Ariely, "Healthier by Precommitment," *Psychological Science* 25, no. 2 (2014): 538–46, DOI:10.1177/0956797613510950.

Amerikalı yetişkinlere: A. Mark Fendrick, Arnold S. Monto, Brian Nightengale ve Matthew Sarnes, "The Economic Burden of Non-Influenza-Related Viral Respiratory Tract Infection in the United States," *Archives of Internal Medicine* 163, no. 4 (2003): 487–94, DOI:10.1001/archinte.163.4.487.

bir taahhüt imzalamalarını: Daniella Meeker, Tara K. Knight, Mark W. Friedberg, Jeffrey A. Linder, Noah J. Goldstein, Craig R. Fox, Alan Rothfeld, Guillermo Diaz ve Jason N. Doctor,

"Nudging Guideline-Concordant Antibiotic Prescribing: A Randomized Clinical Trial," *JAMA Internal Medicine* 174, no. 3 (2014): 425–31, DOI:10.1001/jamainternmed.2013.14191.

yazmanın bedeli: Rogers vd., "Commitment Devices," 2065–66.

kendinize vermiş olduğunuz: Leon Festinger, *A Theory of Cognitive Dissonance* (Stanford, CA: Stanford University Press, 1962).

öğrencim Karen: Karen Herrera, yazarla telefon görüşmesi, 22 Kasım 2019.

binlerce gönüllüyü: Aneesh Rai, Marissa Sharif, Edward Chang, Katherine L. Milkman ve Angela Duckworth, "The Benefits of Specificity and Flexibility on Goal-Directed Behavior over Time" (makale, 2020)

online finansal hizmet: Hal Hershfield, Stephen Shu ve Shlomo Benartzi, "Temporal Reframing and Participation in a Savings Program: A Field Experiment," *Marketing Science* 39, no. 6 (2020): 1033–1201, DOI:10.1287/mksc.2019.1177.

kendine yardım etme: Marshall Corvus, "Why the Self-Help Industry Is Dominating the U.S.," *Medium*, 24 Şubat 2019, erişim 26 Temmuz 2019, https://medium.com/s/story/no-please-help-yourself-981058f3b7cf.

teoriye göre: Ted O'Donoghue ve Matthew Rabin, "Doing It Now or Later," *American Economic Review* 89, no. 1 (1999): 103–24, DOI:10.1257/aer.89.1.103.

Dan ve Klaus yaptıkları bir çalışmada: Ariely ve Wertenbroch, "Procrastination, Deadlines, and Performance," 219–24.

müşterilerini ayda belli günlerde: Hengchen Dai, David Mao, Kevin G. Volpp, Heather E. Pearce, Michael J. Relish, Victor F. Lawnicki ve Katherine L. Milkman, "The Effect of Interactive Reminders on Medication Adherence: A Randomized Trial," *Preventive Medicine* 103 (Ekim 2017): 98–102, DOI:10.1016/j.ypmed.2017.07.019.

BÖLÜM 4: UNUTKANLIK

herhangi bir yıl: "Disease Burden of Influenza," Centers for Disease Control and Prevention, güncelleme 1 Ekim 2020, erişim 5 Ekim 2020, www.cdc.gov/flu/about/burden/index.html.

2009 yılında: "The 2009 H1N1 Pandemic: Summary Highlights, Nisan 2009–Nisan 2010," Centers for Disease Control and Prevention, güncelleme 16 Haziran 2010, erişim 2 Ekim 2020, www.cdc.gov/h1n1flu/cdcresponse.htm.

daha ölümcül bir durumla: Giuliana Viglione, "How Many People Has the Coronavirus Killed?" *Nature*, 1 Eylül 2020, erişim 2 Ekim 2020, www.nature.com/articles/d41586-020-02497-w.

çalışanların sadece yaklaşık %30'u: Prashant Srivastava, yazarla sohbet, Eylül 2009.

Dow Jones Sanayi Endeksi: "Dow Jones Industrial Average, June 2007 to June 2008," *Wall Street Journal*, erişim 12 Şubat 2020, www.wsj.com/market-data/quotes/index/DJIA/historical-prices.

1952'den bu yana ilk kez: Andrew Glass, "Barack Obama Defeats John McCain, November 4, 2008," *Politico*, 4 Kasım 2015, erişim 8 Ekim 2020, www.politico.com/story/2015/11/this-day-in-politics-nov-4-2008-215394.

Demokrat Parti adayı Barack Obama: Michael Cooper ve Dalia Sussman, "McCain and Obama Neck and Neck, Poll Shows," *New York Times*, 21 Ağustos 2008, erişim 2 Ekim 2020, www.nytimes.com/2008/08/21/world/americas/21iht-poll.4.15519735.html.

kendine özgü kuralları: "What Is the Electoral College?" *National Archives*, son görüntüleme 23 Aralık 2019, erişim 30 Mart 2020, www.archives.gov/electoral-college/about.

Florida'da Al Gore'un: Federal Seçim Kurulu, "2000 Presidential General Election Results," güncelleme Aralık 2001, erişim 6 Ekim 2020, https://web.archive.org/web/20120912083944/http://www.fec.gov/pubrec/2000presgeresults.htm.

%60'dan daha azı: Drew DeSilver, "U.S. Trails Most Developed Countries in Voter Turnout," Pew Araştırma Merkezi, 21 Mayıs 2018, www.pewresearch.org/fact-tank/2018/05/21/u-s-voter-turnout-trails-most-developed-countries.

incelediği bir seçimde: Todd Rogers ve Masahiko Aida, "Vote Self-Prediction Hardly Predicts Who Will Vote, and Is (Misleadingly) Unbiased," *American Politics Research* 42, no. 3 (Eylül 2013): 503–28, DOI:10.1177/1532673X13496453.

aslında kanıtlar: Peter Gollwitzer, Frank Wieber, Andrea L. Myers ve Sean M. McCrae, "How to Maximize Implementation Intention Effects," *Then a Miracle Occurs: Focusing on Behavior in Social Psychological Theory and Research*, ed. Christopher R. Agnew (New York: Oxford University Press, 2009): 137–67.

insanların unutkanlığıydı: Todd Rogers, yazarla e-posta görüşmesi, 8 Ağustos 2019.

bir arkadaşım: Judy Chevalier, yazarla e-posta görüşmesi, 12 Eylül 2019.

ortalama bir yetişkin: "Adults Forget Three Things a Day, Research Finds," *Telegraph*, 23 Temmuz 2009, www.telegraph.co.uk/news/uknews/5891701/Adults-forget-three-things-a-day-research-finds.html.

Hermann Ebbinghaus insanın: Hermann Ebbinghaus, *Memory: A Contribution to Experimental Psychology*, çev. H. A. Ruger ve C. E. Bussenius (New York: Teachers College, Columbia University, 1913/1885).

bu basit döngü: Lee Averell ve Andrew Heathcote, "The Form of the Forgetting Curve and the Fate of Memories," *Journal of Mathematical Psychology* 55, no. 1 (Şubat 2011): 25–35, DOI:10.1016/j.jmp.2010.08.009.

ikimizden birisi unuttu mu acaba? Dean Karlan, yazarla e-posta görüşmesi, 1 Nisan 2019.

e-mail, telefon yoluyla: Peter G. Szilagyi, Clayton Bordley, Julie C. Vann, Ann Chelminksi, Ronald M. Kraus, Peter A. Margolis ve Lance Rodewald. "Effect of Patient Reminder/Recall Interventions on Immunization Rates: A Review," *Journal of the American Medical Association* 284, no. 14 (Kasım 2000): 1820–27, DOI:10.1001/jama.284.14.1820.

%8 azaltır: Peter A. Briss, Lance E. Rodewald, Alan Hinman, Sergine Ndiaye ve Sheree M. Williams, "Reviews of Evidence Regarding Interventions to Improve Vaccination Coverage in Children, Adolescents, and Adults," *American Journal of Preventive Medicine* 18, no. 1 (Ocak 2000): 97–140, DOI:10.1016/S0749-3797(99)00118-X.

kayıtlı seçmenler arasında: Alan S. Gerber, Donald P. Green ve Christopher Larimer, "Social Pressure and Voter Turnout: Evidence from a Large-Scale Field Experiment," *American Political Science Review* 102, no. 1 (Şubat 2008): 33–48. DOI:10.1017/S000305540808009X.

bankalarla yapılan bir dizi çalışma: Dean Karlan, Margaret McConnell, Sendhil Mullainathan ve Jonathan Zinman, "Getting to the Top of Mind: How Reminders Increase Saving," *Management Science* 62, no. 12 (Aralık 2016): 3393–3411, DOI:10.1287/mnsc.2015.2296.

hatırlatmayı içeriyordu: John Austin, Sigurdur O. Sigurdsson ve Yonata S. Rubin. "An Examination of the Effects of Delayed Versus Immediate Prompts on Safety Belt Use," *Environment and Behavior* 38, no. 1 (Ocak 2006): 140–49. DOI:10.1177/0013916505276744.

çalışmanın yazarı: Peter Gollwitzer ve Veronika Brandstatter, "Implementation Intentions and Effective Goal Pursuit," *Journal of Personality and Social Psychology* 73, no. 3 (Temmuz 1997): 186–99, DOI:10.1037/0022-3514.73.1.186.

tespit edebilirse: Peter Gollwitzer, "Implementations Intentions: Strong Effects of Simple Plans," *American Psychologist* 54, no. 7 (1999): 493–503, DOI:10.1037/0003-066X.54.7.493.

daha fazla vakit ayırdıkça: Douglas Hintzman, "Repetition and Memory," *Psychology of Learning and Motivation* 10 (1976): 47–91, DOI:10.1016/S0079-7421(08)60464-8.

tat duygusunun: Marcel Proust, *Kayıp Zamanın İzinde.*

araştırma asistanları: Todd Rogers ve Katherine L. Milkman, "Reminders through Association," *Psychological Science* 27, no. 7 (Mayıs 2016): 973–86, DOI:10.1177/0956797616643071.

MÖ 80'lerde yazılmış: *Unknown, Rhetorica ad Herennium* (Londra: Loeb Classic Library, 1954), erişim 24 Haziran 2020, http://penelope.uchicago.edu/Thayer/E/Roman/Texts/Rhetorica_ad_Herennium/1*.html.

bu yöntemin: Jennifer McCabe, "Location, Location, Location! Demonstrating the Mnemonic Benefit of the Method of Loci," *Teaching of Psychology* 42, no. 2 (Şubat 2015): 169–73, DOI:10.1177/0098628315573143.

bu süreç: Tom Ireland, "'Hello, Can We Count on Your Vote?' How I Hit the Phones for Three Different Parties," *The Guardian*, 6 Mayıs 2015, erişim 2 Ekim 2020, www.theguardian.com/politics/2015/may/06/hello-can-we-count-your-vote-phone-canvassing-for-three-parties-election.

Kanada'dan: "Phone Calls from Political Parties and Candidates," Kanada Radyo-Televizyon ve Telekomünikasyon Kurumu, değiştirme 3 Nisan 2020, erişim 2 Ekim 2020, https://crtc.gc.ca/eng/phone/rce-vcr/phone.htm.

Hindistan'a: Vindu Goel ve Suhasini Raj, "In 'Digital India,' Government Hands Out Free Phones to Win Votes," *New York Times*, 18 Kasım 2018, erişim 2 Ekim 2020, www.nytimes.com/2018/11/18/technology/india-government-free-phones-election.html.

Norveç'ten: Johannes Bergh, Dag Arne Christensen ve Richard E. Matland, "When Is a Reminder Enough? Text Message Voter Mobilization in a European Context," *Political Behavior* (2019), DOI:10.1007/s11109-019-09578-1.

Avustralya'ya: "Political Calls You Might Receive," Avustralya Komünikasyon ve Medya Kurumu, güncelleme 29 Ocak 2018, erişim 2 Ekim 2020, www.donotcall.gov.au/consumers/consumer-overview/political-calls-you-might-receive.

2008'in ortalarında: Todd Rogers, yazarla telefon görüşmesi, 26 Temmuz 2019.

senaryolarını: David Nickerson ve Todd Rogers, "Do You Have A Voting Plan? Implementation Intentions, Voter Turnout, and Organic Plan Making," *Psychological Science* 21, no. 2 (Şubat 2010): 194–99, DOI:10.1177/0956797609359326.

bir ekiple çalıştım: Katherine L. Milkman, John Beshears, James J. Choi, David Laibson ve Brigitte C. Madrian, "Using Implementation Intentions Prompts to Enhance Influenza Vaccination Rates," *Proceedings of the National Academy of Sciences* 108, no. 26 (Haziran 2011): 10415–20, DOI:10.1073/pnas.1103170108.

benzer bir şekilde: Katherine L. Milkman, John Beshears, James J. Choi, David Laibson, Brigitte C. Madrian, "Planning Prompts as a Means of Increasing Preventative Screening Rates," *Preventive Medicine* 56, no. 1 (Ocak 2013): 92–93, DOI:10.1016/j.ypmed.2012.10.021.

Arkadaşım Jason: Jason Riis, yazarla sohbet, Philadelphia, 16 Ekim 2019.

tanıttı: Lloyd Thomas, yazarla sohbet, Londra 27 Haziran 2019.

en baştan isteksizse: Paschal Sheeran, Thomas L. Webb ve Peter M. Gollwitzer, "The Interplay between Goal Intentions and Implementation Intention," *Personality and Social Psychology Bulletin* 31, no.1 (Ocak 2005): 87–98, DOI:10.1177/0146167204271308.

aşırıya kaçabileceğimizi: Amy N. Dalton ve Stephen A. Spiller, "Too Much of a Good Thing: The Benefits of Implementation Intentions Depend on the Number of Goals," *Journal of Consumer Research* 39, no. 3 (Ekim 2012): 600–14, DOI:10.1086/664500.

The Checklist Manifesto: Atul Gawande, *The Checklist Manifesto* (New York: Macmillan, 2010).

komplikasyonları ve ölüm oranlarını: Alex B. Haynes, Thomas G. Weiser, William R. Berry vd., "A Surgical Safety Checklist to Reduce Morbidity and Mortality in a Global Population," *New England Journal of Medicine* 360, no. 5 (2009): 491–99, DOI:10.1056/NEJMsa0810119.

oto tamircilerine kontrol listeleri: Kirabo Jackson ve Henry Schneider, "Checklists and Work Behavior: A Field Experiment," *American Economic Journal: Applied Economics* 7, no. 4 (Ekim 2015): 136–68, DOI:10.1257/app.20140044.

Todd bana: Todd Rogers, yazarla telefon görüşmesi, 26 Temmuz 2019.

şirket: Prashant Srivastava, yazarla telefon görüşmesi 26 Temmuz 2019.

BÖLÜM 5: TEMBELLİK

Ne oldu böyle?: Steve Honeywell, yazarla telefon görüşmesi, 18 Aralık 2019.

keşfinin öyküsünü: Mitesh Patel, Wharton School, University of Pennsylvania dersinden, 11 Nisan 2019.

yalnızca %75'i: Mitesh S. Patel, Susan C. Day, Scott D. Halpern, C. William Hanson, Joseph R. Martinez, Steven Honeywell ve Kevin G. Volpp, "Generic Medication Prescription Rates after Health System–Wide Redesign of Default Options within the Electronic Health Record," *JAMA Internal Medicine* 176, no. 6 (2016): 847–48, DOI:10.1001/jamainternmed.2016.1691.

Herbert Simon: Herbert Simon, *Administrative Behavior: A Study of Decision-Making Processes in Administrative Organizations* (New York: Free Press, 1945), 120.

rutin bir sistem güncellemesi: Patel, dersinden.

dürtme Birimi: "The Nudge Unit," *Penn Medicine*, erişim 5 Ekim 2020, https://nudgeunit.upenn.edu.

dürtme: Richard Thaler ve Cass Sunstein, *Nudge* (New Haven, CT: Yale University Press, 2008).

2001 yılında yapılan: Brigitte C. Madrian ve Dennis F. Shea, "The Power of Suggestion: Inertia in 401(k) Participation and Savings Behavior," *Quarterly Journal of Economics* 116, no. 4 (2001): 1149–87, DOI:10.2139/ssrn.223635.

ilaçların yazılmasının azaltılmasına: M. Kit Delgado, Francis S. Shofer, Mitesh S. Patel vd., "Association between Electronic Medical Record Implementation of Default Opioid Prescription Quantities and Prescribing Behavior in Two Emergency Departments," *Journal of General Internal Medicine* 33, no. 4 (2018): 409–11, DOI:10.1007/s11606-017-4286-5.

çocukların asitli içecekleri tüketiminin: John Peters, Jimikaye Beck, Jan Lande, Zhaoxing Pan, Michelle Cardel, Keith Ayoob ve James O. Hill, "Using Healthy Defaults in Walt Disney World Restaurants to Improve Nutritional Choices," *Journal of the Association for Consumer Research* 1, no. 1 (2016): 92–103, DOI:10.1086/684364.

grip aşısı oranlarının artırılmasına: Gretchen B. Chapman, Meng Li, Helen Colby ve Haewon Yoon, "Opting In vs Opting Out of Influenza Vaccination," *Journal of the American Medical Association* 304, no. 1 (2010): 43–44. DOI:10.1001/jama.2010.892.

taksi yolculuklarında bahşişlerin: Kareem Haggag ve Giovanni Paci, "Default Tips," American Economic Journal: Applied Economics 6, no. 3 (Temmuz 2014): 1–19, DOI:10.1257/app.6.3.1.

içerideki her şey: Katy Milkman, "Creatures of Habit," *Choiceology*, 18 Kasım 2019, erişim 18 Aralık 2019, www.schwab.com/resource-center/insights/content/choiceology-season-4-episode-6.

davranışsal bir yan etkisidir: George F. Loewenstein, Elke U. Weber, Christopher K. Hsee ve Ned Welch, "Risk as

Feelings," *Psychological Bulletin* 127, no. 2 (Mart 2001): 267–86, DOI:10.1037/0033-2909.127.2.267.

nörobilim araştırmaları: Wendy Wood ve David Neal, "A New Look at Habits and the Habit-Goal Interference," *Psychological Review* 114, no. 4 (Ekim 2007): 843–63, DOI:10.1037/0033-295X.114.4.843.

davranış bilimciler olarak: Milkman, "Creatures of Habit."

hayvanlar bu davranışı: B. F. Skinner, "Operant Behavior," *American Psychologist* 18, no. 8 (1963): 503–15, DOI:10.1037/h0045185.

aynı yaklaşımın: Gary Charness ve Uri Gneezy, "Incentives to Exercise," *Econometrica* 77, no. 3 (2009): 909–31, DOI:10.3982/ECTA7416.

Charles Duhigg'in: Charles Duhigg, *The Power of Habit* (New York: Random House, 2012).

James Clear'ın: James Clear, *Atomic Habits* (New York: Avery, Penguin Random House, 2018).

olumlu alışkanlıkların: Brian M. Galla ve Angela L. Duckworth, "More than Resisting Temptation: Beneficial Habits Mediate the Relationship between Self-Control and Positive Life Outcomes," *Journal of Personality and Social Psychology* 109, no. 3 (2015): 508–25, DOI:10.1037/pspp0000026.

sağlıklı çalışanların daha mutlu ve verimli: Ian Larkin Timothy ve Lamar Pierce, "Doing Well by Making Well: The Impact of Corporate Wellness Programs on Employee Productivity," *Management Science* 64, no. 11 (Haziran 2018): 4967–87, DOI:10.2139/ssrn.2811785.

araştırmalar ayrıca: Taylor L. Brooks, Howard Leventhal, Michael S.Wolf, Rachel O'Conor, Jose Morillo, Melissa Martynenko, Juan P. Wisnivesky ve Alex D. Federman, "Strategies Used by Older Adults with Asthma for Adherence to Inhaled Corticosteroids," Journal of General Internal Medicine 29, no. 11 (2014): 1506–12, DOI:10.1007/s11606-014-2940-8.

spor salonuna gidenlerin: Karyn Tappe, Ellen Tarves, Jayme Oltarzewski ve Deirdra Frum, "Habit Formation among Regular Exercisers at Fitness Centers: An Exploratory Study," *Journal of Physical Activity and Health* 10, no. 4 (2013): 607–13, DOI:10.1123/jpah.10.4.607.

patlamış mısırla ilgiliydi: David T. Neal, Wendy Wood, Mengju Wu ve David Kurlander, "The Pull of the Past," *Personality and Social Psychology Bulletin* 37, no. 11 (2011): 1428–37, DOI:10.1177/0146167211419863.

Wendy bana: Milkman, "Creatures of Habit."

çok farklı tepki verdikleri: Shepard Siegel, Riley E. Hinson, Marvin D. Krank ve Jane McCully, "Heroin Overdose Death: Contribution of Drug-Associated Environmental Cues," *Science* 216, no. 4544 (1982): 436–37, DOI:10.1126/science.7200260.

yürüttüğümüz çalışmaya: John Beshears, Hae Nim Lee, Katherine L. Milkman ve Rob Mislavsky, "Creating Exercise Habits Using Incentives: The Trade-Off between Flexibility and Routinization," *Management Science*.

gençliğinin son birkaç yılını: Walter Isaacson, *Benjamin Franklin: An American Life* (New York: Simon&Schuster, 2003), 43–44.

komedyen Jerry Seinfeld: Gina Trapani, "Jerry Seinfeld's Productivity Secret," *Lifehacker*, 24 Temmuz 2007, erişim 24 Temmuz 2019, https://life hacker.com/jerry-seinfelds-productivity-secret-281626.

araştırmalar: Lora E. Burke vd., "Self-Monitoring in Weight Loss: A Systematic Review of the Literature," *Journal of the American Dietetic Association* 111, no. 1 (2011): 92–102, DOI:10.1016/j.jada.2010.10.008.

kısa bir es geçmeden fazlasının: Jackie Silverman ve Alixandra Barasch, "On or Off Track: How (Broken) Streaks Affect Consumer Decisions" (makale, 2020).

alışkanlık tasarlamak: Gaby Judah, Benjamin Gardner ve Robert Aunger, "Forming a Flossing Habit: An Exploratory Study of the Psychological Determinants of Habit Formation," *British Journal of Health Psychology* 18, no. 2 (2013): 338–53, DOI:10.1111/j.2044 -8287.2012.02086.x.

BÖLÜM 6: ÖZ GÜVEN

asla yayınlatamayacağım: Katy Milkman, Max Bazerman'la konuşmasından, Boston, MA, 2007.

ortalama ruh sağlığı ölçümlerinin: Paul Barreira, Matthew Basilico ve Valentin Bolotnyy, "Graduate Student Mental Health: Lessons from American Economics Departments" (makale, 2018), https://scholar.harvard.edu/files/bolotnyy/files/bbb_mentalhealth_paper.pdf.

2012 tarihli bir e-postada: Katy Milkman, Max Bazerman'a e-postasından, 8 Ocak 2012.

her türde öğrencilerle: Max Bazerman, yazarla e-posta görüşmesi, 13 Ocak 2012.

psikoloji doktora öğrencisiyken: Lauren Eskreis-Winkler, yazarla telefon görüşmesi, 1 Kasım 2019.

çabalayan Amerikalılarla: Katy Milkman, "Your Own Advice," *Choiceology*, 7 Ekim 2019, erişim 20 Aralık 2019, www.schwab.com/resource-center/insights/content/choiceology-season-4-episode-3.

öz yeterlilik eksikliği: Albert Bandura, "Self-Efficacy: Toward a Unifying Theory of Behavioral Change," *Psychological Review* 84, no. 2 (1977): 191, DOI:10.1037/0033-295X.84.2.191.

kabiliyetine güvenidir: Michael P. Carey ve Andrew D. Forsyth, "Teaching Tip Sheet: Self-Efficacy," *American Psychological Association* (2009), erişim 25 Haziran 2020, www.apa.org/pi/aids/resources/education/self-efficacy.

kapasitemize inanmadığımızda: Bandura, "Self-Efficacy," 191.

kilo vermeye çalışırken: Jennifer A. Linde, Alexander J. Rothman, Austin S. Baldwin ve Robert W. Jeffery, "The Impact of Self-

Efficacy on Behavior Change and Weight Change among Overweight Participants in a Weight Loss Trial," *Health Psychology* 25, no. 3 (2006): 282–91, DOI:10.1037/0278-6133.25.3.282.

fen ve mühendislik bölümü öğrencilerinin: Robert W. Lent, Steven D. Brown ve Kevin C. Larkin, "Relation of Self-Efficacy Expectations to Academic Achievement and Persistence," *Journal of Counseling Psychology* 31, no. 3 (1984): 356–62, DOI:10.1037/0022-0167.31.3.356.

ne kadar hızlı olduklarını: Craig R. M. McKenzie, Michael J. Liersch ve Stacey R. Finkelstein, "Recommendations Implicit in Policy Defaults," *Psychological Science* 17, no. 5 (May 2006): 414–20, DOI:10.1111/j.1467-9280.2006.01721.x.

tahmin ettiği üzere: Lauren Eskreis-Winkler, Ayelet Fishbach ve Angela L. Duckworth, "Dear Abby: Should I Give Advice or Receive It?" *Psychological Science* 29, no. 11 (2018): 1797–806, DOI:10.1177/0956797618795472.

yardımcı olmayı amaçlayan: Lauren Eskreis-Winkler, Katherine L. Milkman, Dena M. Gromet ve Angela L. Duckworth, "A Large-Scale Field Experiment Shows Giving Advice Improves Academic Outcomes for the Advisor," *Proceedings of the National Academy of Sciences* 116, no. 30 (2019): 14808–10, DOI:10.1073/pnas.1908779116.

söylemek inanmaktır etkisi: E. Aronson, "The Power of Self-Persuasion." *American Psychologist* 54, no. 11, (1999): 875–84, DOI:10.1037/h0088188.

efsanevi davulcu: Milkman, "Your Own Advice."

kadınların tatil partisini: Linda Babcock, Maria P. Recalde, Lise Vesterlund ve Laurie Weingart, "Gender Differences in Accepting and Receiving Requests for Tasks with Low Promotability," *American Economic Review* 107, no. 3 (2017): 714–47, DOI:10.1257/aer.20 141734.

sponsor olarak: Adsız Alkolikler Genel Hizmet Konferansı, Sponsorluk Soru Cevapları, Alcoholics Anonymous World

Services, Inc., 2017, erişim 5 Ekim 2020, www.aa.org/assets/en_us/p-15_Q&AonSpon.pdf.

akıl hocalığı programları: Yang Song, George Loewenstein ve Yaojiang Shi, "Heterogeneous Effects of Peer Tutoring: Evidence from Rural Chinese Middle Schools," *Research in Economics* 72, no. 1 (2018): 33–48, DOI:10.1016/j.rie.2017.05.002.

gönüllü olan temizlik görevlileri: Alia J. Crum ve Ellen J. Langer, "Mind-Set Matters: Exercise and the Placebo Effect," *Psychological Science* 18, no. 2 (2007): 165–71, DOI:10.1111/j.1467-9280.2007.01867.x.

işe yaramaz bir şeker hapını: Anton de Craen, Ted Kaptchuk, Jan Tijssen ve J. Kleijnen, "Placebos and Placebo Effects in Medicine: Historical Overview," *Journal of the Royal Society of Medicine* 92, no. 10 (Ekim 1999): 511–15, DOI:10.1177/014107689909201005.

midenizdeki kelebekleri: Alison Wood Brooks, "Get Excited: Reappraising Pre-Performance Anxiety as Excitement," *Journal of Experimental Psychology*: General 143, no. 3 (2014): 1144, DOI:10.1037/a0035325.

başarılı olmanızı beklediğine: Catherine Good, Joshua Aronson ve Michael Inzlicht, "Improving Adolescents' Standardized Test Performance: An Intervention to Reduce the Effects of Stereotype Threat," *Journal of Applied Developmental Psychology* 24, no. 6 (2003): 645–62, DOI:10.1016/j.appdev.2003.09.002.

dört temel şekilde: Alia Crum, yazarla görüşme, 16 Haziran 2020.

olumlu duygular yaratır: Samantha Dockray ve Andrew Steptoe, "Positive Affect and Psychobiological Processes," *Neuroscience and Biobehavioral Reviews* 35, no. 1 (Eylül 2010): 69–75, DOI:10.1016/j.neubiorev.2010.01.006.

daha az ürettiler: Alia J. Crum, William R. Corbin, Kelly D. Brownwell ve Peter Salovey, "Mind over Milkshakes: Mindsets, Not Just Nutrients, Determine Ghrelin Response," *Health Psychology* 30, no. 4 (2011): 424–29, DOI:10.1037/a0023467.

inancımızın gücünü: David Mikkelson, "The Unsolvable Math Problem," *Snopes*, 4 Aralık 1996, erişim 12 Aralık 2019, www.snopes.com/fact-check/the-unsolvable-math-problem.

efsanevi CEO: Jack ve Suzy Welch, "Are Leaders Born or Made? Here's What's Coachable—and What's Definitely Not," LinkedIn, 1 Mayıs 2016, erişim 20 Aralık 2019, www.linkedin.com/pulse/leaders-born-made-heres-whats-coachable-definitely-jack-welch.

2014 Super Bowl'da: Matthew Futterman, "Seattle Seahawks Coach Pete Carroll Wants to Change Your Life," *Chicago Tribune*, 10 Ocak 2020, erişim 20 Kasım 2019, www.chicagotribune.com/sports/national-sports/sns-nyt-seattle-seahawks-pete-carroll-wants-change-your-life-20200110-v6movm4yufgkdb67cz3m2qx6ia-story.html.

diye adlandırılan: Winona Cochran ve Abraham Tesser, "The 'What the Hell' Effect: Some Effects of Goal Proximity and Goal Framing on Performance," *Striving and Feeling: Interactions among Goals, Affect, and Self-Regulation*, ed. Leonard L. Martin ve Abraham Tesser (Mahwah, NJ: Lawrence Erlbaum Associates, 1996), 99–120.

kendine iki acil durum izni veriyor: Marissa A. Sharif, yazarla e-posta görüşmesi, 10 Ocak 2020.

yüzlerce kişiye: Marissa A. Sharif ve Suzanne B. Shu, "The Benefits of Emergency Reserves: Greater Preference and Persistence for Goals That Have Slack with a Cost," *Journal of Marketing Research* 54, no. 3 (Haziran 2017): 495–509, DOI:10.1509/jmr.15.0231.

hayal kırıklıklarına: Carol S. Dweck, *Mindset: The New Psychology of Success*, güncellenmiş edisyon (New York: Random House, 2016).

yetişkin zihniyetine: Dweck, *Mindset.*

binlerce lise birinci sınıf öğrencisi: David S. Yeager, Paul Hanselman, Gregory M. Walton vd., "A National Experiment

Reveals Where a Growth Mindset Improves Achievement," *Nature* 573, no. 7774 (2019): 364–69, DOI:10.1038/s41586-019-1466-y.

büyüyen bir zihin yapısı: Harvard Business Eleştiri Ekibi, "How Companies Can Profit from a 'Growth Mindset,' " *Harvard Business Review*, Kasım 2014, erişim 6 Ekim 2020, https://hbr.org/2014/11/how-companies-can-profit-from-a-growth-mindset.

İsrailliler ve Filistinlilerin: Carol S. Dweck, "Mindsets and Human Nature: Promoting Change in the Middle East, the Schoolyard, the Racial Divide, and Willpower," *American Psychologist* 67, no. 8 (2012): 614–22, DOI:10.1037/a0029783.

kendini olumlamanın: Claude M. Steele, "The Psychology of Self-Affirmation: Sustaining the Integrity of the Self," *Advances in Experimental Social Psychology* 21, no. 2 (1988): 261–302, DOI: 10.1016/S0065-2601(08)60229-4.

karar kalitesini: Crystal C. Hall, Jiaying Zhao ve Eldar Shafir, "Self-Affirmation among the Poor," *Psychological Science* 25, no. 2 (2013): 619–25, DOI:10.1177/0956797613510949.

en çok istediği şeyin: David Shariatmadari, "Daniel Kahneman: 'What would I eliminate if I had a magic wand? Overconf idence,'" *The Guardian*, 18 Temmuz 2015, erişim 6 Ekim 2020, www.theguardian.com/books/2015/jul/18/daniel-kahneman-books-interview.

iltifat etme şeklimizin bile: Claudia A. Mueller ve Carol S. Dweck, "Praise for Intelligence Can Undermine Children's Motivation and Performance," *Journal of Personality and Social Psychology* 75, no. 1 (1998): 33–52, DOI:10.1037/0022-3514.75.1.33.

BÖLÜM 7: UYGUNLUK

ilk geldiğinde telaşlıydı: Scott Carrell, yazarla telefon görüşmesi, 14 Kasım 2019.

toplumsal normlar: Noah J. Goldstein ve Robert B. Cialdini, "Using Social Norms as a Lever of Social Influence," *The Science of Social Influence: Advances and Future Progress* (2007): 167–92.

öngörüsünü test etmek için: Scott E. Carrell, Richard L. Fullerton ve James E. West, "Does Your Cohort Matter? Measuring Peer Effects in College Achievement," *Journal of Labor Economics* 27, no. 3 (Temmuz 2009): 439–64, DOI:10.1086/600143.

akranlarınızın: Esther Duflo ve Emmanuel Saez, "The Role of Information and Social Interactions in Retirement Plan Decisions: Evidence from a Randomized Experiment," *Quarterly Journal of Economics* 118, no. 3 (2003): 815–42, DOI:10.1162/00335530360698432.

notlarımızdan: Bruce Sacerdote, "Peer Effects with Random Assignment: Results for Dartmouth Roommates," *Quarterly Journal of Economics* 116, no. 2 (2001): 681–704, DOI:10.1162/00335530151144131.

kariyerimize: Lucas C. Coffman, Clayton R. Featherstone ve Judd B. Kessler, "Can Social Information Affect What Job You Choose and Keep?" *American Economic Journal: Applied Economics* 9, no. 1 (2017): 96–117, DOI:10.1257/app.20140468.

finansal kararlarımıza: Duflo ve Saez, "The Role of Information," 815–42.

Kassie Brabaw: Kassie Brabaw, yazarla görüşme, Philadelphia, PA, Haziran 2019.

yanlış fikir birliği etkisi: Lee Ross, David Greene ve Pamela House, "The 'False Consensus Effect': An Egocentric Bias in Social Perception and Attribution Processes," *Journal of Experimental Social Psychology* 13, no. 3 (1977): 279–301, DOI:10.1016/0022-1031(77)90049-x.

yürütülen iki çalışmada: Katie S. Mehr, Amanda E. Geiser, Katherine L. Milkman ve Angela L. Duckworth, "Copy-Paste Prompts: A New Nudge to Promote Goal Achievement," *Journal* *of the Association for Consumer Research* 5, no. 3 (2020): 329–334, DOI:10.1086/708880.

gözlemden etkileniriz: F. Marijn Stok, Denise T. D. de Ridder, Emely de Vet ve John B. F. de Wit, "Don't Tell Me What I Should Do, but What Others Do: The Influence of Descriptive and Injunctive Peer Norms on Fruit Consumption in Adolescents," *British Journal of Health Psychology* 19, no. 1 (2014): 52–64, DOI:10.1111/bjhp.12030.

daha fazla konuğu: Noah J. Goldstein, Robert B. Cialdini ve Vladas Griskevicius, "A Room with a Viewpoint: Using Social Norms to Motivate Environmental Conservation in Hotels," *Journal of Consumer Research* 35, no. 3 (Mart 2008): 472–82, DOI:10.1086/586910.

oy kullanma deneyi: Robert M. Bond, Christopher J. Fariss, Jason J. Jones, Adam D. I. Kramer, Cameron Marlow, Jaime E. Settle ve James H. Fowler, "A 61-Million-Person Experiment in Social Influence and Political Mobilization," *Nature* 489 (Eylül 2012): 295–98, DOI:10.1038/nature11421.

ilk araştırmaların: Solomon E. Asch, "Opinions and Social Pressure," *Scientific American* 193, no. 5 (Kasım 1955): 17–26, DOI:10.1038/scientificamerican1155-31.

sosyal baskının bizi: Stanley Milgram, "Behavioral Study of Obedience," *Journal of Abnormal and Social Psychology* 67, no. 4 (Ekim 1963): 371–78, DOI:10.1037/h0040525.

sosyal baskının zorlayıcı: Stanley Milgram, "Some Conditions of Obedience and Disobedience to Authority," *Human Relations* 18, no. 1 (1965): 57–76, DOI:10.1177/001872676501800105.

üst düzey yetkililerin: Scott E. Carrell, Bruce I. Sacerdote ve James E. West, "From Natural Variation to Optimal Policy? The Importance of Endogenous Peer Group Formation," *Econometrica* 81, no. 3 (May 2013): 855–82, DOI:10.3982/ECTA10168.

dersimi almıştım: John Beshears, James J. Choi, David Laibson, Brigette C. Madrian ve Katherine L. Milkman, "The Effect of Providing Peer Information on Retirement Savings Decisions," *Journal of Finance* 70, no. 3 (Şubat 2015): 1161–1201, DOI:10.1111/jofi.12258.

hakkında düşündürdü: Cochran ve Tesser, "The 'What the Hell' Effect," 99–120.

ancak bu mesaj: Alan S. Gerber, Donald P. Green ve Christopher Larimer, "Social Pressure and Voter Turnout: Evidence from a Large-Scale Field Experiment," *American Political Science Review* 102, no. 1 (Şubat 2008): 33–48, DOI:10.1017/S000305540808009X.

yeşil enerji girişimine: Erez Yoeli, Moshe Hoffman, David G. Rand ve Martin A. Nowak, "Powering Up with Indirect Reciprocity in a Large-Scale Field Experiment," *Proceedings of the National Academy of Sciences* 110, ek 2 (Haziran 2013): 10424–29, DOI: 10.1073/pnas.1301210110.

çoğumuz dostlarımıza: Daniel Sznycer, Laith Al-Shawaf, Yoella Bereby-Meyer vd., "Cross-Cultural Regularities in the Cognitive Architecture of Pride," *Proceedings of the National Academy of Sciences* 114, no. 8 (Şubat 2017): 1874–79, DOI:10.1073/pnas.1614389114.

bağış yapma olasılığımızın: Dean Karlan ve Margaret A. McConnell, "Hey Look at Me: The Effect of Giving Circles on Giving," *Journal of Economic Behavior&Organization* 106 (2014): 402–12, DOI:10.1016/j.jebo.2014.06.013.

geniş çapta popüler: Chad R. Mortensen, Rebecca Neel, Robert B. Cialdini, Christine M. Jaeger, Ryan P. Jacobson ve Megan M. Ringel, "Trending Norms: A Lever for Encouraging Behaviors Performed by the Minority," *Social Psychological and Personality Science* 10, no. 2 (Aralık 2017): 201–10, DOI:10.1177/1948550617734615.

BÖLÜM 8: İYİ YÖNDE DEĞİŞİM

aynı anda: Angela Duckworth, yazarla görüşme, Philadelphia, PA, 2018.

büyük bir deney: Katherine L. Milkman vd., "A Mega-Study Approach to Evaluating Interventions" (makale, 2020).

Amerikalıların yaklaşık yarısı: Brian W. Ward, Tainya C. Clarke, Colleen N. Nugent ve Jeannine S. Schiller, "Early Release of Selected Estimates Based on Data From the 2015 National Health Interview Survey," *National Center for Health Statistics* (2015): 120, www.cdc.gov/nchs/data/nhis/earlyrelease/earlyrelease201605.pdf.

uygulamalı davranışsal ekonomi: "Center for Health Incentives and Behavioral Economics," Pennsylvania Üniversitesi, erişim 24 Mart 2020. https://chibe.upenn.edu.

teşhisi koyduğumuzda: Kevin Volpp, yazarla telefon görüşmesi, 2018.

ev enerji raporları: Hunt Allcott ve Todd Rogers, "The Short-Run and Long-Run Effects of Behavioral Interventions: Experimental Evidence from Energy Conservation," *The American Economic Review* 104, no. 10 (2014): 3003–7, www.jstor.org/stable/43495312.

başladıktan yıllar sonra: Karen Herrera, yazarla telefon görüşmesi, 22 Kasım 2019.

YAZAR HAKKINDA

Katy Milkman, Pennsylvania Üniversitesi Wharton Okulunda James G. Dinan Profesörü, Charles Schwab'ın popüler davranışsal ekonomi podcast'i *Choiceology*'nin sunucusu ve Uluslararası Yargı ve Karar Alma Derneğinin eski başkanıdır. *Freakonomics Radyo* tarafından hazırlanan, kalıcı davranış değişikliği bilimini ilerletme misyonuna sahip bir araştırma merkezi olan Behavior Change for Good Initiative'in kurucu ortağı ve eş direktörüdür. Kariyeri boyunca Google, ABD Savunma Bakanlığı, Amerikan Kızıl Haçı, 24 Hour Fitness, Walmart ve Morningstar dâhil olmak üzere birçok kuruluşla iş birliği yaparak olumlu değişikliğin nasıl teşvik edileceği konusunda çalıştı veya danışmanlık hizmeti verdi. Ödüllü bir akademisyen ve öğretmen olan Katy, *The Washington Post, The New York Times, The Economist, USA Today* ve *Scientific American* gibi büyük medya kuruluşları için sık sık davranış bilimi hakkında yazılar yazıyor. Lisans derecesini Princeton Üniversitesinde Operasyon Araştırmaları ve Amerikan Çalışmaları konusunda aldı (ve üniversite takımında tenis oynadı), doktora derecesini ise Bilgisayar Bilimi ve İşletme okuduğu Harvard Üniversitesinde elde etti. Katy, eşi ve oğluyla birlikte Pensilvanya, Philadelphia'da yaşıyor.